MÉMOIRES

SUR

L'ARMÉE DE CHANZY

Bruxelles. — Imp. de A.-N. Lebègue et Cie, 6, rue Terrareken.

MÉMOIRES

SUR

L'ARMÉE DE CHANZY

JOURNAL

DU

BATAILLON DES GARDES MOBILES DE MORTAIN (MANCHE)

24 AOUT 1870 — 26 MARS 1871

> Qu'aucun amour ne soit plus saint pour toi que l'amour de la patrie; qu'aucune joie ne te soit plus douce que la joie de la liberté;
>
> Afin que tu recouvres ce que des traîtres t'ont dérobé, et que tu reprennes au prix de ton sang ce que l'ineptie a perdu.
>
> (ARNDT, *Katechismus für den Deutschen,* juillet 1813.)

PARIS	BRUXELLES
E. LENTU, libraire-éditeur	A.-N. LEPÈGUE & Cie, lib.-éd.
PALAIS-ROYAL	RUE DE LA MADELEINE

1871

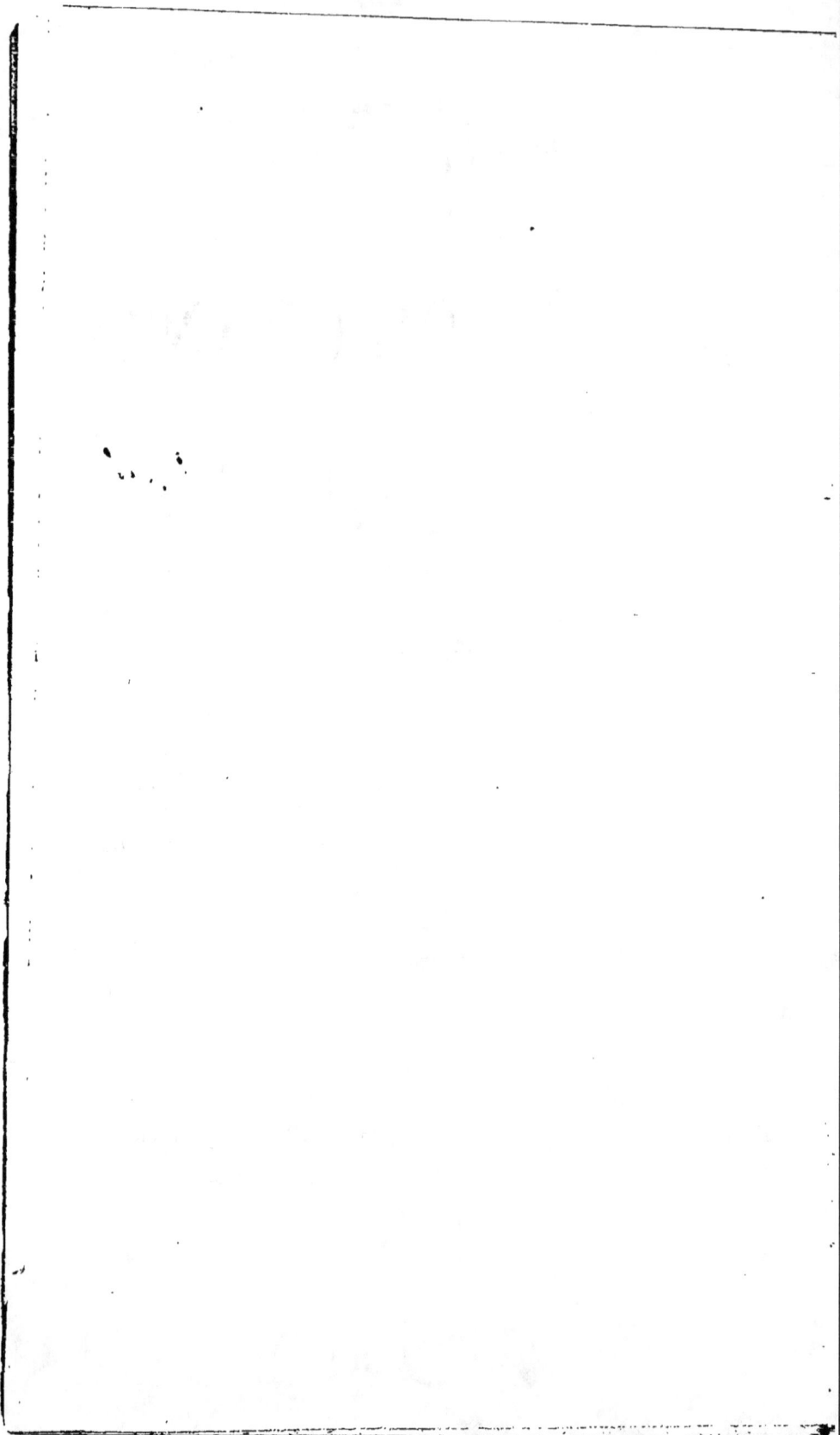

On a souvent remarqué qu'il n'est rien de plus doux que de penser aux tempêtes du temps jadis. Si nous n'aimions que les souvenirs de gloire et de joie, si le bonheur consistait à oublier les maux qu'on a soufferts et les désastres qu'on a vus, il faudrait effacer de notre mémoire jusqu'au moindre épisode de la guerre par laquelle la France a failli périr. La nature humaine n'est point ainsi faite ; un certain attrait nous attache à ce qui est triste. Deux choses seulement peuvent empoisonner nos souvenirs, la honte et la haine ; mais avoir souffert, lorsqu'on n'a point failli, est tou-

1

jours agréable à se rappeler. J'avais cette idée lorsque, devant le feu d'un bivouac ou à l'abri d'une chaumière, j'écrivais les pages détachées de ce journal du bataillon de Mortain, dont mes amis me demandent aujourd'hui le recueil entier. Ils savent qu'ils n'y pourront trouver le récit d'aucune victoire ; mais tous, nous voulons conserver le souvenir des souffrances endurées, des combats inégaux soutenus, du devoir accompli selon nos forces : souvenirs pleins de mélancolie, mais purs de déshonneur. Et quant à la haine, la seule qu'ils puissent réveiller en nous, est une haine nationale. Cette antique passion, qu'on croyait morte pour toujours, renaît aujourd'hui, suivant la loi du perpétuel retour des choses humaines, que nos philosophes ont tirée de l'histoire. Peut-être, comme aux temps dont parlent Florus et Tite-Live, bouleversera-t-elle encore le monde : ceci est le secret des années qui vont suivre. Quoi qu'il en soit, l'amertume de ce sentiment est saine, vivifiante : il n'a point de blessure pour la conscience, ni de dangers pour le cœur.

C'est ici le lieu de rappeler cette autre loi de l'histoire, suivant laquelle les grandes catastrophes précèdent et amènent les grandes renaissances, de même que les violents orages restaurent et ravivent la campagne. Qui sait si notre patrie ne sortira point de ses ruines plus belle, plus brillante, plus forte que jamais ? Aux tempéraments nerveux, il faut parfois de fortes secousses : la France est essentiellement nerveuse. Ce que chacun s'avoue, c'est qu'aux derniers jours de l'empire, elle était plus basse que maintenant : la profondeur de la corruption pouvait paraître alors sans remède, au lieu qu'aujourd'hui nous sentons que les flammes qui nous dévorent sont purificatrices. Je ne veux pourtant point parler de ces grandes convulsions de notre patrie comme d'un fait entièrement accompli : à l'heure où j'écris, les flammes qui dévorent nos palais et nos églises, tout ce que nous avons aimé et tout ce que nous avons adoré, sont loin d'être éteintes ; le drame n'est point encore à son dénouement ; il faudrait savoir dans combien de temps le feu sera étouffé, et la cendre refroidie. Contentons-nous pour le moment de nous réjouir du bienfait incontestable que ces événements nous ont valu, en rétablissant partout entre Français l'antique fraternité des armes, et en rapprochant les honnêtes gens de toutes les provinces, de tous les drapeaux. Je ne crois pas être le seul qui doive à cette guerre des amis excellents et dévoués.

On ne saurait donc trouver à redire qu'un soldat

du bataillon de Mortain ait pris le soin de mettre
en un volume le récit de ce qui s'est passé sous
ses yeux ou à sa connaissance depuis le mois
d'août 1870 jusqu'au 26 mars de la présente année,
avec les réflexions que lui ont suggérées ces faits
gravés pour toujours dans sa mémoire. Et si quelque
autre personne, que celles qui en ont un motif
particulier, venait à jeter les yeux sur ces pages,
elle comprendrait que l'intimité y tienne une grande
place, et qu'on ait consenti à s'étendre sur plusieurs
objets peu intéressants en eux-mêmes : car on n'a
point prétendu écrire pour le monde, mais pour
ses amis et pour soi. Cependant, parmi beaucoup
de faits destinés à l'oubli, il est quelques épisodes
dignes de l'histoire, *et quorum pars aliqua fuimus.*
Ce n'est pas perdre son temps que de contribuer,
pour ce qu'on sait, à donner une vue exacte de la
suite de nos désastres : les nations, comme les
hommes, doivent ne point se lasser de méditer sur
leurs fautes, et de chercher par quels chemins elles
sont descendues dans l'abîme, pour trouver les
voies qui les en feront sortir ; chacun doit sa pierre
à l'édifice de la vérité.

.Cet édifice est tout entier à construire : les
différents récits des événements de cette guerre,
que les journaux et les revues ont fait paraître en

France, sont presque tous fabuleux. Notre génération avait été nourrie de mensonges politiques,
et le dernier gouvernement que nous avons vu
ayant menti autant que tous les autres, les dépêches
de Tours sont absolument sans valeur. Rien n'est
plus triste que l'état d'un peuple saturé de paroles,
imbu de faussetés, et parvenu à ce point d'aveuglement où le mensonge et l'erreur se confondent, où
l'inexactitude en tout devient une invincible coutume, propagée par les funestes exemples partis
d'en haut. Depuis le Dictateur qui nous annonçait
des victoires imaginaires, jusqu'au Subalterne qui
amplifiait après boire ses maigres prouesses, tout
le monde en France mentait ou errait, et souvent
faisait l'un et l'autre en même temps, ne croyant
guère ce qu'il lisait ou entendait, non plus que ce
qu'il disait lui-même. Aussi n'y avait-il ni espérance solide, ni enthousiasme sincère. Aujourd'hui,
on ne trompe plus les peuples, mais on les rend
sceptiques ; et rien n'ôte le courage comme le
doute : on se demandait si l'on pouvait encore
penser à sauver la France, ou s'il ne s'agissait plus
que de faire tous naufrage pour que Gambetta ne
pérît pas seul. Maintenant, nous commençons à
secouer les sombres rêves qui nous ont oppressés
pendant huit mois, et nous désirons ardemment de

1.

savoir, de comprendre quelque chose à la grande tra-
gédie où nous avons, parmi les ténèbres, joué notre
humble rôle. Il s'agit de nous réveiller tout à fait,
de nous parler les uns aux autres, et de mettre
nos souvenirs en commun.

Ceux qui, du sommet des premiers emplois, ont
pu voir l'ensemble, nous donneront leurs hautes
lumières, et nous dévoileront les grands tableaux
qu'ils ont contemplés. J'apporte, pour mon modeste
tribut, la simple relation de ce que j'ai vu : les témoignages de mes compagnons d'armes peuvent garantir l'exactitude de mon récit. Peut-être quelqu'un
d'eux sera-t-il tenté de me blâmer, pour n'avoir point
porté assez haut les mérites de ce bataillon. Je
n'eusse point entrepris d'en écrire l'histoire, si elle
n'était assez honorable par elle-même pour n'avoir
besoin d'aucun embellissement : les chiffres fantastiques, et les exagérations pompeuses, ne sauraient
convenir aux annales d'un corps qui a eu sa part des
combats les plus difficiles, et a laissé du sang sur
les chemins où furent marquées les traces de tant
de pas.

Lorsque j'arrivai au camp de Châlons avec les
mobiles de la Seine, auxquels j'appartenais pour
avoir tiré au sort à Paris, la guerre était à peine à
son commencement ; le malheur ne nous avait point

encore rendus sérieux : je me souviens des transports insensés qu'excita partout la prise de Saar-
brück. Les désastres de Wissembourg et de Reichshoffen causèrent de l'émotion, mais la France ne fut
dégrisée qu'après Sedan. La nouvelle des premières
défaites de nos armées nous surprit à Reims, au
milieu d'une joyeuse partie : nous étions allés plusieurs ensemble visiter la ville, qui est à huit lieues
du camp, et déjeuner au *Lion d'Or*, sur la place de
la Cathédrale. Les premiers instants de consternation passés, on retrouva promptement la gaieté gau-
loise ; depuis lors jusqu'à notre retour à Paris, nous
fûmes bercés tous les jours de bruits de victoire, et
notre étourdissement ne fut interrompu qu'à de
rares intervalles par quelque perception de la réalité.
Nous étions dans le même état d'esprit que nos
aïeux il y a quelque quatre-vingts ans, à la vue des
premiers symptômes de la Révolution : c'était la
vague inquiétude, avec l'assurance ignorante et non
raisonnée, qui se partagent l'âme des enfants lorsqu'ils voient quelque danger et se persuadent néanmoins qu'on saura les en garantir. Nous comptions
sur les tuteurs que la précédente génération nous
avait donnés vingt ans plus tôt ; nous nous flattions
qu'ils ne se seraient pas prévalus des rébellions de
notre adolescence pour nous lancer aux aventures,

nous et notre patrimoine, et nous rendre responsables d'une mauvaise gestion dont notre turbulence inconséquente n'était qu'en partie la cause. Et puis, toujours comme nos ancêtres, nous nous étions faits légers pour paraître fermes, insouciants au lieu de magnanimes; nous couvrions notre ignorance universelle d'un beau voile de scepticisme, et nous nous disions revenus de tout, pour ne point avouer que nous n'étions allés au fond de rien. Les mots à la mode peignent une époque : lorsqu'un de nous montrait trop de zèle, ou trop d'inquiétude, ou trop de raison, « *il croit que c'est arrivé* », disions-nous en riant. Là-dessus on allait au Mourmelon en fredonnant le *Rhin allemand;* le souci principal était de trouver une place à table d'hôte et d'aller au meilleur café-concert.

Je ne sache pas qu'aucun lieu, où un grand nombre d'hommes se rassemblent pour quelque objet grave, ait jamais présenté un contraste aussi complet du plaisant avec le sévère, du gai et du sinistre, que le camp de Châlons pendant les trois premières semaines d'août 1870. A quatre heures du matin, tambours et clairons battant et sonnant le réveil nous annonçaient la fin d'une nuit glaciale : car l'immense plaine qui s'étend sur plus de vingt-cinq lieues, entre Reims et Troyes, est toujours, même au fort de l'été, balayée par les vents les plus froids ; on ne peut ni s'y abriter du soleil pendant le jour, ni se garantir de la bise sitôt que l'obscurité est venue : ce climat est celui des bords de la mer, avec ses brusques variations.

Jusqu'à six heures on s'habillait et l'on faisait le café ; puis la sonnerie au drapeau appelait tous les bataillons sur le grand front de bandière. Quand tous les gardes mobiles de la Seine furent réunis, nous étions environ quinze mille, notre ligne de bataille avait plus d'un quart de lieue.

Après l'appel avait lieu l'exercice ; pendant quatre heures nous cheminions, soit en colonne par sections, soit par le flanc, à travers ces plaines stériles, hantées seulement par de maigres troupeaux, et plantées çà et là de sapins rabougris. Nous étions promptement parvenus à quelque régularité dans la marche, à une intelligence passable des mouvements les plus simples, et au maniement du fusil à tabatière : le Parisien apprend fort vite. Quant à la discipline, on se faisait un point d'honneur d'en rejeter tous les principes ; on proclamait hautement qu'on n'était point militaire, mais garde national mobile ; on prétendait être traité avec égards, et commandé avec politesse ; si la baïonnette intelligente n'eût été déjà connue, nous l'aurions inventée.

Aussi l'opposition la plus parfaite existait-elle entre les anciens officiers qui nous commandaient et les citoyens qu'ils s'efforçaient de transformer en soldats : la liberté entière des propos et la discussion sans limites des ordres de ses chefs, paraissaient au garde mobile de la Seine les plus sacrés des droits. D'autre part, certains officiers tenaient pour leur devoir de façonner les hommes à l'humilité et à la patience, ces deux vertus si peu parisiennes, et de les accoutumer à recevoir sans mot dire les semonces les plus vertes. Plusieurs jeunes gens bien élevés, nommés capitaines ou lieutenants, traitaient leurs subordonnés avec l'urbanité la plus exquise, s'abstenaient absolument d'infliger aucune punition, et montraient en toute occasion la réserve qui est le propre de l'inexpérience intelligente. Ceux-là étaient aimés, mais échappaient difficilement au reproche d'incapacité dont est souvent punie l'absence de toute prétention.

L'un des premiers jours d'août, le maréchal Canrobert vint passer en revue les bataillons qui étaient arrivés. Des désordres avaient eu lieu ; le maréchal prononça quelques paroles sévères. Mais sa voix fut soudain couverte par les cris et les murmures : il vit qu'il s'était fourvoyé dans un élément qui n'était point le sien, et se hâta de se retirer.

Il n'est plus à craindre aujourd'hui que la valeur morale et militaire de ces mobiles, animés d'un esprit si singulier, soit portée trop haut : la ville de Paris, après avoir fait pendant cinq mois les plus grands sacrifices pour garder son honneur, l'a laissé traîner dans la boue, et n'a repoussé les Prussiens de ses remparts que pour les livrer à une troupe d'assassins. Cependant il ne faut rien exagérer, mais faire ici comme en toute chose les distinctions nécessaires : la garde mobile de la Seine était très-diversement composée. Les bataillons levés dans certains faubourgs renfermaient de vraies bandes de brigands, mêlés d'un petit nombre d'honnêtes gens. Mais ceux des arrondissements du centre, le septième par exemple, présentaient incontestablement une proportion de jeunes gens passablement lettrés, ayant le sentiment de l'honneur et du devoir, telle que bien «peu» de corps en pourraient fournir. Aux uns pas plus qu'aux autres, le courage physique ne paraît en général avoir manqué. Mais la plupart montraient une profonde horreur pour ce qui pouvait sentir le dévouement, l'enthousiasme, la grandeur d'âme. Notre préoccupation dominante était de n'être point des héros, mais de passer pour sagaces et bons politiques ; on condamnait partout le zèle, et l'on professait la raison. On disputait de tout au nom de la *logique* ; le mot en était dans toutes les bouches, et servait d'ordinaire aux esprits les plus faux pour décider les questions du jour. Au fond des cœurs était, avec un certain sentiment de dignité personnelle, une forte dose d'égoïsme, une crainte furieuse d'être lésé ou exploité, et la haine fantastique contre le gouvernement existant, pour laquelle le Parisien prétend toujours avoir les motifs les mieux fondés.

Les manœuvres du matin terminées, on regagnait le camp en remplissant l'air de chants plus ou moins gais, parmi lesquels la *Marseillaise* tenait la place principale. Après la berloque, on allait à la soupe, qui se faisait pour les différentes compagnies dans des cuisines particulières ; chacun en recevait sa part dans sa gamelle. A midi, les clairons sonnaient encore au drapeau, et les sergents-majors faisaient l'appel ; puis on allait aux corvées, à l'école des caporaux, et le temps se traînait jusque vers quatre heures.

En moins d'une semaine, cette armée, distribuée en plusieurs régiments de marche, avait été parfaitement organisée. Les cadres ayant été formés en partie assez longtemps d'avance, on eut dès le premier jour des officiers, des adjudants, des majors et fourriers, la plupart anciens militaires, et connaissant passablement leurs fonctions. L'habillement et l'équipement, excepté le ceinturon et la capote d'hiver, avaient été distribués au départ; et comme les gardes mobiles de Paris se croyaient livrés pieds et poings liés à l'ennemi parce qu'ils n'avaient que des fusils Sniders, on s'empressa dès la fin d'août de leur donner des chassepots. Je ne pense pas qu'aucun des bataillons levés depuis dans la province ait été d'abord si bien fourni de tout ce qui lui était nécessaire.

A l'heure où j'écris, les bûchers allumés par les Allemands couvrent, sans doute, de leurs débris la place où fut la ville de tentes, jadis si animée et si populeuse. Rien de plus original que la physionomie de toute cette contrée, où les hommes avaient rassemblé, autour de l'immense appareil de leur mutuelle destruction, l'attirail varié de leurs plaisirs de toute sorte. Vers la fin du jour, les deux longues rues qui forment le village du Grand-Mourmelon s'emplissaient d'une foule bruyante. C'étaient des mobiles, des soldats de la ligne, des femmes, des aumôniers, des médecins; puis, après les premières batailles, tous les traînards et les éclopés de Mac-Mahon, cavaliers démontés, artilleurs ayant perdu leurs pièces, turcos affamés et inintelligibles; et cette tourbe de *quidam*

indéfinissables, pour lesquels le mot de goujat fut
inventé par nos pères. Tous ces gens venaient boire,
manger, se distraire, faire leurs emplettes. Chaque
maison du Mourmelon était un comptoir, en même
temps qu'un lieu de plaisir, où l'on criait, chantait
et se disputait depuis trois heures de l'après-midi
jusqu'à la nuit. Et au milieu de ces tripots, de ces
bazars s'élevait l'église, dont la voûte retentissait
des prières du salut, pendant qu'arrivait jusqu'aux
portes la clameur des bacchanales. Vers neuf heures,
le désert et le silence se faisaient peu à peu dans
le bourg; mais en rentrant au camp on retombait
au plus fort du tumulte, qui se prolongeait parfois
assez tard. Les amas de bois et de paille allumés le
long du front de bandière, les mannequins remplis
d'artifices qui crépitaient de tous côtés en longs
jets de feu, et la flamme bleue des grandes marmites de punch allumées çà et là devant les tentes,
éclairaient toutes les rues de mille lueurs diverses.
Au son des chansons les plus gaies se mêlaient les
hurlements sinistres des bandes de Belleville, qui
parcouraient le camp en quête de rixe et de désordre; parfois le sang coulait, et les coupables s'en-
fuyaient dans la nuit.

Cependant, à en croire les journaux et les col-
porteurs de nouvelles, nos armées marchaient de

succès en succès : le 15 août, on raconta partout une victoire de Longeville, et une partie du camp fut illuminée.

Cette vie dura jusqu'au 18 août. Depuis quelques jours on parlait, à la grande indignation des soldats-citoyens, de distribuer la garde mobile de Paris dans les places fortes ; le 17, le cercle fut formé, et l'on nous dit officiellement que nous rentrions à Paris. Les officiers qui avaient pu croire un instant qu'on marcherait à l'ennemi, étaient tristes et humiliés de cette retraite ; le brave Vernon Boimenil, en l'annonçant à ses hommes, avait des larmes dans la voix : un immense cri de joie accueillit ses paroles. Le lendemain, on prit la route de Reims, en chantant le *Rhin allemand* et la *Marseillaise*. A notre arrivée à Paris, on nous lut à l'ordre une proclamation du général Trochu. « Vous avez été ramenés à Paris, disait-il, comme c'était votre droit. » On ignorait alors que Paris soutiendrait un long siége, et que les plaines de Châlons seraient, de propos délibéré, abandonnées aux Prussiens ; aussi ce droit inouï, reconnu aux habitants d'une ville, de ne point contribuer à la défense des provinces, sembla-t-il fort choquant. Plus tard, le même privilége paraît aussi avoir été accordé, cette fois sans aucun motif apparent, à certains contingents des provinces méridionales où la guerre à outrance était le plus populaire. Si le quatrième bataillon de la Manche avait eu le droit de se retrancher derrière les rochers de Mortain et les abîmes de la Mayenne, cette guerre ne lui eût, sans doute, pas fait perdre la moitié de son effectif.

Mes camarades de la Seine revirent Paris avec des transports de joie : il y a des gens pour qui ces boulevards sont une patrie. Un ébéniste de mon quartier, en apercevant la barrière du Trône, pensa fondre en larmes. Malgré mon affection pour cette ville, j'avais fait les démarches nécessaires pour être nommé officier dans un département où les cadres de la garde mobile n'étaient point encore remplis, et en arrivant au camp de Saint-Maur, j'appris que j'étais lieutenant.

Le 7me bataillon avait été décimé par les nominations d'officiers. En même temps que je partais pour la Normandie avec mon ami Fernand de Rongé, nommé capitaine, François de Bastard était appelé dans la Sarthe, Gontran de Montesquiou s'en allait en Touraine et Hubert de Montesquiou avait voulu rester simple caporal aux gardes mobiles de la Seine : j'avais admiré cette résolution digne des temps anciens, mais ne m'étais point senti assez fort pour l'imiter. R. M.

27 mai 1871.

Je suis arrivé avant-hier soir dans cette petite
ville aux rues étroites et sombres, bâtie parmi les
rochers et les précipices au milieu d'un pays sauvage, à trois lieues de la frontière de Bretagne. Tout
ce qui m'entoure à présent ressemble aussi peu que
possible à ce que j'ai quitté il y a deux jours.

A six heures et demie du matin, les tambours
passent à grand bruit sous les fenêtres de l'*Hôtel de
la Poste*. Il faut se hâter de s'habiller, et descendre
à la place de la sous-préfecture, où se réunit le bataillon. Une foule de jeunes hommes en blouse, en
veste, en casquette, en chapeau, se pressent dans

les rues, allant où le devoir les appelle. La plupart ont l'air amusé et curieux de gens qui essaient d'un métier pour la première fois de leur vie ; bien peu prennent de ces mines froides et ennuyées que j'ai vues si souvent.

Je n'ai point encore aperçu le commandant : il est souffrant et garde la chambre. On m'a présenté aux officiers qui étaient sur la place : tous les cadres sont remplis, mais plusieurs des titulaires sont encore en route (1) ; cinq ou six seulement ont des uniformes.

Après que les sergents-majors ont fait l'appel et donné à chaque homme vingt sous pour sa paye, les huit pelotons sont partis chacun dans une direction différente, pour aller faire l'exercice. La troisième compagnie, à laquelle j'appartiens, a fait en bon ordre l'ascension d'un coteau abrupt, et s'est rangée

(1) Les officiers nommés au mois d'août, sur la présentation du commandant de Grainville, furent : 1re compagnie (canton de Baranton), MM. de Failly, capitaine ; Dognel de Torchamps, lieutenant, et Segnard (jeune). sous-lieutenant ; — 2me (Isigny) MM. de Graville de Mailly, Lendormy et de Tesson ; — 3me (Juvigny et Saint Pois) MM. Viallet de M. et Legeard ; — 4me (Mortain) MM de Quigny, Queslier et Lebel ; — 5me (Saint-Hilaire) MM. Montécot, Brehies et L. Josset ; — (Sourdeval) MM. H. Josset, de Gerval et Hourtaux ; — 7me (Le Teilleul) MM de Rongé, Preillot et Segnard (aîné) ; — 8me (Tessy et Percy) MM. Launay, Gervaise et Tostain. — Au commencement, le bataillon comptait près de 1800 hommes ; après la réforme et le renvoi des soutiens de famille, qui eurent lieu dès les premiers jours, l'effectif fut de 1,357. Plusieurs rejoignirent, dans le courant du mois d'août, ce qui porta l'effectif à 1,442 (31 août).

sur une route ; les champs de manœuvres sont rares dans ce pays accidenté.

Le bataillon est fort nombreux ; chacun des pelotons compte environ deux cents hommes. Ceux avec qui je suis sont pour la plupart des cultivateurs et des fondeurs ou chaudronniers ambulants. En général, la taille et la tournure sont belles, ces visages campagnards respirent la vigueur et la santé. Quand nous aurons des armes, des habits, des képis, des livrets, des sacs, des tentes, nous serons un beau bataillon ; jusqu'à présent, on est dépourvu de tout.

Ces Normands comprennent certainement moins vite que les gens de Paris comment l'on fait par le flanc droit ou demi-tour à droite ; mais ils ont meilleure volonté, ils sont naturellement bien plus militaires, et je doute que dans un mois d'ici les mobiles de la Seine aient grand'chose à leur apprendre. Il serait curieux d'en faire la comparaison, si, comme le bruit en court, on nous envoyait à Paris. En attendant, j'ai l'indicible plaisir de ne plus être dans une plaine brûlée, à entendre parler de *logique* et de *république* par des gens qui déraisonnent et qui ont soif de tout autre chose que de justice. La matinée est charmante sur ce frais coteau, avec la vue de l'immense jardin verdoyant qui doit s'étendre jusqu'à la mer, et se termine au sud par les collines de Bretagne ; au milieu de ces jeunes guerriers si gais, si échauffés, si étourdis, si rapides à la course quand le capitaine leur permet d'aller boire une *moque* à l'auberge voisine (une *moque* est tout ce qu'un verre des plus sérieux peut contenir de cidre). Et puis, jusqu'à présent, ils sont vraiment fort aimables : leur bienveillance paraît m'attribuer, sur la foi de mon uniforme neuf, toute sorte de mérites que je n'ai point. Quant à mon capitaine, j'ignore encore si je suis à son gré, mais je sais que lui me plaît beaucoup. Il n'est point surprenant qu'en expliquant la théorie il emploie parfois les gestes d'un magistrat, puisqu'il est procureur impérial à Mortain. C'est un homme mince, de taille moyenne et de complexion nerveuse, ayant barbe et cheveux noirs ; il a l'air très-intelligent, très-bon, très-peu affecté ; il se donne beaucoup de peine. C'est un volontaire, et qui, comme je vois, n'avait point besoin d'être soldat pour tenir un emploi fort distingué dans le commandement de la force publique.

Le soir, en cette garnison, ressemble beaucoup au matin : l'exercice se fait de trois heures à cinq, après quoi chacun prend sa liberté. Les hommes sont logés par billets dans la ville et aux environs.

Samedi, 27 août.

Rien de nouveau ; les dépêches sont peu claires. Le bataillon de Mortain est fort incertain de son avenir : le gouvernement va-t-il bientôt nous employer, ou risquons-nous d'être délaissés dans cette petite Suisse normande, à huit lieues du chemin de fer et à vingt lieues de toute grande ville? Ce qu'on oublie complétement jusqu'aujourd'hui, c'est de nous donner le moindre objet d'armement ou d'équipement. Cependant nous travaillons selon nos forces, et nous devenons aussi militaires qu'on peut l'être sans fusil et sans pompon. La journée se passe en manœuvres de peloton, écoles des caporaux et des sergents ; les officiers vont avoir aussi leur cours de théorie. On a installé un poste de police et une pension est organisée depuis hier, à l'hôtel, par les soins de mon capitaine.

J'ai vu notre commandant, le baron de Grainville. Il a servi longtemps comme officier de cavalerie ; c'est pour le moment tout ce que je sais de sa personne. J'ai aperçu de loin un joli cheval et un joli cavalier, qui n'ont fait qu'une courte apparition sur la place : le commandant a mal au pied et ne peut presque pas sortir.

Mercredi, 31 août.

Ce matin sont arrivés des charrettes chargées de vieux fusils à piston. Le désappointement, comme de raison, est général ; pour mon compte, je n'espérais guère mieux. Il est inconcevable que le ministère de la guerre n'ait point compris les fâcheux effets que produit l'inégalité dans l'armement des troupes. Le gouvernement semble avoir mieux aimé prodiguer la vie des hommes que dépenser quelques deniers de plus ; l'infériorité morale qui en résultera pour nous vis-à-vis de l'ennemi sera encore bien plus désastreuse que l'incontestable désavantage matériel. Le commandant nous annonçait justement aujourd'hui que nous faisions désormais partie du trentième régiment de marche : cela veut dire que nous serons probablement bientôt appelés à servir. Comment persuadera-t-on alors à nos mobiles qu'ils doivent combattre avec la même hardiesse que les soldats de la ligne, qu'ils verront à leurs côtés, munis de fusils portant deux fois plus loin et plus juste, et se chargeant quatre fois plus vite ? On nous fait espérer que ce n'est là que du provisoire ; il est fort à souhaiter, pour l'instruction du bataillon, que nous ayons bientôt notre armement définitif.

Si l'équipement continue d'avancer avec la même rapidité, nous ne serons guère prêts avant la fin de la guerre. Ce matin sont arrivés sept cents mauvais képis, il n'y en a pas pour la moitié des hommes. On les a distribués sous une pluie à verse ; déjà le carton, dont ils sont faits, commençait à se réduire en pâte. Décidément, lorsque le général Le Bœuf a dit que la France était prête, il se trompait de quelque peu.

Les nouvelles de la guerre sont obscures et contradictoires ; on s'inquiète dans ce pays, où les gens ne sont point aussi rieurs qu'à Paris, et je crois qu'on a raison.

Voici deux journées bien tristes et bien agitées. Hier matin, chacun se disposait à passer aussi gaiement que possible le congé du dimanche, lorsque le tambour de ville vint tout à coup crier sur la place la défaite de l'armée de Mac-Mahon, et la capture de l'Empereur avec quarante mille hommes. Le soir, la nouvelle parvint au télégraphe que la république était proclamée à Paris, et que Roche-

fort faisait partie du gouvernement. J'allai me coucher en pensant que mon pays courait à grands pas
vers sa ruine, puisqu'aux désastres de l'invasion
étrangère allaient s'ajouter sans doute les maux des
discordes civiles. Ce peuple est toujours le même;
il brise le gouvernement qu'il s'est donné, lorsqu'il
n'est plus temps d'en établir un autre, et il pense,
par cet acte de folie furieuse, remédier à tous ses
malheurs et se justifier de toutes ses fautes.

Je remarque combien la République, qui en soi
me paraît une chose plus ou moins innocente, est
un mot dangereux. Pour Paris et pour la province,
il signifie que tout devient permis, et, comme
feraient des écoliers mis soudain en liberté, nous
commençons par faire tout le tapage possible. C'est
ce que nous venons de voir aujourd'hui, dans une
des contrées les plus reculées et les plus paisibles
de la France. Dès le matin, nos gars, en allant à
l'exercice, ont commencé par entonner la *Marseillaise*, les Bretons de Saint-Hilaire surtout étaient
les plus enragés. L'un d'entre eux alla chercher
une tête en plâtre, provenant de la décapitation
d'un buste de l'empereur, et la mit au bout de sa
baïonnette; impossible de leur persuader qu'un
pareil acte n'était rien moins qu'héroïque. Quelques
officiers ont demandé s'il fallait sévir. Le comman-

dant n'a pas cru devoir exaspérer les passions tapageuses en leur rompant soudain en visière. Il est descendu à pied sur la place, pâle et impassible ; il a toisé le bataillon d'un regard sévère, et a commandé qu'on allât à l'exercice : on a obéi immédiatement. A la réunion de l'après-midi, il y a eu une petite reprise de désordre ; mais peu à peu l'orage est tombé de soi, et ce soir la ville est assez tranquille. Je ne sais quel est le plan du commandant, mais je crois que jusqu'ici il a eu raison de ne rien faire du tout. Ces jeunes gens ne sont point méchants, ils n'ont pas encore eu le temps d'apprendre la discipline, et, en voulant user de force ouverte, on eût gâté les choses. D'ailleurs, lorsqu'on fait une entreprise, il faut pouvoir aller jusqu'au bout, ce qui eût été impossible dans les circonstances où l'on se trouvait. Au fond, ces hommes sentent fort bien qu'il n'y a plus de gouvernement régulier, et que les lois perdent leur force : c'est le résultat bien naturel, on peut même dire bien légitime, de tous les coups d'État. En Angleterre, la Constitution autorise, en pareil cas, la cessation de toute obéissance ; nos Normands ont pensé découvrir d'inspiration les principes du *Mutiny Bill*. Il ne faudrait point le leur dire.

Mardi, 6 septembre.

Le calme se rétablit. Les gardes mobiles sont étourdis, mais point mauvais ; d'ailleurs la pluie qui tombe à verse les retient dans les maisons.

Le commandant est venu aujourd'hui à notre cours de théorie, professé par le capitaine Montécot. Il nous a annoncé la nomination de M. de Gerval à l'emploi d'adjudant-major, de MM. Léone, Josset et Lebel à ceux d'officier de détail et d'officier-payeur.

Mercredi, 7 septembre.

Il serait fâcheux que le désordre devînt chez nous un mal chronique ; il ne faut pourtant pas trop se plaindre : ce qui est ici un grand accident nous était servi à Châlons comme pain quotidien. Aujourd'hui, c'est l'organisation des compagnies de guerre et la formation du dépôt qui ont été l'occasion d'un petit tumulte. Il faut d'ailleurs avouer que l'administration civile s'y est prise admirablement pour irriter tout le monde, en omettant d'appeler, par oubli ou par faveur, une foule de gars des plus valides. De pareilles injustices révoltent ceux qui ont dû se soumettre à la loi, et rien n'est plus naturel. Plusieurs avaient entrepris d'adresser pour cela une pétition à l'autorité supérieure ; à notre âge, on ne connaît point les voies de douceur, et la signature de ce papier, opération en elle-même fort pacifique, est devenue la cause d'un grand tapage. Un lieutenant, montrant au commandant un grand gaillard, qui tâchait d'ameuter ses camarades, demanda s'il fallait brûler la cervelle à cet homme-là. — « Pas tout de suite », répondit tranquillement le commandant. Tout est bien qui finit bien : aujourd'hui, comme avant-hier, on a fait l'exercice en bon ordre. Le commandant a l'air tranquille et sûr de sa force : on peut supposer qu'il ne dit pas tout ce qu'il sait.

Jeudi, 8 septembre.

Le coup de tonnerre qu'on sentait dans l'air a éclaté : le commandant a bien pris son temps. A une heure après-midi, on nous annonce inopinément que le lieutenant-colonel commandant le 30ᵐᵉ régiment de marche va venir passer le bataillon en revue. Le colonel Lemoine-Desmares a six pieds de haut ; il paraît sérieux et sévère, et parle lentement, d'une profonde voix de basse-taille. Au moment où il arrive sur la place, M. de

Grainville commande : *Bataillon !*...... Sa forte
voix de ténor résonne au loin, chacun rentre en
soi-même et se tient immobile, on entendrait une
mouche voler.... *Portez... armes !* — Le commandement s'exécute avec un parfait ensemble. Le colonel Desmares aura de la peine à se figurer que ce
bataillon a du penchant pour la mutinerie.

Après avoir traversé les rangs au milieu d'un
profond silence, le colonel a félicité le bataillon de
sa bonne tenue ; puis il a fait sortir des rangs les
meneurs de lundi et de mercredi, les a tancés sévèrement, et en a fait conduire deux en prison. Il
a ordonné que la première et la troisième compagnie iraient dès le lendemain tenir garnison à
Sourdeval, et la sixième avec la septième à Saint-
Hilaire. Ce soir, tous les officiers ont été invités à
un punch ; le colonel a eu un mot aimable pour chacun, on a été fort content de lui.

Sourdeval, vendredi, 9 septembre.

Les compagnies désignées pour changer de cantonnements se sont mises en route à sept heures ;
les autres sont allées faire une promenade militaire
au bourg de Barenton. Il a plu à verse toute la

matinée. Sourdeval-la-Barre est un joli chef-lieu de canton, à mi-chemin entre Mortain et Vire, au milieu d'un massif de collines, parmi lesquelles se trouve, dit-on, le sommet le plus élevé de toute la Normandie. Il y avait autrefois en ce pays une famille de Sourdeval, de même qu'il y avait des Vauborel, des Tallevende, des comtes de Mortain; tous ces vieux noms ont disparu. Les écuries du manoir de Sourdeval existent encore, et laissent deviner, par leur riche architecture, la splendeur des âges passés. Les gens du bourg sont fort hospitaliers, et régalent les mobiles à qui mieux mieux. Le bruit court que le bataillon va être envoyé à Rennes.

Lundi, 12 septembre.

Nous apprenons que, demain matin, tout le bataillon va partir pour Cherbourg. Les deux compagnies cantonnées à Saint-Hilaire coucheront aujourd'hui à Mortain.

Mardi, 13 septembre.

Nous sommes en waggon, et nous roulons vers Cherbourg. Ce matin, pour la première fois, tout le bataillon s'est mis en route ensemble; nous sommes

allés à pied de Sourdeval à la station de Vire ; il y a
quatre lieues. Les hommes n'ont encore reçu que
des képis et de mauvaises blouses de toile ; à
défaut de havre-sac, chacun porte son paquet comme
il peut ; mais nous espérons qu'à Cherbourg on
nous donnera ce qu'il nous faut. Les habitants de
Mortain, de Sourdeval et de Vire nous ont fait leurs
adieux avec beaucoup de cordialité ; les fanfares du
pays nous ont accompagnées ; leur musique était fort
passable. La contrée que nous avons parcourue est
accidentée et pittoresque ; le temps était magnifique et le soleil brûlant ; on chantait à tue-tête tout
le long du chemin. Malgré notre triste équipement,
nous avions encore l'air assez brave. En tête che-
vauchaient le commandant, droit et fier sur son
coursier noir ; l'adjudant-major de Gerval, et le
docteur Bidard, notre chirurgien-major, qui a quitté
volontairement sa clientèle pour venir soigner nos
blessés et nos malades ; il passe pour fort habile
médecin. Ensuite venaient toutes les compagnies, la
droite en tête ; je commence à avoir des amis parmi
plusieurs d'entre elles. Je serai toujours heureux
d'avoir connu Christian de Failly, un grand chasseur devant le Seigneur et un soldat déterminé, qui
commande la première ; j'aime aussi beaucoup mon
capitaine Viallet. Tout à fait en arrière, en tête des

gars du Teilleul, marche le meilleur des amis et
des hommes. Sa figure me fait penser au sire de
Joinville : comme le compagnon de saint Louis,
il aime sa famille et son manoir, et jette parfois un
tendre regard en arrière ; mais il est aussi vaillant
que ce vieux brave, et non moins fidèle.

Cherbourg. mercredi, 11 septembre

Nous sommes arrivés ici à midi, après avoir
voyagé très-lentement et passé toute la nuit en
chemin de fer. Le colonel commandant la place
nous a passés en revue dans la cour du débarcadère ; puis on a distribué des billets de logement.
Il paraît qu'ensuite on nous enverra aux lignes de
Carentan.

Vendredi, 16 septembre.

Rien de nouveau dans notre situation. La vie
qu'on mène ici n'est point désagréable : on fait
l'exercice de huit heures à dix heures et de deux à
quatre ; le reste du temps, on jouit à peu près de
sa liberté. Nous nous promenons en mer ; nous
visitons la flotte cuirassée, qui est actuellement en
rade sous les ordres de l'amiral Roze ; nous allons

souvent au *Café de l'Europe*, qui est aussi le rendez-
vous des officiers d'Avranches et de Saint-Lô : car
les trois bataillons du trentième régiment de marche
sont maintenant réunis. M. de Clinchamp commande Avranches ; M. de Vains, Saint-Lô, et tout le
monde obéit aux ordres supérieurs du colonel Desmares, qui est aussi venu prendre ses quartiers
à Cherbourg. Ces premiers jours d'automne sont
magnifiques. Nous n'avons sur la guerre que des
nouvelles insignifiantes.

Jeudi, 22 septembre.

Depuis que nous sommes ici, on n'était occupé
que de l'élection des officiers de gardes mobiles,
qui était ordonnée par un décret du gouvernement
de la défense nationale. On pensait d'abord que
cette opération se ferait dans toute la France, puis
on disait qu'elle aurait lieu à Paris seulement. Il
paraît qu'ici l'on hésitait, et que l'amiral Roze, ainsi
que le général Suhau, commandant de place, ne se
croyaient pas absolument obligés de suivre, en ce
qui regarde leur service, les ordres de l'administration. Cependant, il paraît qu'aujourd'hui monsieur
le préfet l'emporte. A trois heures, le commandant
est survenu pendant que nous faisions l'exercice ;

il a fait former le cercle, et nous a communiqué les
ordres pour les élections, auxquelles on procédera
demain dans la grande cour de la caserne du Val-
de-Serre.

On dit que nous devons cette nouveauté à l'influence d'un beau bataillon de mobiles du Gard, qui
est arrivé, il y a quelques jours, en tenue peu édi-
fiante, et avec une collection fort complète de barbes
incommensurables, ornement approprié aux figures
farouches de ces messieurs. Ils sont républicains,
et par conséquent veulent les élections; ils chantent
la *Marseillaise* et le *Ça ira*, et battent, dit-on, leurs
officiers; ils s'efforcent, paraît-il, de convertir nos
bons Normands à leurs idées politiques. Il est bien
douteux que leurs élections produisent un bon effet.
Le principe en est entièrement opposé à notre ancien système de discipline et de hiérarchie. Il serait
nécessaire qu'on eût le temps d'examiner si une
armée complétement républicaine, organisée d'une
façon nouvelle et animée d'un esprit nouveau, vau-
drait mieux que ce qui a toujours existé en France.
La révolution subite qu'on fait aujourd'hui a tout
l'inconvénient des mesures violentes et précipitées,
lorsqu'il n'est pas certain qu'au fond elle soit bonne.
On ne peut demander aux anciens officiers, qui
remplissent en partie les cadres de la garde mobile,

de faire soudain peau neuve et d'adopter des idées absolument contraires à celles qu'ils ont toujours mises en pratique : et s'ils ne sont pas élus, que deviendra l'armée des mobiles? Ne sera-t-elle pas vouée à l'indiscipline et au désordre? Toutes ces questions sont le sujet de grands doutes, nous verrons ce qui se passera demain. Beaucoup d'officiers volontaires parlent de donner tout de suite leur démission, et de tout planter là ; plusieurs prétendent regarder ce qui se fera comme illégal et non avenu. On doit dire que les plus ardents contre le système électoral sont généralement les plus aimés de leurs soldats. Il faut fouiller parmi les ambitions subalternes pour trouver les fauteurs véritables des élections : ce sont des sergents, des caporaux, orateurs d'estaminet, qui veulent supplanter leurs supérieurs. On a lu dernièrement dans le *Siècle* une lettre passablement virulente, d'ailleurs point signée, mais écrite, à ce qu'il paraît, par un homme de Mortain, qui se plaignait qu'en donnant les grades on eût satisfait les *petites ambitions*. Sans doute, la sienne était grande, et point satisfaite du tout. Dans quel chaos moral et matériel nous allons tomber !

Samedi, 24 septembre.

Les élections ont eu lieu hier matin. Presque

tous les officiers de compagnie nommés par le gouvernement impérial ont d'abord été confirmés dans leur grade par le vote unanime de leurs subordonnés. Ensuite, les capitaines, lieutenants et sous-lieutenants ont eu à nommer leur commandant : le résultat n'était point douteux, M. de Grainville a eu toutes les voix. Son dévouement et son expérience, son affabilité à l'égard de tous, je pense aussi un peu sa belle mine et ses longues moustaches noires, lui ont concilié l'affection universelle. Chez les soldats, peut-être même ailleurs, il y a en ceci un peu de passion : c'est ce sentiment indéfinissable qu'Alfred de Vigny décrit si bien dans la « Canne de Jonc » ; il l'appelle, je crois, le *séidisme*. Nous sommes une légion de jeunes séides ; c'est la seule excuse qui puisse faire pardonner l'incroyable inconséquence que nous avons commise une heure après avoir élu notre commandant, lorsqu'il s'est agi de nommer le lieutenant-colonel : car après avoir cent fois répété qu'il fallait traiter l'élection comme une simple formalité, et surtout n'en point favoriser le principe en changeant quoi que ce fût aux situations acquises, nous avons ôté nos vingt-quatre votes au lieutenant-colonel actuellement en fonctions pour les donner à M. de Grainville. Il a eu aussi

quelques voix dans les autres bataillons, pourtant
la majorité est restée à M. Lemoine-Desmares. Au
fond nous estimons tous beaucoup ce vieux guerrier ; mais depuis qu'il est ici, nous l'avons trouvé
froid, sévère, tenant les gens à distance : c'était
peut-être parce que nous le comparions à notre
commandant, qui est tout à la fois si digne et si
aimable. Quoi qu'il en soit, il est curieux que le
deuxième bataillon du trentième régiment, qui passait pour si turbulent, ait montré aux élections tant
de calme, de sagesse conservatrice et d'esprit politique ; cette difficile conjoncture a montré que les
hommes de Mortain n'étaient pas les moins attachés
à leurs officiers, les moins dévoués à leur commandant ; il y a là de quoi confondre la sagesse de gens
qui pouvaient se croire indispensables.

Les autres bataillons ont leurs satisfaits et leurs
mécontents ; la lutte électorale a eu ses déceptions,
elle a eu aussi ses beaux faits d'armes. L'un des
capitaines de Saint-Lô, M. de Beaucoudray, s'est vu
remplacé par le vicomte Louis de Beauffort, son
lieutenant, et lui-même élu lieutenant à la place de
son subordonné. Celui-ci a refusé, et s'est retiré
avec son capitaine. Après la généreuse conduite de
M. de Beauffort, ce qu'on aime le mieux de cette
histoire est la bonne leçon donnée aux fusiliers po-

litiques qui croyaient, comme jadis les rois de Babylone, pouvoir mettre chaque chose et chaque homme en la place qui convenait à leur caprice.

Maintenant que les élections sont faites, on nous renvoie de Capoue : Demain matin, à cinq heures, le bataillon part pour camper à Sottevast, village à quelques lieues d'ici, vers Valognes et Carentan. Aujourd'hui nous avons passé l'après-midi au fort de Querqueville, à toucher des effets de campement, tentes-abris, couvertures, marmites, bidons et gamelles d'escouade, mais toujours point de havres-sacs. Nous allons quitter Cherbourg incomplétement équipés, mal armés et déplorablement habillés. Les vareuses, les pantalons et les souliers qu'on nous a donnés sont de la plus mauvaise qualité. Nous avons des ceinturons et des cartouchières ; mais on refuse positivement de nous donner des chassepots. La vraie raison est, je pense, qu'il n'y en a point ; mais l'autorité prétend qu'on nous laisse les anciens fusils parce qu'ils sont meilleurs, et qu'avec les nouveaux nos mobiles brûleraient toutes leurs cartouches en un quart d'heure. Je pense que l'inexpérience des gardes mobiles est une raison pour qu'on leur enseigne avec soin à ménager leurs munitions, mais non pour qu'on leur donne de mauvais fusils qui, s'ils ont le singulier avantage de ne pouvoir être vite rechargés, ont plusieurs inconvénients très-graves. Peut-être nous dira-t-on demain qu'il est fort heureux que la portée en soit courte, car nos mobiles en risqueront moins de causer des accidents par leur maladresse. Rien n'est plus agaçant que d'être ainsi bercés comme des enfants, lorsque les gens chargés de diriger notre enfance sont eux-mêmes si au-dessous de leur tâche.

Camp de Sottevast, dimanche, 25 septembre.

Le Cotentin est une fort jolie contrée. Le vallon de Sottevast est abrité par des collines rocheuses et des rideaux d'arbres ; ce pré où nous campons appartient à M. de Chivray, dont le pittoresque vieux château est caché dans les bosquets, à un quart de lieue d'ici, au bord d'un frais ruisseau qui s'appelle la Douve. Le camp présente en ce moment une illumination fantastique qui me rappelle un peu Châlons. Les mobiles s'arrangent parfaitement de leur nouvelle existence : peu à peu ils se font soldats, et comme ils sont tout naturellement bouchers, étameurs, menuisiers, terrassiers, toute sorte d'ateliers ont été improvisés, et rien ne va leur manquer en ce pays sauvage. Là-bas, près d'un talus, on égorge des moutons comme au temps d'Homère ; à l'entrée de la route se sont établis plusieurs tréteaux de charcutiers et de liquoristes. Nous ignorons absolument combien de temps nous resterons ici. Les officiers reçoivent pour le moment l'hospitalité la plus parfaite dans les demeures de MM. de Chivray et du Plessis de Grenédan.

Nous avons laissé à Cherbourg la compagnie de dépôt, commandée par le capitaine Launay. Les sept compagnies de guerre sont définitivement constituées et comptent cent soixante et onze hommes chacune.

Mercredi, 28 septembre, soir.

Nous sommes allés aujourd'hui en promenade militaire à Valognes. C'est une jolie et ancienne petite ville, située au milieu de charmants bocages ; la route pour y arriver traverse plusieurs vallons creux et cachés, d'une verdure et d'une fraîcheur délicieuses ; on jouit d'ombrages touffus presque tout le long du chemin ; cette promenade était une vraie partie de plaisir. Malheureusement nous venons d'apprendre, en arrivant à Sottevast, qu'il nous faut quitter demain ce paradis terrestre, pour aller nous cantonner dans plusieurs villages aux environs des marais de Carentan ; nous serons ainsi séparés en plusieurs détachements. J'ignore si nous gagnerons à ces changements : ce qui est certain, c'est que nous ne pourrions camper longtemps, dans une saison si avancée, sans risquer d'être décimés par les maladies. Nous vivons dans une instabilité perpétuelle; qui peut savoir ce que nous réserve l'avenir? La guerre se traîne, les Allemands gagnent du terrain, et il y a quelques jours, ils ont occupé Nantes. Parviendrons-nous à nous délivrer de ces hordes? Ce n'est point le soir qu'il faut agiter ces questions, lorsqu'on a une route à faire demain.

Pont-Labbé Picauville, lundi 3 octobre.

Nous sommes ici depuis le 29 septembre. En trois quarts d'heure, un train nous a transportés de Sottevast à la station de Chef-du-Pont, où le bataillon s'est divisé : la 2ᵉ et la 6ᵉ compagnie sont parties pour Sainte-Mère-Église, la 4ᵉ pour Blosville, et la 5ᵉ est restée à Chef-du-Pont; la 1ʳᵉ, la 3ᵉ et la 7ᵉ sont allées au bourg de Pont-Labbé-Picauville, qui est à six kilomètres de la station. C'était jour de foire : la plus vive animation régnait dans la longue et large rue qui forme tout le village; sur les dalles disjointes des perrons qui décorent presque toutes les portes s'étalaient toutes sortes de marchandises, principalement d'immenses mottes de beurre. Les maisons du Pont-Labbé sont à plusieurs étages, et fort bien construites; cependant elles sont généralement couvertes en chaume, ce qui produit un effet singulier et pittoresque. Le village s'étend à mi-côte, le long de la route qui va de Carentan à Saint-Sauveur-le-Vicomte, et s'adosse au nord contre un plateau herbeux et fertile, que coupe le chemin de Valognes. Du côté du midi, il faut franchir l'épaisseur des maisons et pénétrer dans les jardins qui descendent vers la vallée, pour jouir d'un paysage fort particulier : ces prés unis qui s'étalent au fond, arrosés par un courant sinueux, sont des marais en hiver, mais des marais salés ; c'est l'eau de la baie de Carentan qui remonte dans la Douve. Comme on craint ici un coup de main des Prussiens, on a fait ce qu'on a pu pour hâter l'inondation, et déjà, en plus d'un endroit, la rivière se change en lac que ride le vent de mer, et au bord duquel bourdonnent mille insectes aux longues ailes, produits du marécage, arguments de nos Thalès contemporains à l'appui de la génération spontanée. A droite et à gauche, la rivière se traîne parmi les peupliers, et les détours de la vallée nous la dérobent. Vis-à-vis se dresse un coteau boisé, où monte, entre d'immenses talus couleur de brique, le grand chemin de Prétot et de Lessay ; jusqu'au point où commence la côte, c'est une chaussée escarpée, qui se détache de la grande route au bout du village, et traverse le marais. On y a pratiqué de larges tranchées, et en plusieurs endroits il ne reste plus qu'une bande étroite, suffisante pour une voiture, et qu'on couperait, au besoin, en quelques coups de bêche. Le pont sur la rivière est, dit-on, miné ; au moins les trous sont-ils tout prêts ; tout ceci sent l'appréhension. Cependant il paraît bien difficile que l'ennemi se hasarde tout à coup si loin de sa base d'opération, je ne pense pas que les deux batteries qu'on s'occupe à installer servent jamais à grand'chose. Quoi qu'il en soit, voilà le poste que nous avons à défendre ; il paraît que nous y sommes pour quelque temps. Les hommes sont logés par billets, tant au Pont-Labbé qu'au village de Picauville, qui est tout près d'ici. Ils regrettent Mortain, Sourdeval, et même Cherbourg, où pourtant le bourgeois était assez avare. Leur droit au feu et à la chandelle ne leur est guère utile, dans une garnison où presque partout il n'y a ni feu, ni chandelle. Plusieurs sont logés au Bon-Sauveur, vaste maison de fous située à la sortie du bourg, et où les gens crédules prétendent que l'impératrice Charlotte est enfermée. Les bonnes religieuses soignent les soldats de leur mieux. Les officiers ont leur pension dans une bruyante et tumultueuse auberge, au *Cheval Blanc*. On fait l'exercice matin et soir, cinq heures par jour en tout. Une décision porte que nous allons tirer à la cible ; déjà, lorsque nous étions à Cherbourg, on a exécuté des tirs à poudre.

Par décision ministérielle du 29 septembre, les officiers non confirmés dans leurs grades aux élections du 22 doivent rester à la suite des bataillons, et seront nommés à des emplois à mesure des vacances et suivant les besoins du service. En conséquence, MM. Brehier et L. Josset, qui étaient partis pour Mortain, vont nous revenir.

Mercredi, 5 octobre.

Aujourd'hui nous avons commencé les tirs à la cible, qui se continueront demain. Un grand nombre de nos mobiles sont quelque peu chasseurs de leur état, et visent beaucoup mieux qu'on ne pourrait croire (1). Nos fusils sont vraiment bien mauvais, et je m'ennuie d'entendre vanter leur excellence.

(1) La cible avait deux mètres de haut sur un de large ; à deux cents mètres, la troisième compagnie y plaça le tiers de ses balles ; le tir des autres compagnies ne fut guère moins juste ; il ne faut point oublier que nos fusils étaient de modèle tout à fait inférieur.

Comme on n'est point parvenu à nous en persuader, on parle d'en donner d'autres. Je crois qu'on
veut nous *amuser*, et bien certainement on n'y
réussit pas.

Lundi, 10 octobre.

Le temps commence à être mauvais, et le marais
devient humide. Nous nous reposons la grasse
matinée ; puis on fait l'exercice de midi à cinq heures ;
ensuite on se réunit pour le dîner, qu'on fait durer
jusqu'à l'heure du coucher. Voilà une vie peu intel-
lectuelle, qui durera peut-être tout l'hiver. Heureusement nous pouvons, mes amis et moi, rouler de
temps en temps, dans un équipage quelconque, jusqu'au château de Pleinmarais, respectable vieille
demeure à une lieue d'ici, où le marquis et la marquise de Beauffort nous donnent une hospitalité charmante. Bientôt l'inondation la rendra inabordable ;
mais on irait à la nage.

Vendredi, 14 octobre.

Nous prenons racine dans ce pays. Il fait froid
maintenant, et plusieurs fois par jour il tombe des
torrents de pluie. L'eau monte rapidement dans les

marais, les chaussées sont partout près d'être inondées, la contrée devient peu à peu inaccessible. Nous avons ici depuis quelques jours un détachement d'infanterie de marine ; ces porteurs de béret montent fièrement la garde devant quelques vieux canons fondus sous Louis-Philippe qu'ils ont mis en batterie sur le coteau. Pourtant il n'est guère plus question que les Allemands nous attaquent ; on construit néanmoins des baraques comme pour passer l'hiver. Le contre-amiral Jauréguiberry, qui commande toutes les troupes du Cotentin, a fait une courte apparition au Pont-Labbé ; il a fait l'éloge du fusil à piston, et a laissé pressentir qu'on resterait quelque temps sans changer de garnison. Ces plateaux balayés par tous les vents seront un séjour peu agréable, lorsque la mauvaise saison sera tout à fait venue, que les vallées seront pleines d'eau et toutes les routes coupées.

En attendant ce que le sort décidera de nous, nous nous exerçons avec assiduité à l'école des tirailleurs, parmi les haies et les fossés dont cette région est traversée en tous sens.

Mon nouvel ami Christian de Failly a obtenu une permission de quatre jours. Voici déjà quelque temps qu'il est souffrant et persiste néanmoins à faire son service. Il serait bien fâcheux qu'il vînt à nous manquer. Tel que je le connais, il marchera jusqu'à ce qu'il tombe.

Mardi, 18 octobre.

Rien de nouveau, si ce n'est que nous sommes allés ce matin rendre les honneurs funèbres à un garde mobile de la compagnie d'Isigny, mort d'une fièvre cérébrale. Il a été enterré à l'église de Picauville; c'est le premier homme que nous perdons.

Caen, hôtel d'Angleterre, mardi 25 octobre, soir.

Hier est survenu tout à coup, vers midi, un ordre de départ immédiat. A deux heures, le bataillon était en route pour Chef-du-Pont, où l'on devait, paraît-il, prendre le chemin de fer et partir pour Alençon. A notre arrivée, rien n'était prêt, point de train disponible avant le lendemain matin. La patience et la bonne volonté des hommes ont été mises tout d'abord à une forte épreuve : ils ont dû camper, à la nuit tombante, dans un pré humide. Rien n'égale l'imprévoyance de l'administration supérieure : dans ce triste hameau de Chef-du-Pont, les 3,500 hommes du 30e régiment ont trouvé à peine quelques livres de pain à se partager, et presque point de paille pour couvrir la boue sous leurs tentes. Dans les circonstances où nous sommes, les misères de toute sorte sont doublement difficiles à supporter, parce qu'on les attribue toujours à l'incapacité ou à la négligence des états-majors ; rien n'est si révoltant que de penser qu'avec un peu de soin on eût évité de grandes souffrances à plusieurs milliers d'hommes : or, ceci est très-souvent la vérité (1).

Ce matin, on a passé deux heures autour de la gare, à distribuer des cartouches : chaque homme en a eu cinquante. Évidemment on nous mène à l'ennemi, puisque, pour la première fois, on nous confie des munitions. On s'efforce en vain de donner l'exemple de l'entrain et de la gaieté : les hommes courbent la tête sous la pluie qui tombe à torrents ; on sent que le bon temps est fini, et que la misère commence.

A onze heures on est parti pour Caen. Après

(1) Il est évident qu'en cette occasion il eût suffi d'un peu moins de précipitation de la part de l'amiral Jauréguiberry pour éviter à toutes les troupes une grande fatigue, sans compter les petites pertes de matériel et les quelques hommes laissés en arrière, conséquences nécessaires de tout départ effectué d'une semblable façon. Et pourquoi donc cette grande hâte? Je n'ai pu en trouver aucune bonne raison. L'amiral, las de garder une ligne où il n'avait nulle chance d'être attaqué, avait demandé à marcher en avant avec ses troupes, et l'ordre par lequel le ministre lui accordait sa demande était arrivé inopinément. Là dessus, nous pliâmes soudain bagage, et fûmes garder le Perche. On sait de quelle manière, pour remplir cette mission, nos généraux s'y prirent. — Voilà comment on faisait la guerre!

trois heures d'attente au débarcadère, les billets de logement ont été distribués, et les compagnies convoquées pour demain à huit heures, sur une place, au centre de la ville. Nous ne savons plus quelle est notre destination ; j'ai entendu dire que nous allions passer quelques jours ici.

Nous devrions être contents maintenant, puisque nous allons bientôt voir les Prussiens, ce que nous désirions si ardemment. Pourtant je ne sais quelle tristesse pèse sur moi. Ce temps pluvieux et froid dispose à la mélancolie... Et puis, rien n'est si pénible que de quitter un pays à l'improviste, même lorsqu'on n'y était qu'en nomade ; déjà nous y avions des amis. J'ai toujours devant les yeux la grave scène de notre départ : les compagnies sortant de la halle où elles étaient cantonnées pour déboucher dans la rue ; les sergents-majors faisant l'appel, et les retardataires se hâtant de gagner leurs rangs ; toute la colonne s'ébranlant enfin à la voix du commandant ; à quelques pas en arrière, mesdames de Grainville et de Rongé, tristes mais fermes, regardant partir ce bataillon. On dit parfois que ces émotions abattent et affaiblissent, je crois plutôt qu'elles rendent sérieux.

Hier soir, à Chef-du-Pont, nous contemplions une grande aurore boréale qui embrasait le ciel

d'une lueur rouge ; aujourd'hui nous l'avons vue reparaître. Les anciens auraient-ils pris cela pour un
bon ou un mauvais présage?

Luigny près Nogent-le-Rotrou, vendredi 28 octobre.

Depuis hier soir nous sommes ici. Pourquoi? Je
n'en sais rien, ni aucun de mes amis non plus; —
ceci n'a rien d'étonnant. Mais je crains que l'ignorance sur ce point essentiel ne soit universelle.

Luigny est une vilaine bourgade, qui s'étale des
deux côtés de la grande route de Nogent à Brou,
sur les dernières pentes des collines du Perche. En
regardant vers le midi, par la fenêtre de la chaumière où j'écris, je vois des plaines ondulées où
serpente la route de Chateaudun : là, à trois lieues,
est Chapelle-Royale, où campe le bataillon d'Avranches. A deux pas derrière la maison se dresse un
coteau stérile; on y monte par le chemin de Frazé,
petit bourg à deux lieues au nord, où est cantonné
un bataillon de la Sarthe.

De Caen ici, un voyage fatigant, une direction
donnée de si haut et de si loin que notre commandant ni le colonel n'y comprennent rien : disons
tout de suite qu'il n'y a pas de direction du tout,

et que bien décidément nous sommes le jouet du hasard.

Nous sommes partis de Caen le 26 au matin. Après l'appel de huit heures, on avait fait rompre les rangs et donné les ordres pour deux heures. A midi, l'on dit aux officiers qu'il fallait partir tout de suite, et envoyer les hommes un à un à la gare, à mesure qu'on les rencontrerait. Aussi on n'a pu s'embarquer sans une certaine confusion, et il a été impossible de vérifier exactement les effectifs. Après la station d'Argentan dépassée, on a commencé à parler des Prussiens; à Séez on a prétendu qu'ils étaient là, et qu'il fallait faire monter des hommes sur la locomotive avec leurs fusils chargés. L'illusion s'est pourtant dissipée sans qu'on ait eu recours à aucun parti extrême.

Quand nous fûmes dans la gare d'Alençon, nous apprîmes soudain que nous allions jusqu'au Mans : des ordres nouveaux, disait-on, avaient été transmis verbalement au colonel Desmares par l'entremise d'un chef de gare. Du Mans on poussa jusqu'à Nogent-le-Rotrou, sur un avis du même genre : il devenait évident que la guerre allait se faire *à peu près.*

Suivant ce qu'on raconte, le colonel Rousseau, qui commande à Nogent et reçoit les ordres du général Fierrec, fut fort surpris hier de voir, à six heures du matin, un train d'une longueur démesurée déposer sur le quai du chemin de fer douze cents mobiles harassés, mal équipés, mal armés et mal habillés. Après explication, on convint qu'un pareil renfort ne pouvait venir que du ciel : il y avait justement une position à garder à cinq lieues de là, le colonel Rousseau nous y envoya sur-le-champ.

On distribua des guêtres, quelques chemises et quelques caleçons ; puis il fallut monter la côte de Nogent, et faire vingt kilomètres dans un pays plat et affreux, par un temps pluvieux et sombre.

Les hommes, déjà très-fatigués, portaient tous leurs effets dans de mauvaises sacoches en toile, dont les bandoulières leur coupaient les épaules. La nuit tombait comme nous entrions à Luigny. Aucun logement n'étant préparé, on a dû faire camper la troupe dans un champ boueux, balayé par le vent d'est, et à chaque instant inondé de pluie. Le spectacle de ce camp, aux premières lueurs de l'aube, était lamentable : le courage et la patience du soldat ont étonné les officiers.

Samedi, 29 octobre.

Rien de nouveau dans notre situation. Hier, on

5.

pensait se reposer; mais des rapports ayant signalé l'ennemi dans la direction de Brou, le bataillon y est allé en reconnaissance. Plusieurs fois, pendant la route, on a cru apercevoir des hulans. On se trompait; mais le hulan est dans l'air; il n'y a qu'à voir comme les paysans en parlent.

Nous sommes arrivés à Brou sans avoir rien vu, et le bataillon s'est tranquillement rangé sur la place. Puis le commandant est allé à la mairie, où le premier magistrat du lieu lui a signifié que les bourgeois de Brou ne comptaient point se défendre, et ne désiraient point être défendus.

Le commandant fut d'abord suffoqué par cette déclaration si nette, et se dit que les citoyens de Brou avaient peu de penchant pour l'héroïsme. Mais lorsqu'il apprit que dans une des chambres de la mairie on conservait secrètement six cents livres de pain, il ne contint plus son indignation, et adressa au maire les plus véhéments reproches. Évidemment, ces vivres n'étaient point pour nous, puisqu'on n'attendait ni ne désirait de troupes françaises dans la ville : mais alors à qui étaient-ils donc destinés? Il était difficile de répondre. Le maire prit une pose digne : « Vous ne me connaissez » pas! » dit-il d'un ton théâtral. — « Et je ne » désire nullement vous connaître », répliqua

M. de Grainville, le toisant avec mépris. Là-dessus,
notre commandant est remonté à cheval, et nous
nous en sommes retournés comme nous étions
venus, révoltés de tant d'égoïsme et de lâcheté.
Il paraît que, durant les pourparlers avec le maire,
douze cavaliers allemands soupaient tranquillement
dans une ferme à cinq cents pas du bourg. En
pareil cas, le paysan se garde bien de donner
l'alarme, car l'ennemi reviendrait en force et brûle-
rait sa maison (1).

(1) L'histoire a besoin d'être impartiale, et les documents qu'on prétend
lui fournir doivent être aussi épurés que possible. C'est pour cela que, tout
en laissant dans ce journal l'expression des sentiments que nous éprouvions
alors, je tiens à marquer ici combien les idées de toute personne sensée
touchant la conduite des magistrats civils, pendant la dernière guerre, ont
dû être modifiées par la réflexion. Il ne m'a jamais été prouvé que les vivres cachés à la mairie de Brou fussent réellement réservés aux Allemands ; sans doute l'attitude qu'eut ce jour-là monsieur le maire dut paraître fâcheuse. Mais je veux surtout montrer comment les accusations de
trahison ou de lâcheté, qui ont été prodiguées contre les maires en général, furent la plupart du temps mal fondées. Sans doute, il était difficile
qu'un commandant de troupes françaises s'entendît de sang froid déclarer
qu'on désirait être débarrassé de lui parce que les Prussiens allaient arriver, et fût content de s'en retourner n'importe où avec ses hommes, pendant que les boutiquiers de la ville se préparaient à faire aux ennemis la
meilleure réception possible, afin de tirer profit de leurs besoins. Cependant qui eût pu blâmer le maire d'une ville petite ou grande, pour avoir
tenu aux officiers qui se présentaient dans sa commune un langage tel que
celui-ci : « Venez-vous pour une opération militaire sérieuse ou seule-
» ment pour tenter une escarmouche ? S'il faut que cette cité périsse
» pour procurer un avantage réel à nos armes, ou pour leur éviter un dé-
» sastre, faites-la réduire en cendres ; la patrie avant tout ! Mais si vous
» venez pour tirer quelques coups de feu, sans but déterminé et sans
» espoir de défendre efficacement nos murs, vous serez cause de notre
» ruine, car l'ennemi saisira ce prétexte pour nous piller et nous brûle

Revenus à Luigny, nous avons logé nos hommes dans les granges et dans l'église. La première et la quatrième compagnies sont placées en avant-postes aux hameaux du Perruchet et de Dampierre, situés entre Luigny et Brou. On dit que cent cinquante hulans s'amusent à l'heure qu'il est dans cette ville : grand bien leur fasse !

Aujourd'hui, on nous laisse tranquilles. Le colonel, qui s'est logé tout près d'ici, au château du général Lebreton, vient de passer le bataillon en revue; il nous a complimentés sur notre bonne

---

r comme s'il nous avait pris d'assaut et vous aurez fait à la France, aussi » bien qu'à nous, plus de mal que de bien ». Qu'eût-on pu répondre à cela ? Et je prie qu'on remarque que les maires des villes occupées ne voulaient point, au fond, dire autre chose; dans l'embarras bien naturel où ils se trouvaient, ils ne s'exprimèrent pas toujours heureusement. J'avoue qu'une fois le parti pris par une municipalité de demeurer neutre, il dut arriver que les marchands furent moins soucieux d'expédier leurs magasins, lorsqu'ils ne risquaient que de vendre. De là à s'approvisionner pour l'ennemi, et à faire de la ruine nationale une occasion de profit, il n'y a malheureusement pas loin et la pente est glissante : les hommes aiment l'or, et le commerce est sans entrailles. Ce sont là des trahisons privées, que nos écrivains et nos législateurs sauront flétrir et réprimer à l'avenir Car il faut que la moralité de ces faits soit disséquée ; la conscience de certains négociants les envisageait sous un jour tout particulier. C'était, disaient-ils, faire rendre indirectement aux ennemis l'argent qu'ils avaient pris à des compatriotes. J'entendis un jour un hôtelier se vanter de son patriotisme, en protestant qu'il vendait le vin de Champagne aux Allemands deux fois ce qu'il valait. S'il eût fallu restituer ensuite cet argent aux compatriotes pillés, on peut supposer que le zèle eût été moins ardent. Mais on ne doit point voir seulement le mal : les actes de vrai patriotisme étaient nombreux aussi. Je me souviens qu'un bourgeois de Brou me donna gratuitement du pain pour les hommes de ma compagnie, le jour même de la scène à l'hôtel de ville. La conduite et le sort différents des villes

tenue. Ses procédés à notre égard, depuis les élections de Cherbourg, ont montré qu'il sait pardonner; il passe pour savoir beaucoup d'autres choses. Le colonel Lemoine-Desmares est un ancien officier supérieur de cavalerie.

Il fait déjà très-froid; pendant la revue, on gelait sur place. Si l'on ne donne pas à nos hommes de quoi se mieux habiller, ils auront bien à souffrir.

On dit que les Prussiens ont reculé de quelques lieues : serait-ce à notre approche? Tous les bruits

dépendirent du caractère des habitants, mais surtout des circonstances et de l'impulsion donnée d'abord : l'éloquence et encore plus les menaces d'une douzaine de francs-tireurs suffirent parfois pour transformer une population d'épiciers en défenseurs de Saragosse.

Honorons de toute notre estime et secourons de la bourse de l'État les cités qui, comme Châteaudun, ont souffert les derniers malheurs pour avoir fermé leurs portes à l'ennemi; mais ne condamnons point les magistrats de quelques grandes villes, le maire de Chartres par exemple, pour n'avoir fait que leur devoir en renonçant tout d'abord à une résistance inutile et désastreuse.

Le système de terreur que les Prussiens avaient adopté contre les lois sacrées du droit des gens, leur permit de soumettre facilement nos provinces, et d'entrer sans coup férir presque partout. Il n'est point permis de brûler une ville parce que des soldats ont fait feu derrière ses murs : les généraux allemands l'ont fait et l'avouent, leur règle est que toute cruauté utile est permise. Ils l'ont pratiquée sans contestation à la face du monde : le brave trahi et surpris a été égorgé; les nations européennes ont, par leur lâcheté, assuré pour longtemps le règne de la force, et nous voici ramenés au temps où toute habitation humaine devait être une forteresse. Ce n'est point, j'espère, pour ce vieux peuple autochthone, vaincu et châtié aujourd'hui, mais jamais détruit, que ce nouveau moyen âge aura le plus de sang et de ruines.   R. M.

qu'on répand sur les mouvements de l'ennemi me paraissent n'avoir aucun fondement.

Luigny, lundi, 31 octobre, soir.

Hier, nous sommes allés en promenade militaire jusqu'à Frazé. C'est un bourg caché dans un petit vallon, ceint d'une couronne de forêts et flanqué d'un assez beau vieux château. Les gens de la Sarthe qui y sont cantonnés montraient orgueilleusement leurs chassepots ; nos mobiles, qui n'ont que les vieux fusils, se croient abandonnés de Dieu et des hommes. Il est vrai que cette inégalité dans l'armement est déplorable ; il serait temps vraiment qu'on réclamât avec énergie.

Ce matin sont arrivés dix chasseurs d'Afrique, qui vont, dit-on, nous servir d'éclaireurs ; ils ont le mousqueton-chassepot, sont bien équipés et admirablement montés. Jusqu'aujourd'hui, nous n'avions pas un seul cavalier pour communiquer avec les autres corps et éclairer nos marches. Cependant aucun besoin ne se fait plus vivement sentir que celui d'un lien entre tous ces détachements de mobiles éparpillés sur vingt lieues de pays, entre Nogent et Châteaudun, sans artillerie ni cavalerie. Il paraît que les chefs de corps n'ont, la plupart du temps,

ni ordres ni instructions précises; personne ne peut
me dire ce que nous faisons là. Ce qu'il y a de certain, c'est qu'on n'a pu empêcher les Prussiens
d'entrer, il y a huit jours, à Châteaudun, et d'y
mettre tout à feu et à sang.

Aujourd'hui, pour changer, nous sommes allés à
Brou. On n'y a rien vu que la figure déjà connue
de M. le maire; en revanche, on a fait six lieues;
mais depuis deux jours, nous avons des havres-sacs,
ce qui diminue beaucoup la fatigue. Demain, il paraît qu'on retourne à Brou, pour protéger le marché.

Luigny, mercredi, 2 novembre.

Hier, trois compagnies, entre autres celle dont
je fais partie, sont allées à Brou. On disait que nous
y resterions pour procurer la sécurité nécessaire au
marché du lendemain, et pour appuyer, au besoin,
un corps de troupes qui marchait sur Illiers. Aussi
s'est-on tout d'abord installé sérieusement : les
mobiles ont été cantonnés dans des granges et des
salles de danse, et un détachement a été chargé
d'explorer les environs, pour l'établissement des
grand'gardes ; ceci m'a valu une immense promenade, qui avait bien son intérêt.

Brou est une sorte de carrefour, situé aux con-

fins de la Beauce et du Perche. Les routes du midi
conduisent à Courtalain et à Châteaudun; à quatre
lieues vers l'orient est Bonneval, qui est une ancienne petite ville, comme Brou. En sortant de
Brou pour y aller, on passe par Yèvres, grand village dont les maisons sont disséminées dans la
plaine; son clocher, fort élevé, sert de gîte à des
gardes nationaux qui croient être là pour surveiller
le pays. Au nord est le chemin d'Illiers, la première
ville qu'on rencontre en entrant en Beauce; c'est à
trois lieues d'ici. Partout le pays est plat et peu
boisé, excepté du côté du nord-ouest, vers Frazé,
où l'on voit un bout du Perche.

Nous eussions été à Brou beaucoup mieux qu'à
Luigny, où l'on ne trouve, pour assouvir sa faim,
que des dindons étiques : l'aubergiste du lieu les
précipite, la tête la première, dans un brouet indes-
criptible, et le dîner est servi. A Brou, il y a un
cuisinier excellent, qui fait la fortune de l'auberge
du *Plat d'Etain*; il y a des épiciers, des tailleurs,
des horlogers, des armuriers, même un libraire qui
vend des cartes du pays.

Mais nous ne devions qu'apercevoir cette terre
promise : à dix heures du soir un gendarme est
survenu tout à coup, apportant l'ordre de retourner
à Luigny. Il a fallu replier à l'instant nos grand'-

gardes et nous mettre en route ; nous sommes rentrés à une heure du matin.

Aujourd'hui on fait circuler des bruits de paix : Bazaine aurait, dit-on, signé une convention à peu près acceptable... d'autres prétendent qu'il a trahi. Tout cela est confus, et, à mon avis, ne présage rien de bon.

Jeudi, 3 novembre.

Il fait beau, mais le froid nous envahit, les jours deviennent courts ; la pensée de l'hiver est inquiétante, dans les circonstances où nous sommes : les hommes sont si mal habillés, ils sont surtout si mal chaussés ! Beaucoup d'entre eux ont déjà les pieds dans un état pitoyable.

Nous aurions tort pourtant de nous plaindre aujourd'hui, puisqu'on nous laisse au coin du feu. Le capitaine Viallet est parti pour Tours avec une pétition signée de tous les officiers du bataillon, afin d'obtenir des chassepots : s'il réussissait, on oublierait bien des misères.... Les soldats que je vois aller et venir de ma fenêtre n'ont point l'air trop malheureux.... excepté deux ou trois, qui expient les erreurs de leur jeunesse dans le colombier du général Lebreton, transformé en salle de police,

6

tous jouissent avec bonheur du repos qui nous est accordé. .

Luigny, samedi, 5 novembre.

Si mon capitaine Viallet n'était point revenu triomphant hier, avec douze cents chassepots et quatre-vingt mille cartouches, je crois que nous serions tous bien tristes ce matin, car la capitulation de Metz est devenue chose certaine. Gambetta, dans une proclamation, accuse Bazaine d'être un traître. — Traître, non, mais égoïste et ambitieux. Il a voulu ménager son armée, et rester seul debout, arbitre des dynasties et maître de la France, après que Paris aurait succombé. La résistance de Paris a trompé ses calculs, et il a passé sous les fourches caudines avec cent vingt mille soldats, cinq cents canons, cinquante drapeaux ou étendards (1).

La sensation dominante aujourd'hui dans le bataillon, c'est la fatigue. A Illiers, en Beauce, il y a un ancien officier de cavalerie devenu colonel de

---

(1) D'après le rapport du général Changarnier, ce ne serait point l'ambition et l'égoïsme qui auraient livré l'armée de Metz aux Allemands, et tout devrait être attribué à une incapacité presque miraculeuse de la part d'un homme qu'on regardait comme le plus habile de nos maréchaux. On n'a plus besoin de chercher dans la Bible l'histoire d'une nation aveuglée par un destin suprême, et de chefs d'armée perdant soudain la tête.

mobiles, qui s'appelle monsieur de M***. Avant-hier
soir, notre colonel Lemoine-Desmares reçut de lui
une demande de renforts. Il était certain, écrivait-il,
d'être attaqué le lendemain dès six heures par
des forces supérieures ; monsieur de Granville était
son ancien camarade et son ami, il savait qu'il pouvait compter sur lui et sur les hommes de Mortain :
il fallait donc se hâter, et envoyer tout ce qu'il y avait
de valide. On partit sur-le-champ, il était minuit ; le
froid était piquant. A Brou, on donna vingt minutes
de repos : quelques soldats parvinrent à réveiller
un boulanger et à se procurer un peu de pain ; la
plupart restèrent sur le trottoir, derrière les faisceaux, se serrant les uns contre les autres pour ne
point geler. A quatre heures, on se remit en route,
et l'on poussa jusqu'à Vieuxvic. C'était la première
fois qu'on marchait toute une nuit : les hommes
tombaient de sommeil, de faim, de fatigue ; mais
ils espéraient voir les Prussiens, et ils réunissaient
leurs forces pour aller jusqu'au bout, lorsqu'on
apprit tout à coup que le colonel de M*** avait évacué Illiers à quatre heures du matin, nous laissant
ainsi venir seuls jusque dans la plaine, et qu'il était
grand temps de se retirer si l'on ne voulait point
être gravement compromis. Le désappointement fut
à son comble.... Qu'allons-nous devenir, si les der-

nières ressources de la France sont confiées à des mains si négligentes?

Bien que la conduite du colonel de M*** nous permît de ne plus penser qu'à notre propre sûreté, notre commandant crut devoir aller jusqu'au bout, et rejoindre la colonne qui avait évacuer Illiers, afin d'appuyer au besoin ses mouvements ou de l'aider à se défendre d'une attaque. Le colonel de M*** s'était retiré dans la montagne, et on disait qu'il était à Montigny, petit village à trois lieues sud-ouest d'Illiers. Pour aller le trouver, il nous fallait tourner à gauche, en défilant presque sous les murs d'Illiers et présentant le flanc à l'ennemi, dont il nous était difficile, faute de cavalerie, de connaître la position. Ce mouvement délicat s'est exécuté sans encombre, et nous sommes revenus par Montigny et Frazé. Il paraît que le colonel de M*** nous avait oubliés (1)!

Maintenant nous sommes heureux d'avoir de bons fusils et fiers d'avoir fait treize lieues.

On parle beaucoup d'un armistice de vingt-cinq jours qui serait sur le point d'être conclu.

Luigny, lundi 7 novembre, soir.

Depuis avant-hier on s'exerce avec ardeur au ma-

---

(1) Le colonel de M... a dit que le chasseur d'Afrique expédié par lui et porteur de la lettre par laquelle il demandait des renforts, n'avait point rapporté de réponse signée du colonel Desmares.

niement du chassepot; les vieux fusils ont été
envoyés à Nogent. Nous apprenons que les négo-
ciations pour l'armistice ont été définitivement
rompues.

On avait confié, il y a quelques jours, au lieutenant Doynel, une compagnie de vingt-cinq hommes
d'élite pris dans tout le bataillon, pour faire des
reconnaissances et éclairer nos marches. Il arrive
d'Illiers tout à l'heure, rapportant au commandant
le sabre d'un lancier prussien : ils ont tué deux
ennemis, et en ont blessé quelques-uns grièvement;
cinq des nôtres n'ont pas encore reparu. C'est le
premier combat qu'on puisse inscrire aux annales
du bataillon. Le colonel Lemoine-Desmares et le
commandant ont félicité le lieutenant Doynel de la
bravoure dont il rapportait d'incontestables témoignages.

Brou, jeudi, 10 novembre.

Avant-hier, nous avons quitté définitivement
Luigny, l'horrible bourgade, pour nous installer à
Brou. Nous voici maintenant tout à fait en première
ligne, et, il faut en convenir, dans une position peu
sûre, car nous avons abandonné le Bocage, et nous
sommes en pleine Beauce. Aussi, nous nous gardons avec la plus grande précaution.

G.

Nous barricadons Brou : pendant qu'une partie des mobiles s'instruit à former le carré, les autres transportent des solives et des pavés aux débouchés des routes de Châteaudun, d'Illiers et de Luigny. Chaque nuit, quarante hommes et un officier surveillent le chemin de Bonneval et Châteaudun ; il y en a pareil nombre vers Illiers et autant vers Courtalain.

Il pleut et il neige ; nos malheureux mobiles sont tout à fait en guenilles, grâce aux soins de notre conseil d'administration ; par bonheur, ils ont de bons nids de paille et de foin pour passer la nuit.

On parle toujours beaucoup des succès des armes françaises : il y a huit jours, on racontait une victoire remportée près de Courville, à trois lieues au nord d'Illiers ; aujourd'hui, les Prussiens évacueraient Chartres... il ne faut guère croire tout cela.

Les cinq hommes qui avaient été laissés lundi dernier à Illiers, et qu'on croyait morts ou prisonniers, sont tous revenus.

Brou, vendredi, 11 novembre.

Ce matin, il fait plus doux. Nous allons rendre les derniers honneurs à un garde mobile de la première compagnie, qui vient de mourir à l'hospice de Brou. Il s'était égaré, en faisant le service de flanqueur lors d'une marche nocturne; ayant été aperçu par des hommes du bataillon, il ne répondit point au cri de *Qui vive!* trois fois répété, et reçut un coup de fusil presque à bout portant.

Brou, samedi, 12 novembre.

Le froid est revenu; on vient d'envoyer à Saint-Lô une pétition pour avoir des vêtements d'hiver.

On se montre, en général, peu patriote en ce pays-ci; les bourgeois sont insolents à l'occasion. Quant aux paysans, ils trouvent très-profitable de mener leur bétail au camp prussien, où ils en ont un bon prix, et sans la crainte de la fusillade ils le feraient avec bonheur. Le capitaine Viallet fait les fonctions de commandant de place, et rien n'entre à Brou ni n'en sort sans un *laissez-passer* signé de lui.

Le lieutenant-colonel est venu aujourd'hui visiter nos barricades et a manifesté son approbation.

Maintenant, il est devenu certain que le général d'Aurelle de Paladines a remporté une victoire à Orléans; l'*effet moral*, comme on dit, que produit cette nouvelle, est excellent.

Brou, mercredi, 16 novembre.

Il fait moins froid depuis trois jours, et c'est un grand soulagement.

La grande place de Brou présentait ce matin l'aspect le plus pittoresque. Cent cinquante cavaliers, tant lanciers que dragons, y étaient rangés en assez bon ordre; les officiers faisaient faire l'appel. Ils venaient du Mans, sous la conduite du général Guépratte, qui est justement l'ancien capitaine instructeur de notre commandant au régiment des guides. J'ai contemplé avec une tristesse respectueuse ces quelques restes des magnifiques régiments, détruits à Reichshoffen et Sedan, qui faisaient jadis notre orgueil et l'admiration des étrangers. A dix heures, hommes, chevaux et voitures avaient disparu : tout était bien loin déjà sur la route de Châteaudun.

Hier et avant-hier, le commandant a envoyé des pelotons d'éclaireurs à Bonneval, où l'on s'attendait à voir arriver les Prussiens en force. J'ai conduit une de ces expéditions. Nous n'avons rien vu; je n'ai pu qu'interroger un blessé allemand, qui n'a donné aucun renseignement d'importance.

Frou, jeudi, 17 novembre, soir.

On se porte en avant : demain matin, tout le bataillon va occuper Mézières-au-Perche, petit village à deux lieues vers le nord-est, entre les routes

d'Illiers et de Bonneval. Les postes de Dampierre
et du Perruchet, qui n'avaient pas cessé jusqu'ici
d'être occupés par la première et la cinquième compagnies, vont être abandonnés ; la quatrième compagnie, laissée à Luigny, nous rejoindra également.

Illiers, samedi, 19 novembre, soir,

Nous étions arrivés à Mézières hier vers onze
heures, et nous déjeunions dans une de ces immenses fermes qui sont l'orgueil de la Beauce,
lorsque notre commandant reçut soudain l'ordre de
se porter sur Champrond, pour se mettre à la disposition du colonel Rousseau. — Champrond-en-
Gastine est un bourg à huit lieues nord-ouest de
Mézières, sur la route qui va de Nogent à Chartres
en passant par La Loupe et Courville. C'était raide :
on se mit toutefois en chemin avec courage. Nous
devions passer par Illiers, et nous approchions de
cette ville en longeant parfois le Loir, qui descend
des collines percheronnes aux environs de Vieuxvic :
nous étions déjà venus là quinze jours auparavant.
Comme on n'était plus guère qu'à une demi-lieue
d'Illiers, on entendit de fort près plusieurs coups
de canon, et l'on vit la fumée des incendies allumés
par les ennemis dans les faubourgs extrêmes qui

bordent la route de Chartres. En même temps nous
aperçûmes un bataillon de mobiles qui avait pris
position sur les hauteurs, et paraissait attendre l'ennemi.

Aussitôt le commandant ordonna qu'on se jetât sur
la gauche, et qu'on se couvrît d'un ruisseau aux bords
escarpés qui coulait le long du chemin, et formait
un retranchement naturel. En même temps des
éclaireurs furent envoyés pour explorer la route :
on apprit bientôt qu'Illiers était occupé par les
Français, et menacé par les Prussiens. Le commandant n'hésita point à marcher sur cette ville à l'instant même, pour offrir au colonel de M*** l'appui
de ses forces, et nous prîmes incontinent le pas le
plus rapide. Un quart d'heure après, nous étions
rangés dans les rues tortueuses de la petite cité
beauceronne. Le feu des Allemands avait cessé ;
mais plusieurs maisons au bout de la ville étaient
en flammes. Le colonel de M***, pensant être attaqué de nouveau le lendemain, demanda à M. de
Grainville de rester avec lui. Il était déjà tard, les
hommes de Mortain étaient affamés et épuisés de
fatigue ; d'ailleurs, les instructions données aux
chefs de corps prescrivaient d'éviter les marches
de nuit. Le commandant se décida donc à rester
pour le moment, et une dépêche fut envoyée à

Champrond pour demander des ordres au colonel Rousseau. La réponse fut qu'on avait mandé le bataillon de Mortain au quartier général, parce qu'on y avait besoin de troupes sur lesquelles on pût compter ; mais qu'Illiers étant menacé, il fallait demeurer maintenant pour défendre cette ville. — Il est fâcheux seulement que le capitaine de Failly n'ait pas pu être averti de nos mouvements ; car il était d'escorte aux bagages avec sa compagnie, et il avait dû se séparer de nous, le chemin que nous suivions n'étant point praticable pour les voitures : sans doute il est allé jusqu'à Champrond.

Le bataillon a été cantonné tant bien que mal dans les maisons d'Illiers ; deux compagnies gardent le poste du château de la Folie, au haut de la côte vers Brou. Aujourd'hui plusieurs de nos détachements sont sortis du côté de Chartres, et ont fait sanssuccès la chasse aux hulans, pendant toute l'après-midi. J'ai vu du haut du clocher, chevauchant à un quart de lieue dans la plaine, les premiers Prussiens qu'il m'ait été donné d'apercevoir. Lorsque l'ennemi paraît, la grosse cloche sonne trois fois pour le signaler ; nous avons entendu ce matin ce bruit lugubre, mais l'alerte n'était pas sérieuse. De là-haut l'œil plonge fort loin : Chartres n'est plus qu'à huit lieues, et quand le temps est clair on distingue les flèches de Notre-Dame.

Le Mans, 24 novembre.

Ceux d'entre nous qui vivront le plus vieux se rappelleront jusqu'à leur dernier jour les événements dont nous venons d'être les témoins et les acteurs.

Le dimanche 20 novembre, à huit heures du matin, la cloche de l'église d'Illiers tintait trois coups. Je sortis de la maison où j'étais logé pour rejoindre ma compagnie ; les figures des officiers que je rencontrai trahissaient une profonde inquiétude. En arrivant sur la place de l'Église, je vis le commandant à cheval. Il disait qu'on allait se retirer dans le Perche, et gagner d'abord Montigny : le colonel de M*** en avait reçu l'avis du général Rousseau. La dépêche était parvenue pendant la nuit ; en même temps étaient arrivées de mauvaises nouvelles : le bataillon de Saint-Lô avait été surpris et presque enveloppé au village des Corvées, d'autres corps avaient été refoulés vers La Loupe ; les Allemands s'étaient avancés soudain de tous côtés en grand nombre, et l'on ne pouvait songer à leur résister.

A neuf heures, on se mettait tristement en route. Nous avions pu croire un instant que nous allions avancer sérieusement ; les environs de Luigny et de Brou nous avaient paru définitivement conquis, pour ainsi dire, sur les Prussiens, et nous nous sentions humiliés de leur abandonner ainsi tout le pays.

La colonne qui s'éloignait d'Illiers comprenait, outre le bataillon de Mortain, deux bataillons de mobiles de l'Orne et un du Calvados, ensemble environ quatre mille hommes.

Les cabaretiers d'Illiers, après nous avoir rançonnés pendant deux jours, nous regardaient filer d'un air de satisfaction, et calculaient que bientôt ils verseraient paisiblement leurs poisons aux Allemands, après avoir évité le pillage, qu'une défense à main armée leur aurait attiré. Quelques-uns même prenaient une mine moqueuse, et se permettaient des sarcasmes. Leurs plates insultes nous laissèrent insensibles.

Montigny, où l'on nous fit passer l'après-midi de ce jour et une partie de la nuit suivante, est un petit bourg à trois lieues et demie d'Illiers, sur la route de Frazé et de Luigny, laquelle serpente par monts et par vaux, et coupe cette partie du Perche du nord-est au sud-ouest. Il y avait là quelques cavaliers et deux ou trois pièces de canon bien attelées et bien servies, qui devaient se joindre à notre colonne.

7

Ce hameau n'offrait aucune ressource : on y cherchait en vain un morceau de pain, ou une botte de paille, ou un coin sec sous un toit. Après qu'on eut distribué quelques pantalons et quelques paires de souliers dont nous avions le plus urgent besoin, une partie des troupes campa, et le reste fut entassé dans les chaumières. Cependant les bruits alarmants se répandaient partout, et plusieurs officiers disaient que si nous restions là, nous serions coupés par les Prussiens. Je ne savais guère que penser de tout ce que j'entendais, je sentais seulement qu'une immense inquiétude, précurseur de quelque catastrophe, planait sur tout le monde, depuis l'officier supérieur jusqu'au dernier soldat, et je pensais qu'un instinct aussi général ne pouvait guère nous tromper. Les nouvelles n'étaient point précises : pourtant l'ennemi avait paru en grande force vers Senonches, et on n'avait pu l'arrêter dans les forêts qui entourent ce bourg, ceci était certain. Il était donc probable qu'actuellement les Allemands étaient maîtres de la Loupe et plus près de Nogent que de nous.

Vers le soir, des avis fort clairs parvinrent au colonel de M***. Le général Rousseau lui mandait qu'il se voyait obligé d'évacuer en toute hâte Champrond, et qu'un mouvement général en arrière était nécessaire. En passant toute la journée à Montigny, malgré le danger que chacun pressentait, le colonel de M*** s'était conformé à ses instructions; mais une fois la dépêche du quartier-général reçue, il semble que tout retard devenait inexcusable. Les hommes n'étaient point fatigués et seraient trop heureux de quitter au plus tôt de si détestables cantonnements; ce n'était d'ailleurs plus le moment d'éviter les marches de nuit, et l'obscurité ne pouvait que favoriser notre retraite. Il est donc impossible d'expliquer pourquoi le colonel de M*** attendit jusqu'à quatre heures du matin pour donner l'ordre de se mettre en route. Il se contenta d'expédier en avant le sous-lieutenant Josset, du bataillon de Mortain, pour avertir M. Candau, commandant un bataillon de mobiles de la Loire-Inférieure, qu'il eût à se porter sur Thiron, bourg à moitié chemin entre Montigny et Nogent. M. Josset devait en même temps engager MM. de Clinchamp et de Vains, qui commandaient les gens d'Avranches et de Saint-Lô, à se concentrer aussi sur Thiron, où la colonne d'Illiers devait parvenir de bonne heure dans la matinée; on réunirait ainsi une force de six à sept mille hommes. MM. de Vains et de Clinchamp n'étaient point sous les ordres du colonel de M***, et comme ils jugeaient prudent de se retirer au plus vite, ils marchèrent sur Bellesme sans tenir compte de ses ordres. Il serait téméraire d'oser les en blâmer.

M. Josset revint fort avant dans la nuit, et sur les renseignements peu rassurants qu'il rapportait, le colonel se décida à faire lever le camp immédiatement. On partit sans bruit, par une obscurité profonde. Vers huit heures, nous avions fait quatorze kilomètres; une belle journée d'automne commençait, et nous entrions dans la principale rue de Thiron; nous y fîmes halte, et les compagnies s'alignèrent sur le trottoir.

21 novembre.

Le capitaine de Failly, qui était arrivé de Champrond juste à temps pour nous rejoindre, avait recueilli les différents bruits qui s'étaient répandus la veille et dans la matinée. Il affirmait, avec l'autorité d'un homme qui sait et qui comprend, que nous risquions fort d'être cernés, si nous ne continuions pas notre retraite avec la plus grande célérité. Rien n'était plus vrai : pendant que nous nous arrêtions à Thiron, les Allemands dépassaient, sur notre droite, la petite ville de la Loupe et le bourg de Combres; à gauche, ils envahissaient Brou, et couraient sur Luigny et Beaumont-les-Autels.

Mais le colonel de M*** n'était point de cet avis : malgré les observations que lui adressèrent plusieurs officiers, il ordonna qu'on demeurât pour le moment à Thiron : le bataillon de Mortain, qui avait campé la veille, allait être cantonné dans les maisons, et l'un des quatre autres devait fournir les grand'gardes. Les commandants Candau et Boudonnet (de l'Orne) s'excusèrent l'un après l'autre de faire ce service : leurs hommes, disaient-ils, étaient trop fatigués. Le colonel, contrarié de ces réclamations, demanda les gens de Mortain. Ils n'avaient guère dormi ni mangé depuis vingt-quatre heures ; cependant, leur commandant répondait d'eux comme de lui. Nous dûmes donc tourner le dos au bourg, expirant de faim et de soif, et gravir du côté du nord une pente ardue, pour aller dresser nos tentes à mi-côte. Quand nous fûmes parvenus à destination, le bataillon fit face en arrière, et nous pûmes examiner le chemin que nous avions parcouru.

A cinq cents mètres au-dessous de nous, au bas d'une descente fort raide, je voyais s'étendre, de gauche à droite, la route de Montigny à Nogent, qui traverse le village, et se perd ensuite entre les coteaux boisés. Le long de cette route coule un petit ruisseau qu'on traverse sur plusieurs ponceaux. Le

vallon est si étroit, que, sur l'autre bord du chemin,
la montagne se dresse aussitôt comme un mur ; des
bouquets de bois empêchent la vue de s'étendre
loin sur le plateau. Le bourg de Thiron-Gardais,
qui compte environ quinze cents âmes, est au fond
de cet entonnoir, entouré de forêts, et dont les
bords opposés sont séparés par une distance variable de 1,000 à 2,000 mètres. Notre front de bandière était perpendiculaire à la route de Combres,
qui sort du village et monte directement vers le
nord ; elle disparaît à la droite de notre camp, dans
les taillis auxquels nous étions adossés.

Plusieurs d'entre nous, qui avaient entendu ce
qui se disait en bas, regardaient anxieusement de
tous côtés, essayant de pénétrer la profondeur des
bois et de voir ce qu'ils recélaient. Tout à coup, sur
le bord d'une clairière en face de nous, de l'autre
côté de la vallée, deux cavaliers apparurent, puis
plusieurs autres. Ils lancèrent leurs chevaux au
galop, et croisèrent rapidement le plateau en tous
sens ; quelques coups de feu ayant éclaté du côté
de Thiron, aussitôt ils tournèrent bride, et disparurent derrière les arbres.

En ce moment la 3e compagnie partait pour se
placer en poste avancé au bord de la route, à quelques centaines de pas plus loin vers Combres. Le

capitaine Viallet et son lieutenant sortaient d'un sentier où ils venaient de poser des sentinelles, lorsqu'ils aperçurent à soixante mètres devant eux plusieurs hulans qui s'avançaient prudemment le long du bois. Nous fîmes feu sur les ennemis, qui s'enfuirent au galop, et nous allâmes rendre compte à notre commandant de ce que nous avions vu.

M. de Grainville, averti par la fusillade, venait justement vers nous. Les compagnies se rangeaient sur la route ; l'abbé de Longueville, aumônier volontaire, arrivé au bataillon depuis huit jours, donnait l'absolution ; les soldats éprouvaient les batteries de leurs fusils, chacun croyait le moment venu.

Cependant on ne voyait ni entendait plus rien ; le colonel, ayant été prévenu, avait envoyé l'ordre de faire la soupe et de rétablir le camp ; toutefois, le commandant jugea prudent d'envoyer une compagnie reconnaître les bois du plateau de Combres ; la troisième fut chargée de cette mission. Nous prîmes à droite, et revînmes trois quarts d'heure après par la grande route, après avoir décrit un grand demi-cercle. Nous n'avions rien vu ; mais les paysans assuraient que les Prussiens étaient en grande force à Combres, qui n'est qu'à six kilomètres, et qu'ils seraient là d'un instant à l'autre.

En même temps le colonel de M*** arrivait à son tour : toujours gai, aimable, élégant, nanti d'un bon déjeuner qu'il avait fait à Thiron, il allumait sa cigarette avec une grâce charmante, et disait d'un ton convaincu qu'il ne fallait plus songer aux Prussiens pour le moment, parce que jamais, au grand jamais, ils n'attaquaient après onze heures du matin. Le commandant ordonna cependant qu'on conservât ses positions, et que personne ne s'écartât. Je suivis mon capitaine vers le poste que la troisième devait occuper : c'était un ravin fort creux, qui se détachait de la route vers la gauche, et où l'on pouvait facilement embusquer une troupe nombreuse. Nous y étions à peine installés, que de nouveaux rapports signalant les Prussiens ne laissèrent plus de place au doute : ils arrivaient. Le commandant descendit de cheval avec son adjudant-major et se plaça au centre du bataillon ; sur son ordre la 7e compagnie quitta le camp, traversa la route, et vint prendre position derrière nous entre les talus d'un chemin de traverse.

Nos hommes avaient chargé leurs fusils et s'étaient cachés dans les plis du terrain ; je m'assis contre un buisson et je cassai une croûte de pain, en méditant sur ce qui allait probablement se passer. Le temps était beau et calme, et l'air nous

apportait distinctement le bruit d'une lointaine canonnade ; c'était à deux lieues au moins, du côté de
Nogent : la bataille de la Fourche, dont on a tant
parlé, était engagée.

Tandis que tout le monde était dans l'attente, un
paysan sortit du bois et vint parler au commandant.
Il disait qu'un peloton de cavaliers allemands occupait une ferme à quelques centaines de pas dans le
taillis, et s'y reposait sans défiance, qu'avec vingt-
cinq hommes on pourrait les surprendre, et les enlever presque sans coup férir. Le commandant résolut d'y envoyer toute une compagnie, et donna
l'ordre à la première : Christian de Failly partit
aussitôt, au pas accéléré, à la tête de ses cent
cinquante hommes, et le capitaine Henri Josset,
avec la sixième, se tint prêt à l'appuyer. Quelques
instants après, un coup de canon vibra droit devant
nous, et j'entendis pour la première fois de ma vie
le mugissement du boulet qui fendait l'air à quelques
mètres de moi.

Pendant un quart d'heure les décharges se succédèrent ; nous ne voyions pourtant point d'ennemis. Les obus alternaient avec les boulets, et s'en
distinguaient par leur lointain sifflement, qui devient
de plus en plus fort, et se termine par un coup de
tonnerre au moment du choc. Je regardai autour

de moi : personne n'avait peur, une sorte de curiosité solennelle tenait tout le monde silencieux ; nous
désirions avec passion de savoir ce que cachaient
les bosquets du chemin de Combres.

Nous pensions que ce seraient les hommes de
Christian de Failly qui tireraient les premiers coups
de fusil, car la mission particulière dont le commandant l'avait chargé avait dû le conduire plus
loin en avant : aussi prêtions-nous l'oreille à tous
les bruits qui venaient des bois à droite. Malgré
l'attente où nous étions, nous fûmes surpris par la
violence du feu de peloton qui se fit entendre tout d'un
coup de ce côté. Cette fusillade continua pendant
plusieurs minutes avec la plus grande vivacité, sans
que nous vissions rien. Enfin, les buissons remuè-
rent à deux cents pas devant nous : j'en vis sortir
deux hommes en longues capotes, coiffés de casques
étincelants. Je les avais à peine aperçus, que plusieurs de nos hommes firent feu sur eux ; en même
temps les premières balles prussiennes nous sif-
flaient vivement aux oreilles. Je n'avais d'autre
parti à prendre que de faire comme tout le monde :
je pris mon fusil, et je brûlai plusieurs cartouches.

Le combat s'était engagé sur toute la ligne, et
certainement nos feux à volonté ont dû détruire un
assez grand nombre de Prussiens, car la distance

était médiocre, et ils s'offraient en plein à nos coups. Mais les vides qu'on faisait dans leurs rangs se comblaient rapidement, et la fumée, en se dissipant par intervalles, laissait voir des masses toujours plus profondes qui inondaient la route et les champs, et menaçaient de nous déborder.

Mon capitaine avait pour consigne de se replier après avoir fait feu : il se décida à faire retraite lorsqu'il se fut assuré qu'en aucun cas nous ne pourrions nous maintenir dans le poste que nous occupions. Nous cheminâmes à l'abri des talus du ravin, jusqu'à ce que nous fussions à la même hauteur que le reste du bataillon ; puis, nous repassâmes la grande route pour rejoindre le commandant. Les Allemands avancèrent aussitôt rapidement du côté que nous venions d'abandonner. Il n'y avait là, pour nous préserver d'être tournés, que la compagnie du Teilleul, capitaine de Rongé.

A droite, la cinquième, la sixième et la deuxième compagnies étaient postées en tirailleurs dans les chemins creux et derrière les buissons ; chacun faisait de son mieux, visant et tirant sans s'occuper de son voisin ; ceux de la première ne pouvaient faire feu, étant placés en arrière des autres ; le commandant donnait tranquillement ses ordres.

Lorsque la troisième compagnie arriva sur la

ligne, on commençait à se rendre compte du grand nombre d'ennemis que nous avions devant nous.

Le colonel de M*** battait en retraite sur la route de Beaumont-les-Autels avec les bataillons de l'Orne, de la Loire-Inférieure et du Calvados ; nous étions environ mille hommes contre des forces six fois supérieures. Notre commandant ne recevant aucune communication, non plus qu'aucun secours du colonel de M*** (1), jugea que le moment était venu de descendre vers Thiron, pour remonter la pente opposée et nous mettre à l'abri des bois. Il fit donner l'ordre aux compagnies de droite de se retirer peu à peu. Le capitaine de Rongé, qui soutenait tout l'effort de la droite des Allemands, dut demeurer à son poste. Bientôt l'artillerie ennemie vint prendre position sur la route, et une pièce fut mise en batterie, non loin d'un sentier, d'où les tirailleurs du Teilleul, sous la direction de leur brave capitaine, réussirent à faire plusieurs décharges meurtrières.

Le capitaine de Failly arriva au moment où la retraite commençait, avec les sous-lieutenants Josset et Sequard, et ce qui restait de sa compagnie.

(1) Le colonel dit qu'il avait envoyé un gendarme porter à M. de Grainville l'ordre de faire retraite. Il est remarquable que les commissions du colonel de M*** aient toujours été si mal faites.

Ils étaient fumants et couverts de poussière. Le paysan qui avait prétendu les mener surprendre un peloton de Prussiens dans une ferme, les avait conduits, par bêtise ou par trahison, dans une véritable embuscade, ils s'étaient vus reçus à l'improviste par plusieurs feux de peloton, exécutés presque à bout portant. Cependant les gens de Barenton avaient fait bonne contenance et riposté immédiatement ; les officiers s'étaient battus comme des soldats ; nulle part, jusqu'à cet instant, le combat n'avait été aussi vif ; aussi bien ne pouvait-il plus durer longtemps sans que Rongé et ses hommes fussent complétement écrasés.

Après avoir traversé la route de Nogent, nous devions, pour nous mettre à couvert sur le plateau, monter une côte assez roide, sous le feu de l'ennemi : dès que les Allemands nous virent reparaître au sortir du ravin, ils nous couvrirent de projectiles. Plusieurs obus passèrent au-dessus de nos têtes ; il y en eut un qui vint éclater contre un gros arbre avec un fracas épouvantable : le sous-lieutenant Lesénéchal, qui se trouvait auprès, fut criblé ; on le transporta percé de onze blessures.

L'artillerie du colonel de M***, qui se composait d'une mitrailleuse et de deux petites pièces, n'avait point encore quitté le revers du coteau où nous montions; elle protégea notre retraite de trois ou quatre décharges, et alla ensuite au grand trot rejoindre la colonne principale.

Parvenus au haut de la côte, nous trouvâmes le grand chemin qui conduit à Beaumont-les-Autels et Authon-du-Perche, et nous vîmes que toutes les troupes se retiraient par là. Nous nous rangeâmes en colonne à notre tour ; les compagnies s'étaient réunies, après avoir essuyé des pertes plus ou moins fortes, la première comptait quarante-trois absents à elle seule. Mais la septième entière, y compris les officiers, manquait à l'appel ; l'ordre de retraite envoyé au capitaine de Rongé était resté sans réponse ; plusieurs hommes disaient qu'il avait dû être tué avec le meilleur de son monde ; je n'en pus savoir davantage, car ma compagnie se mettait en mouvement, et je dus suivre. J'étais en proie à la plus profonde anxiété, chemin faisant, j'interrogeais tous ceux qui arrivaient de l'extrémité de la colonne et allaient rejoindre plus loin leur corps. Au bout d'une demi-heure, un garde mobile me dit qu'il avait vu mon ami. L'ordre de battre en retraite ne lui étant point parvenu, il avait cru devoir demeurer à son poste ; après avoir ramené plusieurs fois au feu sa petite troupe, il avait fini par comprendre que lui et ses hommes étaient entièrement seuls dans le vallon, et s'était décidé alors à rejoindre le bataillon. Lorsqu'il traversa les passerelles, les Allemands descendaient de tous côtés dans le ravin, et le distinguant à cause de sa grande taille, le prenaient pour cible. Mais leurs balles sifflèrent autour de sa tête, et il nous revint sain et sauf. Tout le monde admire la belle défense qu'il a faite, avec ses cent cinquante hommes, contre une véritable inondation de Prussiens; il est évident que si la plupart des capitaines de l'armée comprenaient ainsi leur devoir, la France n'en serait pas à ce point.

Nous nous sentions déjà très-fatigués, car depuis le matin nous avions été en mouvement sans prendre de nourriture. Cependant il n'y avait pas de temps à perdre. On prit le pas le plus rapide, on traversa Beaumont-les-Autels, sans s'y arrêter un instant, et l'on marcha vers le sud jusqu'à la nuit; nous devions, disait-on, coucher à Authon. Les hommes rassemblèrent ce qui leur restait d'énergie pour arriver au gîte; à sept heures on aperçut les lumières du bourg. Là, une cruelle déception nous attendait : Authon était inondé de soldats de tous les corps; il n'y avait plus un seul morceau de pain, plus un verre d'eau, plus un coin sur la paille. On alla former les faisceaux dans un pré marécageux, et, après avoir placé des factionnaires, on fit rompre

les rangs, avec ordre de se réunir à neuf heures.
Peu d'entre nous furent assez fortunés pour trouver
quelques restes à dévorer dans les auberges. A
l'heure prescrite, nous nous retrouvions à nos
places, ne sachant comment nous ferions pour nous
traîner plus loin, si, comme le bruit en courait, les
Prussiens étaient à notre poursuite.

Je m'approchai d'un groupe d'officiers où l'on
parlait avec animation. « Il paraît, disait l'un d'eux,
» que l'on va marcher sur Nogent. » Un cri général
s'éleva : « Ils sont donc fous?... Marcher sur No-
» gent, lorsqu'à Thiron nous n'avions que trois
» lieues à faire pour y aller, et que nous venons
» d'en faire cinq dans une tout autre direction?...
» Aller à Nogent, quand on dit que quinze cents
» Prussiens sont déjà dans Luigny, quand nous
» sommes sûrs, enfin, de les trouver là-bas, et d'être
» entièrement hors d'état de nous battre... Mais
» c'est absurde! »

L'officier qui avait parlé le premier convint que
rien n'était plus insensé: mais le colonel de M***
avait reçu des ordres très-précis, et il tenait, disait-on, à les exécuter rigoureusement. « Eh bien !
» dit alors un capitaine du bataillon de Mortain, al-
» lons trouver notre commandant et nous entendre
» avec lui. »

Ils disparurent dans la nuit ; je vis ensuite passer tous les commandants de compagnie : ils allaient vers le carrefour des routes de Nogent et de Beaumont-les-Autels, où se trouvait le colonel de M***. Je saisis quelques paroles au vol : on parlait de réunir un conseil de guerre, de prendre une responsabilité.

Tous les bataillons étaient réunis sur la route, et se pressaient dans un étroit espace, ne pouvant ni avancer ni reculer ; des charretiers essayaient de remonter le courant, et s'embourbaient dans la rigole ; c'étaient une poussée, une confusion abominables. Malgré leur dévouement et leur esprit de discipline, les soldats finissaient par s'impatienter, et nous demandaient si on allait les faire rester longtemps là, le sac sur le dos et les pieds dans la boue ; j'aurais bien voulu pouvoir leur répondre. La nuit était noire. Je me mis à l'abri près d'un timon de voiture où j'appuyai ma tête ; je tombais de sommeil, et me sentais incapable de lier deux idées.

Au bout de deux mortelles heures, la colonne parut se mettre en mouvement : il n'y avait plus à en douter, on allait à Nogent, et c'était le bataillon de Mortain qui était désigné pour prendre la tête, afin d'entraîner le reste de la colonne. Les efforts de notre commandant et des officiers avaient été vains :

8.

le colonel de M*** avait reçu des prescriptions ab-
solues, et il voulait s'y conformer, dût-il lui en coûter la vie et la perte du corps qu'il commandait.
Bien que malade et souffrant cruellement, il monta
à cheval, et marcha résolument en tête de la colonne, au-devant du gouffre dont aucun de nous ne
pensait revenir.

Après avoir fait deux lieues, on s'arrêta cinq
minutes, et un grand nombre d'hommes qui n'a-
vaient pu suivre assez vite rejoignirent leurs rangs.
Pendant les deux heures qu'on avait perdues sur la
route, on n'avait pu empêcher ceux qui étaient totalement exténués de s'asseoir dans quelque coin
et de s'y endormir : pourtant ce n'était encore rien.
Mais après cette première halte on n'en voulut plus
faire aucune : les rapports alarmants se succédaient
avec rapidité, et l'on se hâtait, afin d'arriver à Nogent avant que les Prussiens ne fussent imminents.
C'était ainsi qu'une fois la première absurdité commise, toutes les autres fautes devenaient inévitables:
on était forcé de penser que cette marche insensée,
sans respirer, sans regarder derrière soi, était
rendue nécessaire par les circonstances.

Peu à peu la défaillance nous gagnait ; la colonne,
encombrée de voitures de bagages, s'allongeait de
plus en plus ; les hommes se couchaient sur les tas

de pierres, ils devenaient immobiles, insensibles,
et il fallait les laisser là. Notre retraite allait nous
coûter deux fois plus cher que le combat : c'est ce
qui arrive toujours, je crois, depuis le commencement de cette guerre. Mais quand un malheur ne
peut être conjuré, on en prend son parti; on ne
s'en console point lorsqu'on peut penser qu'avec un
peu de sagesse les choses eussent tourné autrement.

Je marchais les yeux demi-fermés, me heurtant
contre mes camarades, contre les voitures et les
chevaux qui passaient. La lune était absente. Parfois de vives lumières, apparaissant sur la lisière
des bois, perçaient pour un instant l'obscurité, puis
tout rentrait dans l'ombre; mon capitaine disait que
c'étaient sans doute des signaux de l'ennemi. Évidemment les Allemands étaient tout à fait proches :
chaque bruit sourd qu'on entendait pouvait être un
coup de canon, chaque sentier à travers les buissons
pouvait donner passage à quelque hulan. Nous n'é-
tions point effrayés, je pense; mais nous sentions
que dans l'état où étaient nos hommes, ils ne pourraient se défendre, et nous étions obligés de mettre
tout notre espoir dans le hasard et dans l'obscurité.

A mi-chemin, entre Authon et Nogent, le colonel

de M***, vaincu par la douleur, dut descendre de
cheval : il fut placé sur un chariot, pêle-mêle avec
des mobiles écloppés, et remit le commandement à
M. de Grainville. Notre commandant galopa aussitôt sur Nogent, suivi d'un adjudant, afin d'éclairer
la route, et ordonna qu'on continuât de marcher.
Une rapide réflexion avait suffi pour nous ôter tout
espoir de nous reposer ; il ne pouvait être question
de prendre des cantonnements tant que l'ennemi
était sur notre flanc. A Nogent, on s'arrêta dans la
rue, on se laissa tomber sur les marches des portes,
et l'on se tint la tête à deux mains pendant quelques minutes. Puis, ce qu'on prévoyait arriva : un
adjudant à cheval vint dire qu'il fallait se hâter de
prendre la route de Bellesme, car les Prussiens
étaient sur le point d'entrer dans la ville. Le
contre-ordre, qu'on s'était tant étonné de ne point
recevoir à Authon, avait été confié, paraît-il, à un
habitant du pays, qui avait d'abord jugé à propos de
prendre son temps, puis avait fini par remettre la
dépêche à un gendarme. Le commandant de Grainville la reçut lorsque nous étions près d'arriver.
Ainsi, après avoir fait quatorze lieues depuis le
matin, sac au dos et fusil sur l'épaule, il fallait,
sous peine de mort, en faire encore six. On se remit
en chemin. La ville était abandonnée, tout y sem-

blait mort. Au détour d'une rue, je vis le commandant. Il m'indiqua une voiture chargée de pains de
munition, qu'il avait découverte à la mairie. J'y
courus avec mes hommes, et chacun en prit ce qu'il
put. Puis, ceux qui pouvaient encore marcher se
hâtèrent de tourner à gauche et de monter là côte.

22 novembre.

Pendant que nous nous traînions sur cette route
de Bellesme, le jour se mit à poindre, et le 21 novembre 1870 devint hier. Si loin qu'on pouvait voir,
le chemin était couvert de soldats dispersés,
déroutés ; ils avançaient péniblement quelques pas,
puis s'asseyaient au bord de la route pour reprendre
cœur. Presque tous s'étaient débarrassés de leurs
sacs. De temps en temps, on voyait rouler une
charrette chargée de bagages et de malades ; une
énorme diligence passa comme un ouragan, portant
des grappes d'hommes qui s'étaient perchés ou
accrochés partout où il y avait prise. Au bord de la
route, il y avait quelques fermes, où les heureux
de ce jour-là trouvèrent un morceau de pain noir
et une tasse de lait.

La route faisait des détours immenses, en longeant à mi-côte de charmantes vallées, au fond

desquelles flottaient les brouillards du matin. Une autre belle journée d'automne commençait : la calme beauté du paysage contrastait avec la scène de désolation qu'on avait sous les yeux.

Vers midi, tous ces flots d'hommes roulant dans le même sens s'accumulèrent dans la grande rue de Bellesme. Je franchis tout seul la montée ardue, au haut de laquelle est perché ce nid d'aigle célèbre au moyen-âge, et dont les maisons abritent encore aujourd'hui une population de trois mille âmes. J'entrai dans deux auberges : tout était pris d'assaut ; j'allai m'échouer dans l'arrière-boutique d'un marchand de nouveautés, où je pus m'asseoir deux heures au coin du feu. Plusieurs soldats avaient, comme moi, trouvé refuge dans cette hospitalière maison ; deux bonnes dames nous donnaient à manger, à boire, et nous regardaient avec de grands yeux pleins de pitié.

A chaque pas que nous avions fait, le désastre m'avait paru plus grand : ce n'était pas seulement le corps du colonel de M***, c'était une partie de l'armée de Fierrec, peut-être toute cette armée, qui reculait soudain de vingt lieues. A Bellesme, il y avait des gens de toutes armes, venant de tous les points du Perche et de la Beauce; toute cette riche région, que nous occupions deux jours auparavant, était maintenant au pouvoir du grand-duc de Mecklembourg.

Le colonel de M*** ayant obtenu un congé de quelques jours, notre commandant fut mis provisoirement, par ordre du colonel et aussi par droit d'ancienneté, à la tête de tous les bataillons qui étaient venus d'Illiers, et le capitaine Montécot, ancien officier de la ligne, prit le commandement du bataillon de Mortain.

On parlait de se reposer quarante-huit heures à Bellesme, et nous commencions à respirer un peu, lorsque le capitaine Montécot reçut l'ordre d'aller occuper, à trois kilomètres en arrière de la ville, le poste de Saint-Jean-la-Forêt, et d'y passer la nuit. On réunit péniblement environ six cents hommes, et l'on prit un chemin de traverse qui devait nous conduire à notre destination. Ce chemin allait s'enfonçant dans un étroit ravin et aboutissant à une sorte de cul-de-sac : c'était la vallée de Thiron, dans des proportions moindres.

Lorsque nous eûmes entendu dire que les Prussiens n'étaient pas loin, nous pensâmes qu'il eût été difficile de choisir un meilleur coin pour exterminer en cachette le bataillon de Mortain, et faire ainsi avancer un peu les affaires. A mesure que nous avancions, les indices menaçants se multi-

pliaient : des cavaliers ennemis se montraient çà
et là sur la crète des coteaux, et des coups de fusil
se faisaient entendre. Notre colonne était longue de
plus de cinq cents mètres, car la plupart des hommes ne pouvaient suivre, et se traînaient plutôt
qu'ils ne marchaient. Mon capitaine m'expédia plusieurs fois en avant pour engager de sa part le capitaine Montécot à rebrousser chemin, car le poste
où l'on nous envoyait n'était évidemment pas tenable, et nous y serions détruits jusqu'au dernier sans
pouvoir nous défendre. Je ne pouvais parvenir à
convaincre ce vieux soldat : n'ayant pas réussi à se
faire tuer à Thiron, en s'exposant en plein aux
balles ennemies pour encourager ses hommes, il voulait, je pense, terminer sa longue carrière dans ce
défilé. Je comprenais, dans les circonstances où
nous étions, le désir de se faire tuer, même sans
profit, mais je ne le partageais pas. « J'ai des ordres
» absolus, me disait le capitaine Montécot, et je
» dois les suivre. » En cet instant la fusillade éclata
sur notre gauche en longs et sinistres roulements.
Je regardai le capitaine : « Faites marcher en arrière, monsieur, furent ses seules paroles. « Je ne
» me le fis pas dire deux fois, et gagnai la queue
de la colonne au grand trot de Bismark, hideux
cheval dérobé aux hulans du roi Guillaume, et que

mon capitaine avait acheté à Montigny. En rentrant
à Bellesme, nous apprîmes qu'un gendarme avait été
dépêché pour nous rappeler; sans doute il s'était
trompé de chemin. Le feu que nous avions entendu
à notre gauche était celui des zouaves pontificaux,
qui étaient arrivés on ne sait d'où, et défendaient
les approches de la ville contre l'avant-garde allemande, pour laisser aux troupes du général Rousseau le temps de se retirer vers Mamers. Ainsi le
capitaine Viallet avait indubitablement, par sa sagesse et sa fermeté, sauvé le bataillon de Mortain
d'une destruction totale.

J'étais confondu de voir qu'après avoir fait vingt
lieues nous étions encore serrés de près : quand
donc serions-nous en sûreté? Sans doute, il allait
falloir repartir ce soir, et reprendre cette retraite
sans espoir et sans terme connu. Les Allemands
devaient avoir déjà fait beaucoup de prisonniers...
N'eût-il pas mieux valu se faire accabler à Thiron
ou à Authon, et vendre sa vie, que de se laisser
prendre et forcer ainsi comme des cerfs?.. Qui sait?..
Le soldat doit-il, peut-il comprendre quelque chose
à ce qui dépasse le cercle de sa compagnie ? *Marchons, suivons le mouvement*, comme disent les
chefs, jusqu'à ce que nous tombions, et surtout
pensons le moins possible.

9

Tandis que les hommes, ayant rompu les rangs pour cinq minutes, assiégent les portes des aubergistes et des boulangers, j'entends raconter quelques nouvelles : nos bagages sont sauvés, mais deux chevaux appartenant au commandant et à son adjudant-major ont été perdus à Thiron. De repos, de coucher, pas question. L'amiral Jaurès vient d'arriver et a donné ses ordres. On va se mettre en marche immédiatement; cette fois, c'est pour Mamers, il y a quatre lieues. On part d'abord en assez bon ordre, soixante à quatre-vingts hommes par compagnie marchent à peu près ensemble. Mais bientôt tout recommence à faiblir : le pli est pris, chacun va de son côté et gagne du pays selon ses forces. Les mêmes lumières suspectes que nous avons aperçues entre Authon et Nogent illuminent de temps en temps notre marche d'une lueur fugitive. On fait ce qu'on peut pour ne point rester en arrière, on se pend aux voitures, aux affûts; à onze heures, on entre dans Mamers. Les bourgeois s'empressent de nous ouvrir leurs maisons; la Beauce est déjà loin, on retrouve l'hospitalité de l'Ouest. On entre par la première porte qu'on trouve ouverte, on mange un morceau et l'on se laisse tomber sur un lit.

Je jouissais depuis quelques heures de la divine faculté d'oublier, lorsque les tambours qui faisaient

grand bruit dans la rue me réveillèrent : on repar-
tait. Il ne pouvait plus être question de transmet-
tre les ordres régulièrement ; mais quelques officiers allaient d'un bout de la rue à l'autre, et aver-
tissaient à voix basse tous ceux qui portaient des
galons qu'on allait prendre le chemin de la Hutte.
Il était cinq heures du matin ; une quarantaine
d'hommes de la troisième compagnie parvinrent à
se retrouver, et l'on fit ce qu'on n'aurait jamais cru
pouvoir faire : on marcha.

23 novembre.

Le soleil, en se levant, nous découvrit un ciel
chargé de nuages, et, pour combler nos misères, la
pluie se mit à tomber à torrents ; au moins, jusqu'alors, la température avait été douce et le temps
sec. En peu de temps nos habits furent traversés ;
la route était transformée en rivière ; des milliers
d'hommes frissonnant, trempés, pataugeaient dans
les ornières. Tous ceux qui avaient pu trouver place
dans une voiture ou sur un canon s'y étaient perchés
comme ils avaient pu ; on fuyait de toutes les manières
et dans tous les équipages, carrioles, coupés, paniers,
chars-à-bancs. Un esprit porté au comique n'eût pu
s'empêcher de penser à la satire des *Embarras de
Paris*, mais on n'était pas d'humeur à rire.

Tout cela se passait hier, et déjà j'en fais une page d'histoire, en formant des vœux ardents pour que la France n'en compte pas beaucoup de pareilles. A midi, nous sommes arrivés à la Hutte, après avoir fait six à sept lieues. On nous a dit : Encore deux, et vous serez au bout, vous prendrez le chemin de fer à Beaumont-sur-Sarthe —; et nous avons fait ces deux lieues. Comptez-en trente-quatre depuis notre départ de Montigny, et vous saurez combien un Bas-Normand peut marcher sans faire, en tout, plus de deux repas et sans dormir plus de cinq heures. A Beaumont-sur-Sarthe, M. de Petitville, commandant le 4me bataillon du Calvados, avait commencé à installer ses hommes dans les wagons qui nous étaient destinés. Heureusement, notre commandant était là pour nous les faire rendre. Vers minuit, nous sommes arrivés sur la place des Jacobins ; on a formé les faisceaux, et on s'est couché dans la grande église, sans paille ni couvertures.

Je suis entré tout à l'heure dans cette belle cathédrale du Mans. On avait trouvé quelques bottes de paille pour les écloppés ; un grand nombre d'hommes étaient là, étendus ou assis, les habits en lambeaux, l'œil creux, la figure et les mains dévastées et noircies de poussière. Les dames du Mans allaient et

venaient, distribuant les vivres, les habits, les
douces paroles, et approchaient sans horreur toutes
les disgrâces qui avaient trouvé là leur asile. Cette
scène, éclairée d'un rayon de lumière qui passait
par les vitraux et courait sur les dalles, était digne
d'être peinte, et je ne pourrai l'oublier.

A l'appel de ce matin il manquait environ deux
cents hommes; je ne crois pas que nous en ayons
perdu plus de soixante au combat de Thiron. Lorsque nous marchions vers Nogent, je pensais que le
journal de ce bataillon était à sa dernière page....
Sans doute, grâce à l'obscurité, les Allemands ne
nous auront point vus, et peut-être, eux aussi,
étaient-ils fatigués;.... nous l'avons, en tous cas,
échappé belle. J'avais toujours cru qu'il y avait une
tactique, une science militaire ; j'avais foi du moins
à la prudence, au sens commun, je suis bien tenté
maintenant de tout attribuer au hasard (1).

(1) Je retrouve, à quatre mois de distance, ce long et lamentable récit :
je n'en retranche pas une ligne, quelque prolixe et monotone qu'il me
paraisse. Maintenant que la guerre est finie, Thiron restera notre grande
journée : triste, comme toutes celles de cette guerre, excepté Rezonville,
Coulmiers, Villepain-en-Beauce et Bapaume; mais honorable pour les
soldats de Mortain, et glorieuse pour mon commandant et deux de mes
amis, si la gloire est le prix du dévouement, et non uniquement du succès.
Car nos généraux ont beau dire : dès qu'on a dû quitter le terrain, la
victoire est perdue, eût-on même réussi à repousser une attaque ou à couvrir une retraite. Nous pouvons pourtant dire, comme Villars après Malpla-
quet, que beaucoup de défaites comme celle-là eussent peut-être sauvé la
France, puisque les ennemis y firent des pertes beaucoup plus considé-

rables que les nôtres. Tout le monde le sait : ce n'est pas le feu des Allemands qui a détruit la garde mobile, mais la tactique de nos généraux.

D'ailleurs, il faut parler de Thiron, parce que cette affaire paraît avoir été vouée, dès l'origine, à l'oubli et au mensonge : il n'en a été donné que des récits entièrement inexacts, et le rapport rédigé par notre commandant à Bellesme, et remis au colonel Lemoine Desmarcs, a été enterré parmi les paperesses officielles. Depuis, nous avons pu recueillir quelques renseignements qu'il était impossible de se procurer alors. Les troupes qui nous attaquèrent à Thiron composaient tout un corps de l'armée bavaroise ; elles ne pouvaient guère compter moins de douze mille hommes et trente pièces de canon ; le général Von der Tann les commandait. Quant aux pertes que nous leur fîmes subir, les évaluations varient. M. Poullain, receveur des contributions indirectes a Thirongardais, a fait savoir que les environs de ce bourg avaient été, le 21 novembre 1870, le théâtre d'un comb.t ; que le bataillon de Mortain, quoiqu'en face de dix à douze mille Prussiens, s'était bien conduit, et qu'il était à désirer que chaque bataillon de mobiles fît subir autant de pertes à l'ennemi : car de quatre à cinq cents Prussiens étaient restés sur le champ de bataille, et l'autorité allemande avait été obligée de requérir toutes les voitures des environs pour emporter les morts et les blessés. — M. Bidard, notre chirurgien-major, ayant été fait prisonnier à Bellesme, y fut retenu trois jours avant d'être relâché, comme il en avait le droit en vertu de la convention de Genève. Pendant ces trois jours, il vit plusieurs fois un officier allemand. Cet officier lui dit que les pertes des Bavarois à Thiron avaient été d'environ six cent cinquante hommes, et qu'ils supposaient avoir eu en face d'eux environ quinze mille Français. Le correspondant du *Times* écrit de Nogent-le-Rotrou, 22 novembre, que les Bavarois ont perdu, dans un combat livré la veille, quatre-vingt-deux hommes en tués et blessés. Le même correspondant prétend que tous les corps allemands ensemble, dans les trois combats qui furent livrés ce jour-là à Bretoncelles, à la Fourche et à Thiron, ne perdirent que deux cents hommes. On reconnaît dans ces chiffres la partialité traditionnelle que tous les écrivains du grand journal anglais ont en faveur de nos ennemis. Je me contente de remarquer que nulle part, de l'aveu de tous, la résistance ne fut aussi vive qu'à Thiron, puisqu'on mettait au compte de.ce combat la moitié environ de la perte totale que firent les Allemands sur toute la ligne, en trois engagements généraux et plusieurs escarmouches. « A Bretoncelles, continue le correspondant du *Times*, 250 Français furent faits prisonniers. » On dit qu'à La Fourche nous eûmes également un certain nombre d'hommes pris. A Thiron, il n'est pas seulement question de prisonniers, et je doute que dix de nos mobiles soient tombés entre les mains des Bavarois pendant le combat et la retraite sur Authon. Le feuilletoniste du *Figaro*, M. A. d'Aunay, estime les pertes des Allemands, d'après des témoignages qu'il ne livre point à la critique, à 300 hommes. Des personnes dignes de foi ont affirmé que, dans un seul coin du champ que les tirailleurs de M. de Rongé disputèrent si longtemps à l'ennemi, 16 Bavarois étaient tombés presque les uns sur les autres. Enfin, le sous-lieutenant Lesénéchal, qui fut recueilli après le combat par les ambulances bavaroises, vit un lieutenant-colonel ennemi qui mourut de ses blessures peu de jours après. Cet officier évalue les pertes des Allemands à environ 200 hommes ; ce calcul, fait d'après les renseignements pris sur les lieux, me paraît le plus probable. Dans aucun des combats de cette campagne du Perche, l'ennemi ne perdit autant de monde. Le fameux combat de Dreux ne lui coûta, suivant les correspondances anglaises, qu'environ 50 hommes.

On tirera de tout ceci les conclusions qu'on jugera vraisemblables : il en résulte pourtant clairement que le bataillon de Mortain livra aux ennemis un combat plus avantageux et plus honorable qu'aucun de ceux qui eurent lieu le même jour en d'autres endroits. Les Bavarois n'étaient point, tant s'en faut, des troupes à dédaigner ; leur commandant von der Tann passe pour un des plus braves généraux de l'Allemagne. — Ses hommes ravageaient et pillaient, mais on n'a point dit qu'ils aient assassiné les blessés et les prisonniers, comme le firent les soldats de Treskow et ceux de Wittich.

Bien des gens pourront penser que l'imprudence du colonel de M*** n'a eu, en somme, que de beaux résultats pour ce bataillon, et qu'il ne nous appartient pas de lui en savoir mauvais gré. Je ne puis remercier le couvreur qui a laissé tomber une tuile d'avoir assommé mon ennemi au lieu de moi. De plus, si nous étions allés jusqu'à Thiron le 20 novembre, et si le lendemain de bon matin nous avions marché sur Nogent, le général Von der Tann n'aurait pu arriver à temps pour nous empêcher de rallier les troupes du général Rousseau et de faire une retraite respectable. Résister avec les moyens qu'on avait, aux trente cinq mille hommes du grand-duc de Mecklembourg, était chose absolument impossible.

Je suis d'ailleurs loin de prétendre qu'une autre conduite de nos chefs, pendant ces deux journées, eût pu importer beaucoup aux destinées de la guerre ; ce sont pourtant les *fautes de détail* qui en se multipliant amènent les désastreuses conséquences. Et des *succès de détail* auraient changé complètement la face des choses dans le Perche, dans le Dunois et le pays chartrain, si une direction raisonnable avait été donnée à cette campagne d'octobre et de novembre. Que faisaient là tous ces bataillons de mobiles échelonnés de Verneuil à Châteaudun? Nous l'avons su depuis : ils devaient empêcher l'armée de Mecklembourg d'avancer et de déborder notre armée de la Loire en donnant la main au prince Frédéric-Charles qui arrivait de Metz. Ils l'en auraient empêché si, entreprenant résolument la guerre de partisans, chaque chef de bataillon avait employé alternativement la moitié de ses hommes à faire du mal aux Allemands, à leur tuer du monde, à leur couper les vivres, et l'autre moitié à rendre inaccessibles les défilés du Perche et de la Normandie. La place me manque ici pour appuyer ces idées par des considérations détaillées et rigoureuses : pourtant ce que les Vendéens avaient fait jadis avec leurs faux et leurs fourches, les Normands l'auraient pu faire, je pense, avec des fusils Chassepot. Mais il eût fallu pour cela qu'on eût donné aux chefs de corps plus d'indépendance, qu'on eût laissé à cette lutte son caractère de lutte nationale, et qu'un avocat, enivré du bruit de ses paroles présomptueuses, ne fût pas venu jouer à la grande guerre avec le comte de Moltke et le prince Frédéric-Charles. Alors, qui sait ce qui serait advenu? Ces infaillibles tacticiens auraient-ils fait par leur talent ce dont les méprises de MM. Gambetta et consorts leur évitèrent le soin? C'est possible : j'aurais pourtant de la peine à reconnaître une infaillibilité absolue à des gens qui viennent de surpasser les plus grandes fautes du premier Napoléon en prenant l'Alsace et une partie de la Lorraine.　　　R. M.

Sargé, samedi, 26 novembre.

Nous n'avons eu qu'une seule journée pour nous
reposer : dès hier matin, il a fallu plier bagage et
aller camper à Sargé (1). J'ai peine à croire que
les Prussiens soient tout près d'ici. Cependant
on fait comme si l'on devait être attaqué d'un
instant à l'autre : une compagnie de ligne qui nous
accompagne a dû fournir cinquante sentinelles, et
nous soixante. La pluie, qui vient toûjours à propos,
ne nous a pas manqué.

Si le métier continue à être si rude, bien peu

(1) Sargé est un village à une lieue du Mans, sur la route de Bonnétable et Bellesme.

d'entre nous y résisteront. Le capitaine de Failly
est déjà souffrant, et malgré son énergie, il n'ira
pas loin ; les capitaines Montécot et de Quigny, le
lieutenant Queslier sont arrivés ici tout à fait malades, et ont dû demander des permissions. Beaucoup d'hommes sont complétement hors d'état de
marcher.

Le Mans. dimanche, 27 novembre, matin.

On semble avoir pris à tâche de nous surmener.
Hier, j'avais eu la permission d'aller déjeuner en
ville. A mon retour au camp, j'ai appris qu'on allait
prendre position à une demi-lieue, près d'un petit
château abandonné dont j'ai oublié le nom ; ce
déplacement a occupé l'après-midi. A neuf heures
du soir, on avait dressé les tentes, fait la soupe,
éteint tous les feux, lorsqu'arriva un nouvel ordre :
il fallait lever le camp immédiatement et retourner
au Mans ; on partit aussitôt. Arrivés vers minuit,
nous avons reçu l'ordre dérisoire de camper entre
les arbres de la promenade publique, près du théâtre,
sur un terrain humide et malpropre. Les hommes
se sont dispersés : ceux qui avaient un reste d'énergie sont allés frapper aux portes et chercher un
abri ; beaucoup se sont laissés tomber, accablés de

fatigue, sur les talus de l'allée, et sont restés là jusqu'au jour.

Ce matin, l'appel se fait à neuf heures; il n'est question que de marcher en avant : on va à Paris, on y sera dans un mois, dans quinze jours... Si encore nos généraux en chef avaient pris soudain une résolution énergique... Je crains plutôt que tous les jours on ne perde davantage la tête, et que nous ne devenions un jouet du sort!... Neuf heures moins un quart : il est temps de fermer ce cahier, et d'aller où la destinée nous pousse.....

Camp de Grand-Lucé, mardi, 29 novembre.

Je relis ce que j'écrivais dimanche dernier, cela sent la tristesse et le découragement; mais si j'avais su quelles corvées nous allions faire pendant ces deux jours, je ne sais seulement si j'aurais eu la force d'écrire. N'importe, tant qu'il me restera un bout de crayon et une feuille de papier, je continuerai de tenir au courant ces notes sans doute destinées à périr comme leur auteur : car, il ne faut pas nous le dissimuler, ce que nous avons souffert pendant la retraite de Nogent n'est rien au prix de ce qui nous attend... Nous voici repartis dans la direction de Tours; allons-nous sauver la France?

Nous serions bien téméraires d'espérer la voir victorieuse; il nous reste la consolation d'être presque sûrs que nous ne survivrons point à sa défaite. Si encore il nous arrivait de tomber glorieusement comme quelques-uns de nos amis! Mais, j'ai le pressentiment que beaucoup d'entre nous succomberont au froid, aux privations, aux misères de toute sorte que nous ne pourrons éviter. Le temps a été doux jusqu'aujourd'hui, cela ne peut durer: que ferons-nous, que feront nos malheureux soldats, sans capotes, sans pantalons, lorsque les grands froids viendront? Il y en a plusieurs dans ma compagnie qui n'ont pas même une couverture!

C'était avant-hier: on venait de faire l'appel sur la promenade publique, où nous avions rompu les rangs en arrivant de Sargé, lorsqu'on nous apprit que les gardes mobiles allaient toucher immédiatement les vivres de campagne, pour se rendre ensuite au magasin de cartouches et rejoindre l'armée dès le jour même. A peine avions-nous compris ce dont il s'agissait, que les vivres arrivèrent: chaque compagnie eut son lot de pain, de lard, de sucre, de café, de sel et de riz. Jusqu'à ce jour, les soldats du trentième régiment s'étaient nourris à leurs frais: ils touchaient vingt sous par jour, et pourvoyaient comme ils l'entendaient à leur subsistance; depuis lors, ils reçoivent vingt-cinq centimes et les vivres. Ce changement est devenu nécessaire, car maintenant nous faisons partie d'une armée nombreuse qui traverse un pays désolé et sans ressources; il n'y a plus de pommes aux arbres du chemin, et les paysans cachent leurs dernières provisions au fond des caves. Mais si toutes les distributions se font comme celle de dimanche, beaucoup d'hommes seront obligés de marauder ou de mourir de faim. Les rations sont faites au hasard, et certains corps reçoivent trop, tandis que d'autres n'ont presque rien. Les hommes s'en sont pourtant tirés, pour la première fois, mieux qu'on n'aurait pu croire; chacun s'est dépêché d'attacher sur le sac son pain et son morceau de lard; mais l'on nous a fait partir en si grande hâte pour le magasin aux cartouches que j'ai vu, en passant, de grandes masses de viande qu'on n'avait pas eu le temps de dépecer. Toujours on manque de sang-froid et de calme : un ordre arrive, il faut tout quitter et se précipiter à l'instant; deux cents pas plus loin, on passera une heure à se morfondre, l'arme au pied, au coin d'une rue.

Rien ne ressemblait moins à une distribution que l'espèce de pillage qui eut lieu, à onze heures, aux wagons contenant les cartouches. Quand nous arrivâmes, il n'y avait personne; on dut se résigner à mettre la main, au hasard, sur les premiers barils qu'on trouva, et à prendre ce qu'il fallait pour que chaque homme eût quatre-vingt-dix coups à tirer. Au moment où cette opération s'achevait et où notre commandant recevait du général l'ordre de se porter le plus vite possible sur la route de Pont-lieue, l'officier du parc arriva furieux, menaçant tout le monde de plaintes et de poursuites. On le laissa dire, et on se fraya le plus vite possible un chemin à travers les rues encombrées d'hommes, de chevaux et de voitures. Il y avait sur les trottoirs beaucoup de troupes de la ligne, qui paraissaient attendre que nous fussions partis pour suivre la même route que nous. Vers deux heures, nous avions atteint l'extrémité des faubourgs, et nous étions sur la route qui mène à Tours, par La Châtre. Le bruit circula dans les rangs que nous allions marcher jusqu'à la nuit : quelques moments de halte eussent fait grand bien, mais il paraît que le salut de la France demandait qu'on se passât de dîner pour ce jour-là.

J'essayais, en marchant, de comprendre un peu ce qui se passait; ce n'était pas chose facile. En réfléchissant aux événements généraux, je n'y voyais que confusion profonde; le peu de journaux que

j'avais pu lire au Mans ne m'avaient pas appris
grand'chose (1). En arrivant, j'avais cru que tout

(1) Gambetta était venu au Mans, et après s'être donné beaucoup de
mouvement, avait lancé la proclamation suivante : « Soldats ! Après trois
» jours entiers passés au milieu de vous pour m'informer de vos besoins,
» pour organiser et recomposer vos forces, je vous quitte aujourd'hui avec
» la certitude que vous marchez à une revanche. Les derniers événements
» ont tourné contre vous parce que vous étiez trop dispersés et en nombre
» insuffisant ; je vous laisse ralliés et renforcés. Vous avez à votre tête des
» chefs énergiques et dévoués, aussi sages que courageux. Vous devez
» leur obéir aveuglément ; ils vous conduiront au succès. Sans cesse
» préoccupés de votre bien-être, ils ont en retour le droit d'exiger de vous
» l'ordre, la discipline, la sobriété, le courage : vertus républicaines, dont
» chaque jour ils vous donnent l'exemple. La vie que vous menez est dure,
» pleine de dangers et de sacrifices : mais songez que vous combattez
» pour sauver en même temps la France et la République, désormais indis-
» solublement unies dans la bonne et dans la mauvaise fortune. Si cette
» grande pensée vous anime, ni le péril ni la mort ne vous paraîtront
» redoutables, car, qui voudrait conserver une vie à jamais déshonorée
» par l'abaissement de la nation ? Vous n'êtes pas inférieurs à vos frères
» d'armes de l'armée de la Loire. Vous êtes enfants de la même mère, à
» qui vous devez tout, et vous défendez, sur la Sarthe, une position aussi
» précieuse pour le salut de la France que les bords de la Loire. Vous
» prenez part, enfin, au glorieux mouvement de la France vers sa capitale.
» Vous ne voudrez plus reculer désormais : car chaque pied de terrain que
» vous abandonneriez serait un jour de cruelle anxiété que vous infligeriez
» aux assiégés. Jurez-vous donc les uns aux autres, comme ont fait vos
» pères, de ne point reculer davantage, mais de marcher ensemble à la
» délivrance de la France, afin qu'on dise de vous comme de vos ancê-
» tres : Ils ont bien mérité de la France et de la République ! »

Ces paroles du présomptueux avocat ne produisirent guère d'effet sur
les troupes. De deux choses l'une : ou M. Gambetta ignorait complétement l'état de l'opinion en France, ou bien il avait entrepris d'établir
la République par force et par surprise ; de toute façon il fut souveraine-
ment maladroit. Le seul moyen de faire admettre sans arrière-pensée sa
dictature, et même de fonder une république durable, eût été de donner
tout d'abord force garanties à tous les partis monarchiques, en ne préten-
dant rien décider sur la forme du gouvernement. Ces deux mots : défense
nationale, suffisaient pour lui assurer le concours de tous ; il eût dû s'y tenir ; la force et le droit étaient là. Prétendre imposer la République aux
gentilshommes de l'Ouest, qui ne voulaient pas de la chose, et aux parle-
mentaires qui en détestaient le nom, c'était leur donner lieu de répondre à

était fini, au moins pour le moment : la désorgani-
sation dont j'avais eu, pendant trois jours, le spectacle grandiose, me paraissait une catastrophe
irrémédiable. Et voilà pourtant qu'on nous remet-
tait en route, équipés à moitié et reposés pas du
tout ; et pour où ? Pour le Midi, pour l'armée de la
Loire, disait-on, qui allait marcher sur Paris...
Qu'avions-nous donc fait pendant les trois semaines
écoulées ? Qu'avait prétendu M. Gambetta ? Je cal-
culais que l'armée allemande de Metz avait dû s'ap-

M. Gambetta : « Qui t'a fait roi ? » Ces mots furent alors en tête
d'un article publié par le journal *Le Français*, et qui fit assez de bruit. Dès
lors chacun se crut indépendant : l'édifice de la hiérarchie et de la discipline militaires chancela de haut en bas, et ce fut en vain qu'on essaya d'en
cimenter les bases du sang des pauvres gens qu'on fusilla pour avoir dérobé une poule ou un fagot : les généraux de division se croyaient autant
que les commandants en chef, et les capitaines de frégate faisant fonction
de généraux de brigade s'attribuaient avec quelque raison le droit de dire
son fait à un colonel qui portait trois étoiles d'or par la grâce de Dieu et
avec la permission du ministre. Eût-on voulu faire un exemple éclatant,
et traduire quelques officiers supérieurs en conseil de guerre : le commandant ou le colonel en eût appelé à ses hommes, qui au fond ne connais-
saient que lui, et la débandade eût suivi la sédition. — Il est inconcevable
que la brillante intelligence de M. Gambetta n'ait pas compris une
situation politique aussi simple, une opinion publique aussi clairement
manifestée par des faits que tout le monde connaît (*). Il a trop présumé de
lui ; il a cru pouvoir prendre cette liberté, que se donne le génie, de violer
la justice et la raison commune, pour dompter les peuples par l'étonnement et l'enthousiasme ; il n'avait ni assez de gloire, ni assez d'années
pour réussir ; il a paralysé, par son entêtement politique, une partie des
forces qu'il avait eu le mérite d'organiser. Aussi la France ne lui doit-elle
ni reconnaissance ni haine ; mais les républicains clairvoyants voueront
son nom à une exécration éternelle....

J'ajoute à cette note, déjà bien longue, un article sur la campagne du
Perche que je lus à cette époque dans le journal *La Sarthe* :

(*) Affaire Le Pouëdec et La Ferronnays.

procher d'Étampes vers le 15 novembre, et per-
mettre alors aux corps de Mecklembourg et de von
der Tann de se porter soudain en avant ; mais comment semblait-il que personne, parmi nos officiers
généraux, n'eût pensé à cette éventualité?

En levant les yeux sur ce qui m'entourait, je
trouvais dans le chaos matériel qui se déroulait sur
l'ex-route impériale une image du trouble de mes
idées. On nous faisait marcher sur le côté gauche
de la chaussée : à droite se roulaient, se pressaient
et se mêlaient les chevaux, les canons, les prolon-

« Après trois combats soutenus le 21 à Bretoncelles, La Fourche et Thi-
» ron, où nos jeunes troupes ont bravement résisté à l'artillerie de l'ennemi
» pendant plus de quatre heures, les corps placés entre Courville et Illiers,
» sous le commandement du colonel Rousseau, ont été obligés de se retirer
» devant des forces supérieures (environ 24,000 hommes avec une nombreuse
» artillerie). La retraite s'est effectuée, en vertu d'ordres supérieurs, dans
» une direction que nous omettons prudemment de mentionner, mais qui
» a obligé les troupes à une marche forcée de quatre jours. Quelque dé-
» sordre s'est manifesté, en chemin, parmi les bataillons de mobiles. Tou-
» tefois, ce mouvement, bien exécuté, a permis au colonel Rousseau de
» sauver ses troupes, et même de recueillir tous les traînards, dont il ne
» manque plus qu'un fort petit nombre. Aussitôt qu'elles seront reposées
» et réorganisées, ces troupes vont prendre des positions de combat.
» D'après toutes les informations que nous recevons, il ne peut plus y
» avoir de doute quant à l'intention des Allemands d'envahir notre dépar-
» tement et de pousser en avant. Ce mouvement de l'ennemi est tout ce
» qu'il y a de plus sérieux, car les troupes qui avancent vers le Mans
» peuvent, à un moment donné, attaquer l'aile droite de l'armée de la Loire.
» Aussi est-il important, dans l'intérêt de la nation, encore bien plus que
» dans celui de notre contrée, de s'opposer énergiquement aux progrès de
» l'ennemi. » (*La Sarthe*, 24 novembre.)
J'ai tenu à transcrire ici cette relation optimiste, qui contraste si complétement avec celle qu'on a pu lire quelques pages plus haut. Ceux qui
ont vu jugeront. — R. M.

ges, les voitures d'ambulance, les hommes, les gendarmes.... Toute cette tourbe avançait, chacun que-
rellant son voisin pour passer devant ou ne point
rester derrière ;.... c'était l'armée en marche. — Il
y a quarante mille hommes devant nous, disait quelqu'un pour nous encourager. — Non, il y en a cent
mille, reprenait un second qui n'en savait pas davantage.... J'avais le cœur serré, tout ce que je
voyais et entendais m'était un sujet d'inquiétude ou
d'ennui.

La nuit se fit comme on entrait dans le bourg de
Parigné-l'Évêque, où, disait-on, nous devions coucher. A en juger par la grandeur des premières
maisons, ce devait être au moins un gros village;
quand nous fûmes au milieu, on s'arrêta; la route
était obstruée de monde et l'obscurité complète.
Bien qu'une foule incommode se pressât déjà
devant toutes les portes et inondât les logis, la
clarté de la chandelle derrière les vitres faisait plaisir : encore un peu d'attente, pensais-je, et on nous
assignera un cantonnement ; nous trouverons quelque part une petite place au feu, et un morceau à
mettre sous la dent. Mais point; après que nous
eûmes passé une demi-heure debout, la colonne
s'ébranla le long de la grande rue ; bientôt les dernières maisons disparurent et l'éclat scintillant des

lumières fit place à une immense lueur rouge qui
éclairait la moitié du firmament devant nous : on
campait. J'entendais retentir au loin, autour des
feux, les cris, les quolibets, les jurons, les dispu-
tes ; et quelque grave mélodie, entonnée en chœur
par une compagnie de marins mélomanes, tranchait
sur tous ces bruits discordants et montait puissamment au ciel. Rien ne me sembla plus poétique, et
pourtant j'étais bien fatigué.

Après plusieurs haltes nécessitées par l'encombrement, notre tour vint : on prit un sentier rabo-
teux à droite, on marcha cinq cents pas parmi les feux
et les tentes, et on reçut l'ordre de camper à l'abri
d'un bois de sapins que les haches des marins et
des mobiles démolissaient déjà de tous côtés. Les
hommes eurent du bois, et se servirent comme ils
purent des quelques marmites qui leur restaient
pour faire leur soupe ; l'eau était fort rare ; quant à
la paille, tout le monde dut s'en passer. Je n'avais
ni vivres, ni tente, ni couverture ; on me fit la charité d'un morceau de pain, et je me couchai au pied
d'un arbre. A quelques pas de moi, Christian de
Failly s'était roulé dans son manteau et tapi dans un
creux de terrain. Quoique la température fût excep-
tionnellement clémente pour la saison, je me souviens que j'eus bien froid.

Le lendemain matin, je dus apprendre à ma compagnie que notre capitaine, M. Viallet, était détaché à l'intendance militaire, où l'on avait besoin de ses services, et serait absent pour longtemps : c'était une grande contrariété pour lui et une perte très-fâcheuse pour nous.

Vers neuf heures, l'interminable colonne se remit en mouvement, avec un peu moins de confusion qu'au départ du Mans. La veille, nous avions fait quinze kilomètres, hier nous n'en fîmes pas davantage; mais les haltes ont été si longues et si répétées que nous sommes néanmoins arrivés de nuit, ce qui est un grand inconvénient. Nous avons traversé un assez beau pays, planté de grands bois de sapins et coupé par de belles vallées. Vers trois heures, on a fait ranger sur un plateau à gauche de la route les cinq bataillons de la Manche, ainsi qu'un bataillon d'infanterie de marine, et nous avons vu passer devant le front de bandière, monté sur un gros cheval alezan, un officier de marine de fort petite taille, l'air décidé, le front haut, le nez aquilin, la chevelure noire et frisée disparaissant sous une casquette ruisselante de galons : Voilà le général du Temple, dit un officier. J'appris que le 30ᵉ régiment de marche avait cessé d'exister pour le moment, et que les cinq bataillons de la Manche faisaient désormais partie de l'armée de l'Ouest ou deuxième armée de la Loire, 21e corps, 3e division, brigade du Temple. Le général de division s'appelait Guyon, le général en chef était un marin nommé Jaurès; quant au généralissime, on n'en parlait pas. Les uns disaient que c'était Kératry, d'autres Jaurès ou d'Aurelle de Paladines; je manque sur ce point de notions précises.

En même temps qu'on se rangeait en brigade, quelques couvertures et des havres-sacs, qui se trouvaient là comme par enchantement, furent distribués; on donna aussi d'autres effets de campement; puis j'entendis au loin la voix de M. de Grainville qui commandait « *par demi-section à droite* », et ce fut dans cet ordre de marche nouveau pour nous que nous arrivâmes à Grand-Lucé. Le général du Temple, pour sa bienvenue, nous a fait ordonner de transporter notre camp un kilomètre plus loin, lorsque les tentes étaient faites et la soupe commencée; arrivés au nouvel emplacement, nous avons appris que ce n'était encore pas là; mais comme, par l'obscurité profonde qu'il faisait, nous n'eussions pu trouver mieux, notre commandant en prit son parti. Cette nuit s'est passée aussi agréablement que la précédente. Aujourd'hui, il y a distribution de vivres, et l'on se repose. Personne ne croi-

rait que dans ce creux de vallon nous gardons une
position : c'est pourtant officiel. D'ailleurs, l'ennemi
est loin ; aucun des paysans que nous avons ren-
contrés n'a vu de Prussiens ; on dit qu'ils sont en
masse dans la forêt de Vibraye, au nord-est du
Mans.

Ce matin, on a fait, dans chaque compagnie, ce
qu'on nomme un appel sérieux, par opposition aux
appels quotidiens, qui, paraît-il, ne le sont pas.
Depuis Thiron, nous sommes tombés généralement
de cent soixante à cent quarante par peloton (1).
Beaucoup d'hommes, que deux ou trois jours de
repos auraient remis sur pied, ont dû être laissés
au Mans, parce qu'ils ne pouvaient marcher. Parmi
les officiers manquent les capitaines Montécot et de
Quigny, le lieutenant Queslier, le sous-lieutenant
Lesénéchal et le chirurgien-major Bidard. M. de
Gerval adjudant-major, vient d'être nommé capitaine, aujourd'hui, pour remplacer M. Montécot ; le
lieutenant Doynel a l'emploi d'adjudant-major; l'adjudant Dupont est nommé sous-lieutenant, et remplacé, dans son grade d'adjudant, par le sergent-
major La Mazure.

Ainsi, voilà l'effectif du bataillon réduit de près

(1) L'effectif, au 11 novembre, à Luigny, était de 1,138 ; le 25 novembre,
en arrivant au Mans, de 1,066 ; le 5 décembre, en Beauce, de 1,047.

de trois cents hommes depuis le départ de Cherbourg : la retraite de Nogent nous a coûté cher. Il
en est qui prétendent que les soldats s'en trouvent
plus aguerris, je n'en crois rien. Ceux dont les
forces physiques ont résisté à cette épreuve sont
peut-être maintenant plus solides qu'auparavant ;
mais le mal fait au moral du soldat est irréparable.
Cette campagne du Perche a ôté aux troupes toute
confiance en leurs généraux, en elles-mêmes, en
l'étoile de la France. Ce funeste précédent exercera
longtemps son influence : il sera bien difficile, si
un moment de crise survient, de tenir les soldats
ensemble, et d'empêcher les gens sans dévouement
de s'en aller chacun de leur côté (1).

Au camp de Saint-Calais, jeudi, 1er décembre.

Nous avons quitté hier, à neuf heures du matin,
la belle vallée de Grand-Lucé, et, changeant tout à
coup de direction, nous avons marché sur Saint-

(1) La suite de la campagne m'a fait voir que je ne m'étais point trompé :
les désertions ont été nombreuses, et, au su de tout le monde, presque
toujours impunies, faute d'une surveillance efficace de la part de la prévôté et des gendarmeries départementales : tel doit être, au surplus, le sort
inévitable de toute armée sans cesse battue et sans cesse en retraite sur
son propre territoire. Ceux qui ont observé comment les choses se passaient n'ont pu qu'admirer le véritable dévouement avec lequel les gardes
mobiles de Normandie ont suivi partout leurs officiers et ont voulu rester
ensemble jusqu'à la fin.

Calais. Les Prussiens ont paru il y a quelques jours dans cette ville ; mais ils n'étaient qu'en petit nombre, et ne s'y sont point installés.

Un chemin départemental, long de vingt kilomètres, nous a conduits à Saint-Calais, en passant par les villages de Tresson, Evaillé, Sainte-Cerotte, et traversant une contrée montueuse et pittoresque. A moitié chemin on a fait une halte d'une heure ; parvenus à la ville, nous l'avons traversée sans nous arrêter, et nous sommes remontés l'espace d'une lieue sur la route du Mans. Là, on nous a fait camper sur un plateau ouvert à tous les vents et loin de toute ressource ; il paraît décidé que d'ici longtemps nous ne coucherons point sous un toit. Il me semble pourtant qu'on devrait, lorsqu'il y a de la place dans les villes, y cantonner les différents corps de troupes, chacun à son tour. Ce matin, un ordre du général, conçu dans les termes les plus sévères, défend à tout officier ou soldat de se rendre à la ville : on ne pourra donc pas même aller s'acheter une paire de souliers ou une couverture. Ces rigueurs sont peut-être nécessaires au maintien de l'ordre ; ce qui est certain, c'est que dans l'état où nous sommes, manquant des choses les plus indispensables, elles ont de grands inconvénients.

Hier, le temps était beau ; mais le vent avait

changé, et le froid se faisait un peu sentir ; aujour-
d'hui un soleil pâle éclaire la plaine couverte de
givre : l'hiver a commencé cette nuit. Sans une
couverture et une toile de tente que j'ai pu me procurer, je ne sais ce que je serais devenu.

Nous allons sans doute coucher encore ce soir
sur ce plateau glacial ; j'ai pris mon parti de ne
plus rien comprendre à ce qui se passe en général
et à ce que nous faisons ici en particulier.

Le froid sévit de plus en plus, tout est raide et
gelé, on fond la glace pour avoir de l'eau ; hommes
et animaux souffrent beaucoup. Ce matin, par ordre
du général, on a dû faire l'exercice pendant deux
heures : ces marins sont des gens terribles. On
prétend qu'il y a des Prussiens là-bas vers le nord,
mais nous ne voyons et n'entendons rien.

Le chirurgien major Bidard, qui avait disparu à
Thiron, est revenu aujourd'hui : il est demeuré prisonnier des Prussiens pendant trois jours, qu'il a
passés à donner ses soins à nos blessés et aux leurs ;
il a été relâché en vertu de la convention de Genève. Le corps prussien auquel nous avons eu
affaire comptait, paraît-il, de dix à quinze mille
hommes. Les Allemands auraient perdu à ce combat un lieutenant-colonel tué et cinq cents hommes.
Il paraît que les rencontres qui, comme celles-là,

se passent presque tout entières en feux de mousqueterie, sont souvent désavantageuses pour nos
ennemis, à cause de la grande supériorité du chassepot sur le fusil à aiguille.

Toutes ces nouvelles nous remontent un peu le
cœur : quoi qu'il arrive désormais, les gens de
Mortain pourront rentrer chez eux la tête haute.

Vendredi, 2 décembre, 10 heures du matin.

Enfin, nous quittons ce lieu de misère et de frimas, où nous avons passé toute une journée, la
fumée dans les yeux et le vent aux oreilles, nous
rôtissant les pieds au feu et frissonnant du dos et
des épaules ; nous allons vers Vendôme, et, sous
peu, dit-on, nous verrons les Prussiens. Voici une
heure que le défilé dure : les bataillons de la division Guyon se déploient péniblement, les uns après
les autres, sur la grande route de Saint-Calais ;
maintenant, l'artillerie s'ébranle à grand bruit sur
les sillons gelés, dans un quart d'heure ce sera
notre tour, il faudra serrer crayon et papier. A rester ainsi debout, on a les pieds gelés ; les hommes
s'écartent des rangs pour allumer de grands feux
de paille, et se pressent autour des flammes ; la
fumée m'aveugle...

Rien d'important ne s'est passé hier. On nous a donné les couvertures qui nous manquaient ; onze hommes de ma compagnie n'avaient que leur vareuse pour passer la nuit.

Le capitaine de Failly est parti pour le Mans, épuisé par la fièvre et complétement à bout de forces ; il espère revenir dans quelques jours, mais je crains bien qu'il ne soit gravement malade. Il sera difficile à remplacer.

Au camp, près Vendôme, samedi, 3 décembre.

Hier matin nous avons fait halte un instant, à une lieue au delà de Saint-Calais, près d'un carrefour où aboutissent les routes de Mondoubleau et de Château-Renault. Il s'y trouve une auberge qui portait des traces de sang sur ses murs : quelques Prussiens avaient passé par là il y a trois jours, et y avaient fusillé un paysan.

Le poteau indicateur portait le nom de la ville de Brou, à soixante kilomètres au nord. Je me pris à penser à ce bon temps, où nous nous trouvions si malheureux, que nous avions ri lorsque notre commandant nous avait prédit qu'un jour nous regretterions Luigny. Maintenant je pense à Luigny comme à une terre promise, et Brou m'apparaît comme un paradis terrestre.

Après avoir fait quatre lieues, nous avons campé au village d'Épuisay ; il faisait un froid terrible.

La contrée entre Épuisay et Vendôme, que nous avons parcourue ce matin, est charmante. Nous avons troublé le silence de plusieurs vallons profonds et boisés, où coulent de larges ruisseaux et qui offrent sans doute, pendant l'été, de fraîches et tranquilles retraites. Maintenant tout est dépouillé, hérissé ; d'ailleurs rien n'attriste les spectacles de la nature comme cette image de guerre qui passe sous forme d'une traînée sombre et hideuse, et laisse derrière elle tous les ravages et toutes les horreurs.

Du sommet d'une côte, nous avons aperçu les clochers de Vendôme, et on a commandé : « Halte ».

Les soldats ont fait du feu avec quelques échalas dérobés aux vignes, et se sont rangés en cercle autour des tisons. On disait qu'une partie de l'armée de la Loire traversait en ce moment Vendôme ; en même temps se répandait une heureuse nouvelle. Le général Ducrot, disait-on, était sorti de Paris avec cent mille hommes, le 29 novembre, il avait battu les Prussiens et il occupait les rives de la Marne ; Paris était peut-être sauvé ; on parlait aussi d'une grande bataille gagnée près de Montargis, par le général d'Aurelles. Sans doute ces bonnes nouvelles n'étaient pas toutes vraies, mais évidemment il y avait quelque chose ; peut-être le sort des armes était-il sur le point de changer, en tous cas, nous pouvions concevoir quelques espérances. C'était beaucoup : nos misères nous ont dès lors paru moins lourdes, et lorsqu'après avoir traversé Vendôme on a tourné décidément vers le nord par la grande route de Paris, je me suis senti consolé de tous mes maux. Ce n'est pas que la situation présente soit agréable : le bataillon est de grand'garde, et ma compagnie est au plus mauvais poste ; pour comble de plaisir, il est défendu d'allumer des feux. Il paraît que ce lieu-ci s'appelle le plateau de Bel-Air : il est vrai que c'est fort bien aéré ; le vent du nord traverse sans obstacle deux lieues de vallée pour venir nous battre la figure ; il pleut en même temps qu'il gèle. Mais tout cela n'est rien : nous sommes sur la route de Paris, demain sans doute nous irons plus loin ; à deux pas d'ici est la borne kilométrique 176 : encore quarante-quatre lieues... Le jour où cette armée entrerait victorieuse dans la grande ville délivrée serait le plus beau de ma vie.

11.

Au camp, près Morée, dimanche, 4 décembre.

La journée a été rude : il n'a pas encore fait si froid. Nous avons fait cinq lieues, cheminant tout le temps vers le nord : un vent glacial nous brûlait la figure, les oreilles ; malheur à ceux qui n'avaient point de capuchon ! Les officiers à cheval ont dû mettre pied à terre et marcher, de peur de geler sur la selle. Nous avons traversé les villages de Pezou, de Fontaine, de Fréteval, nous campons près du gros bourg de Morée, dans les vignes, comme hier. Déjà plusieurs hectares sont dépouillés d'échalas, et bien des ceps ont péri dans les flammes, victimes de tristes malentendus ; le général avait dit : Qu'on les épargne ! Mais il faut vivre et je pourrais à peine blâmer celui qui mettrait le feu à la ville pour nous faire sentir un peu de chaleur... La nuit ne va pas être agréable... n'importe ! nous allons vers Paris... Chacune des deux armées de la Loire compte, dit-on, cent cinquante mille hommes... La France s'est donné rendez-vous ici pour écraser les hordes allemandes...

Ce pays-ci est plein de ruines ; sur le coteau qui domine Fréteval il y a une belle vieille tour, partout on trouve des restes du vieux temps. C'est ici la vallée du Loir : la rivière dort à nos pieds sous une épaisse couche de glace ; le soleil finit de se noyer dans le givre et le brouillard, derrière les hauteurs en face ; là est la forêt de la Gaudinière, c'est le chemin de Mondoubleau et du Mans. Depuis deux jours je regarde sans regret de ce côté : après tout, nous ne serons jamais plus malheureux qu'à présent.

Au camp de la Colombe, mardi, 6 décembre.

J'ai dû renoncer au piquant passe-temps qui consistait à compter les kilomètres sur la route de Paris ; hier matin la tête de colonne a été tournée à droite, la vallée du Loir a disparu, et nous nous sommes retrouvés comme par enchantement en pleine Beauce. Champs dépouillés d'arbres, hameaux affreux, paysans avares et égoïstes, rien n'y manque ; et avec cela point d'horizon. Les imperceptibles ondulations du sol font que jamais vous ne voyez plus de deux ou trois kilomètres de pays ; parfois, à cinquante pas devant vous, un indigène se dresse tout à coup, sortant d'un pli de terrain ; ce paysage de sillons et de guérets est bien monotone. Nous en avons vu trois lieues, et maintenant nous campons près de la Colombe, qui est un triste village sans ressources. On ne trouve de bois que dans la forêt prochaine, qui est à une demi-lieue. Nos bourgeois hospitaliers ont enlevé les cordes des puits et nous contemplent avec dédain, faisant la soupe avec l'eau des mares, et mordant des croûtes de pain gelé et dur comme du fer.

Le nombre des malades augmente, et les effectifs baissent constamment. Le général du Temple paraît craindre pour nous l'excès du repos : aujourd'hui nous avons eu trois heures d'exercice. Il fait tellement froid que les hommes peuvent à peine tenir leur fusil dans la main.

Le capitaine Montécot est revenu, après avoir passé deux jours à Saint-Hilaire-du-Harcouët ; il est loin d'être rétabli. On lui a rendu sa compagnie, et M. de Gerval a été nommé capitaine de la troisième, en remplacement de M. Viallet, détaché à l'intendance.

Ce matin circulait un bruit que je ne veux pas croire : Orléans aurait été évacué par nous et repris par les Prussiens ; ce serait à n'y plus rien comprendre. Ce qui me fait craindre, malgré moi, c'est qu'on nous a dit cette nouvelle avec des tempéraments, et en ajoutant que c'était une simple opération stratégique nécessaire pour l'exécution d'un plan général. L'opération en elle-même me semblerait mauvaise ;... je croyais que l'unique plan était de

mettre trois cent mille hommes ensemble et de
marcher résolument sur les Allemands ; la simplicité m'en paraissait séduisante. J'espère que tout
ceci n'est que vaine rumeur.

Vallières en Beauce, jeudi, 8 décembre.

On commençait à s'ennuyer de n'entendre point
parler des Prussiens : hier matin, enfin, j'ai appris
que nous allions livrer bataille. La brigade s'est
mise en marche vers le nord par sections avec deux
lignes de flanqueurs à droite et autant à gauche, et
nous avons fait environ deux lieues à travers champs,
entendant parfois quelques coups de fusil, mais ne
voyant rien.

Nos marins ont des canons de montagne qu'un
seul cheval traîne, et qui portent à deux mille
mètres. Vers midi, ces petites pièces furent mises
en batterie en avant du village de Vallières, que nous
apercevions à quelques centaines de pas sur notre
gauche, et plusieurs coups furent tirés sur des ennemis qu'il m'était impossible d'apercevoir ; quelques obus allemands vinrent aussi éclater sur les
guérets. En ce moment nous avions fait halte ;
quelques instants après, le bataillon de Mortain occupa Vallières. On s'assit dans les granges et on

attendit ; défense absolue avait été faite à chacun de quitter sa compagnie.

Une heure après on nous fit sortir des granges, et nous allâmes nous ranger en deux colonnes parallèles, à l'autre bout du village. On nous montrait, à quinze cents mètres vers le nord-ouest, le village de Chantaume ; on disait que les Prussiens y étaient et que nous allions l'enlever.

On s'ébranla aussitôt en fort bon ordre ; mais nous n'avions pas fait cinq cents pas, que deux ou trois chasseurs d'Afrique envoyés en éclaireurs par le général revinrent au galop de leurs petits chevaux : il n'y avait plus un seul Prussien dans le bourg. Il ne restait plus qu'à faire demi-tour, et à rentrer dans Vallières.

Nous avons passé la nuit dans ce misérable hameau, dont presque tous les habitants avaient fui après avoir barricadé leurs maisons. Il n'y a pas la moindre auberge, l'unique épicier s'est sauvé et on ne peut rien se procurer. Encore sommes-nous heureux d'avoir pu dormir quelques heures sous un toit, pour la première fois depuis dix jours.

Hier, le canon n'a cessé de gronder jusqu'au soir sur notre droite, mais à une grande distance. Ce matin, le concert recommence beaucoup plus fort et plus proche : on dit que la bataille est

engagée sur toute la ligne, depuis la Loire jusqu'ici. Allons-nous voir enfin la journée décisive?
Le bataillon de Mortain a quelques chances de
donner, puisqu'il est placé en extrême avant-poste.
L'ordre du général du Temple porte que « le commandant de Grainville occupera Vallières et s'y
défendra à outrance ».

On disait ces jours-ci que la deuxième armée
tout entière était sous les ordres du capitaine de
vaisseau Jaurès. Aujourd'hui, on lit aux troupes
un ordre en vertu duquel le général Chanzy est
promu généralissime des trois corps d'armée;
Jaurès commande toujours le vingt et unième corps.
Le décret est du 6 décembre. Ce nom de Chanzy
nous est entièrement inconnu.

Nous ne sommes plus d'ailleurs au courant de
rien : depuis notre départ du Mans, j'ai eu pour
tout renseignement un chiffon de journal trouvé
avant-hier à la Colombe. Il contenait un discours
emphatique de Gambetta, racontant la sortie du
général Ducrot. D'après les détails que j'ai recueil-
lis, l'avantage obtenu sous Paris me paraît peu
décisif; il semble pourtant que tout le monde
espère... Encore une victoire aujourd'hui, et la
France serait peut-être sauvée.

Vendredi, 9 décembre.

Nous avons pris racine à Vallières ; cette ignoble bourgade est à six lieues de Châteaudun et à neuf lieues d'Orléans. La contrée qui nous entoure est triste et désolée ; à chaque extrémité du village, un moulin à vent planté à cinq cents pas dans la plaine, comme une sentinelle avancée, étend aux quatre coins du ciel ses grands bras décharnés. Devant nous sont les hameaux de Chanteaume, de Binas et de Marolles ; à droite, Saint-Laurent-des-Bois, Villegruau, et, plus loin, Marché-Noir ; en arrière est le bourg d'Authainville, que nous avons traversé pour arriver ici : nous tournons presque le dos à la vallée du Loir.

Le bataillon de Mortain a passé la journée d'hier dans une attitude expectante, comme disent les journalistes. Durant les quelques heures qu'a lui le soleil, cette plaine de Beauce a dû être le théâtre de grands événements. La canonnade avait commencé à droite dès le matin ; vers dix heures le tapage est devenu épouvantable. Nous avions deux compagnies postées en tirailleurs, en avant de nos cantonnements, on les relevait de trois heures en trois heures ; la position n'eût guère plus longtemps été tenable, car il faisait un froid coupant, et comme il était tombé un peu de neige pendant les deux jours précédents, nos souliers étaient transformés en glaçons. L'unique distraction des malheureux tirailleurs était d'écouter le fracas du canon, le roulement des mitrailleuses, le sifflement aigu des obus, et le bruit tantôt proche et tantôt lointain des feux de peloton. On essayait en vain d'apercevoir quelque chose à l'horizon : la campagne voilée de neige se confondait avec le ciel brumeux et terne ; parfois, néanmoins, derrière le coin du village de Marolles, on voyait, à une lieue loin, un jet de feu et de fumée blanche, qui annonçait le départ d'un boulet allemand pour une destination inconnue ; le spectacle était peu varié.

La bataille ne s'est terminée qu'à la nuit ; pendant toute la soirée ont couru les nouvelles à sensation : les Prussiens avaient reculé, laissant la plaine couverte de morts, et abandonnant un grand nombre de prisonniers. Depuis que je suis soldat, j'ai l'esprit disposé au scepticisme ; la seule chose qui m'a paru significative est que nous avons couché à Vallières, ce que nous n'aurions sans doute point fait si les Français avaient été complétement battus.

Coucher à Vallières est donc un bon signe des temps ; en revanche, rien n'est plus nuisible à la santé lorsqu'on est de grand'garde, et qu'on passe la nuit au moulin. Je préfère encore la tente-abri à cette baraque criante et branlante où le vent entre par mille larges fissures. Comme il est impossible de trouver une chandelle à Vallières, il faut monter et descendre dans l'obscurité le long d'échelles mal fixées, et circuler à tâtons sur des planchers encombrés d'obstacles et percés de trous à se casser la jambe. Il ne peut être question de dormir : d'ailleurs, nous sommes là pour veiller et observer. A cinq heures, j'ai conduit une patrouille jusqu'à Chanteaume : la terreur y régnait. Une vieille femme m'appela dans son grenier, et me fit compter au moins quarante hulans qui caracolaient autour d'une ferme située à mille pas en avant. « Sauvez-vous, » mon garçon, me disait-elle en pleurant; vous » allez vous faire tuer, et ensuite on brûlera nos » maisons ». Nous sommes rentrés au grand jour, joyeux d'avoir pu trouver une tasse de lait à boire et trois bourrées à brûler derrière un mur.

Les naturels de ce pays présentent un triste spécimen de l'espèce rurale, ils sont lâches avec naïveté et intelligemment égoïstes. A l'exemple de leurs voisins du Perche, ils ont abjuré toute espèce de dévouement : aussi ne soupçonnent-ils même pas le patriotisme. Un raisonnement fort juste les

conduit à partager également leur haine entre les
Prussiens et nous : comme eux, en effet, nous
sommes des gens incommodes, des gâcheurs de
paille et des brûleurs de bois. La guerre, au fond,
ne regarde pas les paysans, qui ne l'ont jamais de-
mandée et qui la détestent ; il est d'ailleurs fort
douteux que les Français aient plus raison que les
Prussiens, et le bon Dieu que chaque parti prie
dans ses Églises doit trouver que tout le monde a
tort. Ce qui touche le Beauceron, c'est qu'ici, comme
toujours, l'innocent paie pour le coupable : les
champs du pauvre sont ravagés, sa grange, son
fenil, son bûcher mis à sac, ses poules et ses oies
assassinées au détour des rues. Il est vrai que,
pour couvrir les principaux dommages, chaque capitaine lui délivre scrupuleusement des bons sur
l'intendance. Mais il se méfie de ces morceaux de
papier, en quoi je n'ose le blâmer tout à fait. Souvent même, ce qui est absurde, il repousse les
écus, obéissant à cet amour instinctif que tout petit
cultivateur sent envers ses bottes de paille et ses
souches de peuplier. On a beau lui dire qu'il s'ex-
pose à ce que les Allemands lui prennent tout sans
payer : il n'entend point ce langage, et il cache ses
provisions dans sa cave. Depuis deux mois, il est
habitué à voir des gens qui meurent de froid, de faim,

de fatigue, cela ne lui fait plus rien. Tout homme qui a besoin de quelque chose est un ennemi : c'est le contraire de la règle commerciale. Si toute la France ressemblait à ces intéressantes campagnes, je ne sais vraiment où l'on aurait puisé le reste d'honneur et d'amour-propre qui amène ici nos trois cent mille derniers soldats.

Samedi, 10 décembre.

Hier, comme avant-hier, bataille acharnée du matin au soir; cela s'entend, mais ne se voit point. On a fait l'exercice près des moulins à vent; vers trois heures, on a cru apercevoir quelque chose, et le bataillon s'est déployé sur un seul rang, face vers l'est. Après quelques moments passés dans cette position, tout le monde est rentré; comme la veille, on a parlé de victoire éclatante et d'ennemis en pleine retraite. Ce matin, les optimistes triomphent, car les ordres pour nous porter en avant viennent d'être donnés : nous quittons positivement Vallières avec armes et bagages, et nous allons vers le nord. La canonnade recommence à droite comme ces deux derniers jours.

Dimanche, 11 décembre.

Rien, qu'une triste journée de plus ajoutée à tant

d'autres. Depuis neuf heures du matin jusqu'à la nuit, on est resté debout, l'arme au pied, dans les champs, entre Marolles et Vallières. Nous attendions le moment de donner à notre tour : il n'est point venu. Vers le soir, seulement, nous sommes allés deux kilomètres plus loin, et nous avons vu quelques obus éclater bruyamment sur la terre gelée, à cent pas de notre colonne. Quelques marins ont été blessés ; aucun homme du bataillon de Mortain n'a été atteint. Au bout d'un quart d'heure, nous sommes partis : notre rôle était fini pour ce jour-là, mais non notre ennui, car, en rentrant à Vallières, nous avons trouvé nos cantonnements occupés par un bataillon de la ligne. Il a fallu tempêter pendant une heure, et aller jusqu'au général, pour obtenir qu'on nous rendît nos logis. Les officiers de la ligne affectent un grand dédain pour la mobile ; ils n'ont pourtant guère lieu d'être plus fiers que nous.

Ce matin, la plaine est silencieuse, on dirait que tout est fini ; il est question de départ, et nous avons l'ordre de nous tenir prêts à tout événement. Ce qu'il y a de singulier, c'est qu'on ne parle plus positivement de victoire et de marche en avant, mais de bons résultats, de journées satisfaisantes et de mouvement tournant à exécuter. Tout cela est

12.

peu clair et me semble inquiétant; il ne faut pourtant pas mettre tout au pis.

Il fait moins froid et la neige fond par places.

Courcillon, près Fréteval, mercredi, 14 décembre, soir.

On n'en peut plus douter : tout est perdu encore une fois. Que s'est-il passé pendant les quatre journées de Vallières? Nul de nous ne le sait, mais le résultat est trop clair : c'est la retraite; hier soir, c'était la déroute.

Je peux dire que j'ai assisté à une grande bataille moderne, et pourtant je n'en puis rien raconter : dans ce siècle, les nations se détruisent sans se voir... où est la mêlée des temps antiques? J'avais toujours pensé que deux cent mille Français en rase campagne seraient plus forts que toutes les hordes allemandes... Qui nous expliquera pourquoi nous sommes ici? Il est superflu, pour le moment, de faire des conjectures.

Pendant la journée du 11, les bruits alarmants se succédèrent sans cesse ; on nous fit tenir toute la nuit en alerte, et le lendemain matin nous pensions partir à chaque instant. Pour où? Au fond, nous n'en savions rien; j'osais me flatter encore que cette nouvelle marche ne nous éloignerait point de Paris, et lorsqu'à onze heures on sonna « *sac au dos* », nous ne désespérions point tout à fait. Au sortir de Vallières, un coup d'œil sur la plaine détruisit nos dernières illusions : la brigade tout entière marchait vers Authainville, nous tournions le dos au champ de bataille.

On remit à plus tard de s'informer des événements : tout ce qu'on pouvait faire pour le moment était de se tirer d'une boue épaisse où il fallait marcher au pas accéléré, car le froid avait cessé, et le dégel était complet. Nous arrivâmes tout essoufflés à Authainville ; pour avoir fait une demi-lieue dans un pareil terrain, les hommes n'en pouvaient plus. Il fallut camper. La bourbe était tellement profonde que les piquets ne pouvaient tenir ; on trouva un peu de paille à étendre sous les tentes, mais l'eau reparaissait au-dessus dès qu'on voulait s'y appuyer ; cette nuit fut très-pénible pour les troupes.

J'avais profité d'un instant de répit pour parler à quelques officiers : j'appris avec consternation que les Prussiens étaient tout près de Blois et de Vendôme, et que nous reculions de peur d'être attaqués par derrière. Mais la bataille, disait-on,... la bataille est donc perdue ? La réponse, en style d'officier d'ordonnance, était que la bataille n'avait rien eu de décisif, mais que les ennemis avaient éprouvé des pertes énormes et qu'il ne fallait pas désespérer... La consigne était donc d'être content : il n'y avait rien à dire... Je me demandai, en allant me coucher, si tout le monde était fou.

Ce que, dans mon ignorance de la tactique, je ne pouvais comprendre, c'était que nous fussions tournés et coupés lorsque, faisant la guerre en France, nous nous étions placés, avec une armée nombreuse et presque point entamée, entre la frontière et nos ennemis... Ils n'étaient donc point *tournés*, eux, les heureuses gens !... Que n'avais-je le dictionnaire de l'Académie, pour y étudier les sens divers de ce funeste mot de *tourner !*...

Dès le lendemain matin, on se remit en marche vers le Loir. Cette nouvelle retraite ne ressemblait point du tout à celle de Thiron : au lieu d'aller toujours à perte d'haleine, on avançait avec la plus grande lenteur, mais c'était tout aussi fatigant : à s'arrêter souvent, lorsqu'il faut rester debout, le sac ne paraît que plus lourd. De plus, comme l'ennemi n'était pas loin, il fallait une ligne de flanqueurs marchant à trois cents mètres de la route, parallèlement à la colonne. Ces malheureux flanqueurs, ayant pour consigne de se maintenir toujours à la hauteur de leurs bataillons respectifs, étaient obligés, tantôt d'aller presque au pas gymnastique, et tantôt de s'arrêter court, dans des champs que le dégel avait transformés en océan de boue : boue gluante, insondable, où le pied s'engageait jusqu'à la cheville, et se retirait chargé d'un limon pesant et glacial. Le pays étant fort accidenté, il fallait descendre et remonter sans cesse le long des ravins, pendant que la brigade suivait la chaussée droite et horizontale. De temps en temps, la fusillade se faisait entendre dans les bois à gauche, et nous apprenait que l'ennemi menaçait réellement de nous gagner de vitesse.

Chaque compagnie dut fournir ce service de flanqueurs pendant deux heures environ; on n'arriva au bourg de Morée que vers le coucher du soleil : nous avions passé la journée à faire dix kilomètres; à la fatigue qu'on sentait, on eût cru avoir marché dix lieues.

On ne s'arrêta pas un seul instant à Morée, mais on poussa de suite vers Fréteval, où nous pensions trouver un campement dans le goût du précédent. Jusqu'alors nous avions marché à peu près en ordre, mais sur la chaussée de Fréteval l'encombrement fut effrayant. Les officiers supérieurs, paraît-il, n'étaient point d'accord sur leurs places respectives dans la colonne : aucun sans doute ne voulant céder, per-

sonne ne pouvait avancer, et dès que nous avions
fait dix ou douze pas, nous étions arrêtés pour un
quart d'heure ou davantage. La nuit tombante nous
trouva pressés entre la rampe du coteau et un interminable train d'artillerie, dont les officiers se dis-
putaient le passage avec les hussards et les dragons.
De temps en temps les essieux criaient et on les
croyait partis, mais point : ils faisaient six pas, et
une nouvelle halte commençait, dont personne ne
pouvait prévoir la fin. Avec l'obscurité était survenue une pluie à verse qui dura toute la nuit ; comme on
n'y voyait point, on ne pouvait trouver un endroit
sec pour s'appuyer au talus, d'où mille ruisseaux
boueux dégouttaient dans la rigole. Quelques hommes avisèrent pourtant une manière de caverne à
moitié inondée, où ils parvinrent à faire brûler un
fagot, et se réjouirent un instant autour de la
flamme.

Ceci dura depuis cinq heures du soir jusque vers
neuf heures. En entrant dans le village de Fréteval,
nous apprîmes que nous allions camper plus loin,
dans un bois situé au haut de la côte. On se résigna,
car il n'y avait évidemment pas de place dans le
bourg, et peut-être trouverait-on sous les sapins
quelques endroits secs ; en tous cas on ferait du feu.
On gravit donc courageusement la montagne où est

la tour de Fréteval, par un chemin coupé de fondrières dont on soupçonnait difficilement la présence autrement qu'en y descendant tout à coup jusqu'à mi-corps ; j'eus le bonheur d'éviter ces accidents. Parvenus en haut, il nous fut impossible de découvrir le bois qui nous était assigné ; le commandant voulut lancer son cheval dans les champs, mais il s'embourba aussitôt et revint avec peine sur la chaussée. La pluie tombait toujours. Les officiers durent déclarer aux soldats qu'il n'y avait pour passer la nuit que le bord du chemin.

Les limites de la force et de la patience humaines étaient dépassées : la retraite avait produit son inévitable effet moral, et aucune espérance, aucune idée de patrie ne soutenant plus personne, chacun commença à penser à soi. — Viens-t'en, disait un gars à son camarade, nous allons filer nous deux jusqu'à Vendôme, puisque aussi bien c'est la route. — Qui est-ce qui part avec moi pour le Mans ? murmurait un autre. — Je rentrai en moi-même, et je me demandai si un officier pouvait, en conscience, prendre le nom de ces hommes pour les faire poursuivre comme déserteurs. Pour ma part, je ne pus m'y décider ; j'encourageai ceux qui étaient autour de moi à prendre patience, puisque nous marchions vers la Normandie, sans doute pour y rompre nos rangs ; puis je grimpai au talus pour chercher un coin.

La voix du commandant qui appelait me donna l'énergie nécessaire pour me tirer d'un bourbier où mes recherches m'avaient conduit au sortir d'une ferme dont les moindres recoins étaient occupés. Arrivé sur la route, j'entendis que tout le bataillon allait redescendre jusqu'à la gare du chemin de fer pour prendre du pain, et qu'ensuite on se logerait comme on pourrait. Ceux qui ne s'étaient pas écartés trop loin revinrent à cet appel ; on refit le chemin qu'on venait de parcourir, et on eut le bonheur de trouver un wagon chargé de pain, qui fut mis au pillage ; rendez-vous fut donné pour le lendemain à sept heures, sur une petite esplanade à l'issue du bourg. Après avoir frappé en vain à bien des portes, je trouvai vers minuit un coin dans une salle d'auberge ; nous nous sommes roulés, mon ami et moi, dans une couverture que nous avions, et nous avons dormi cinq heures parmi des francs-tireurs, des mobiles de tous les corps, des gens de la ligne, des hommes du Nord et du Midi, que le hasard avait entassés sur les mêmes carreaux.

Ce matin, on a repassé le Loir et gravi les hauteurs opposées ; nous nous reposons dans un petit hameau dépendant d'une commune dont j'ignore le

nom; nous avons en face de nous la tour de Fréteval; en arrière, la grande forêt du duc de Doudeau-
ville.

Quatre ou cinq hommes par compagnie ont disparu; plusieurs, n'ayant pas entendu les derniers
ordres, sont restés sur le coteau, au coin d'un arbre
ou d'une haie; il paraît que ceux qui sont allés vers
Vendôme ont dû être faits prisonniers.

Vendredi, 16 décembre.

Encore deux journées de bataille dont nous
avons été spectateurs inactifs. Nous pensions nous
reposer mercredi; notre attente fut déçue : à midi,
il fallut mettre sac au dos et occuper des positions
de combat le long de la route de Paris. La boue,
augmentée de toute l'eau qui était tombée du ciel,
était onctueuse et profonde; on y pénétrait lentement, au grand risque de perdre l'équilibre; il n'y
avait plus dans le champ un seul coin assez sec
pour qu'on pût s'y asseoir ou seulement poser son
sac. Pour ne pas enfoncer jusqu'à mi-jambe, il
fallait changer à chaque instant de place; cet
exercice dura quatre heures. Nous n'avions d'autre
passe-temps que d'écouter la canonnade et de regarder le feu de nos pièces, qu'on avait mises en

13

batterie à trois cents mètres de là. Cette journée
fut, je pense, sans aucun résultat; on nous dit,
comme de raison, que les Prussiens avaient été
repoussés, mais nous devenions incrédules.

Le lendemain, 15 décembre, on se mit en route à
neuf heures, et l'on repassa la route de Paris, que
nous avions franchie la veille au matin. Le bataillon fut posté dans un pli de terrain, où le sol était
moins mouillé que partout ailleurs. On permit aux
hommes de s'asseoir, de mettre sac à terre et de
faire la soupe; les échalas servirent, comme toujours, de bois de chauffage; en haut du coteau
étaient placés quelques canons qui répondaient au
feu des Prussiens.

Pour la première fois depuis longtemps, il faisait un peu de soleil, et la température était douce;
on étendit des couvertures sur l'herbe humide, et
on passa une journée assez tranquille. Je cherchai
à trouver quelque explication de notre incompré-
hensible retraite, mais personne ne savait rien. On
disait que même le général du Temple en ignorait les motifs, et en était aussi consterné que nous.
Il paraît que, durant les journées de Vallières, il
proposa d'aller un peu en avant, pour voir les
Prussiens de plus près; la légende ajoute que les
généraux en chef trouvèrent cette idée fort dange-

reuse, et qu'il valait mieux combattre à coups de canon d'aussi loin que possible. On dit que nous avons brûlé quinze mille gargousses, je doute que nous ayons tué quinze mille ennemis. Il n'est point possible que le capitaine de vaisseau Jaurès et le général de cavalerie Guyon manquent de courage personnel, d'ailleurs, ils ont leurs ordres ; mais j'ai peur que Reichshoffen, Sedan et Metz n'aient tout à fait désappris aux Français le grand art d'oser.

Le général du Temple ose, non-seulement pour lui, mais pour nous ; il a beaucoup de confiance en ses marins, de l'estime pour les mobiles normands, et nous lui en savons gré. Lorsque tout le corps d'armée eut passé le Loir, on oublia, entre autres choses, de couper le pont de Fréteval. Il a fallu, pour réparer cette petite omission, enlever le village à la baïonnette : notre général a envoyé ses marins, qui ont exécuté ses ordres de point en point, mais non sans perdre beaucoup de monde par le feu de mousqueterie que les Allemands firent à l'abri des maisons. Ce joli fait d'armes s'est passé hier, à la brune, au moment où nous quittions nos positions pour rentrer au cantonnement.

Nous avons eu, pour nous loger cette nuit, un amas de trois ou quatre chaumières infectes, connu dans le pays sous le nom de Lânerie ; c'est à mille pas du hameau de Courcillon, qui a été occupé par d'autres troupes ; les trois premières compagnies ont dû camper.

Hier il m'a fallu permuter par ordre du commandant et prendre le commandement de la quatrième, qui n'a plus un seul officier.

Ce matin, on a distribué au bataillon quelques effets de campement, et environ quarante capotes d'infanterie. Mais nos malheureux mobiles ont déjà gagné dans les champs de Beauce des bronchites et des rhumatismes dont plusieurs ne guériront pas.

Aujourd'hui, le canon ne se fait plus guère entendre ; il est déjà quatre heures, sans doute on se reposera jusqu'à demain.

Mondoubleau, dimanche 18 décembre,

Je venais de fermer ce carnet, quand j'aperçus un officier d'ordonnance qui galopait sur le chemin boueux ; il apportait un ordre de départ immédiat. On prit la route de Paris, mais on prévoyait bien qu'on ne la suivrait pas longtemps : au bout d'un quart-d'heure, en effet, la colonne tourna à gauche, par un chemin de traverse qui nous conduisit en pleine forêt. Les dernières lueurs du jour se perdi-

rent dans les taillis, et la retraite continua, tantôt
d'une lenteur désespérante, tantôt si rapide qu'on
ne pouvait suivre, et entrecoupée d'interminables
haltes. Vers neuf heures, nous n'avions guère fait
que deux lieues; la pluie tombait sans discontinuer
depuis le coucher du soleil. Nous passâmes devant
les grilles de la Gaudinière; cette belle demeure,
transformée en hôpital, était plongée dans l'obscurité
et le silence. A dix heures du soir nous vîmes la
fin des grandes futaies; on disait que nous allions
à la Ville-aux-Clercs, gros bourg situé à une lieue
et demie plus loin.

Gambetta avait fait une circulaire pour ordonner
aux généraux de ne faire camper les troupes qu'à
défaut de maisons pour les loger : aussi espérions-
nous qu'une fois la forêt traversée et l'ennemi laissé
loin derrière nous, nos misères seraient un peu
adoucies ; le bonheur apparaissait aux soldats à demi-
endormis sous la forme d'une grange pleine de
paille, d'un grand tas de bourrées et d'un paysan
vendant du cidre sur le pas de sa porte. Mais après
avoir traversé la Ville-aux-Clercs sans y faire halte,
il fallut reprendre courage encore pour une lieue.
La vue de la petite bourgade de Romilly, où la
division prenait ses cantonnements, nous rendit au
sentiment de la réalité : dès les premières maisons

on put voir que tout était plein, et que le sort des
derniers venus serait de coucher à la belle étoile. Le
commandant se hâta de faire rompre les rangs, afin
que les hommes eussent encore quelque chance de
trouver des coins inoccupés. Le lendemain on re-
partit à huit heures, dans une grande confusion;
les compagnies ne purent se reformer qu'après
une lieue de marche; beaucoup de soldats avaient
pris les devants, et attendaient sur le bord du chemin le passage du bataillon. Si le logement se fait
ainsi tous les soirs, ceux qui voudront déserter
auront beau jeu.

Hier, vers midi, nous avons quitté les chemins
de traverse, que nous avions suivis depuis Fréteval,
pour prendre la route de Mondoubleau. La pluie
avait cessé et l'on marchait bon pas; on retrouva
quelque gaieté. Même le général Guyon paraissait
de belle humeur : en passant le long de la colonne
il disait bonnement qu'on allait arriver à Mondoubleau, et qu'ensuite, si les soldats n'étaient point
trop fatigués, on pousserait plus loin vers le Mans,
où l'on se reposerait quelques jours. Nous ne de-
mandions pas mieux ; dès qu'on avait pris son parti
de ne plus marcher sur Paris, le Mans était devenu
le but de toutes les espérances.

Au bout d'une heure commencèrent les pentes

de la vallée de Mondoubleau ; on traversa, toujours
descendant, les principales rues et au bout du
faubourg on atteignit le fond où coule la Graisne.
Après avoir passé l'eau sur un assez beau pont, on
se trouve dans une prairie humide qui se prolonge
vers le sud entre deux collines escarpées ; cette
percée conduit au Loir, puis aux champs de Touraine, l'œil y devine le Midi. Parvenu tout au bas
du vallon, on remonte l'autre versant, on se retourne, et l'on admire un des plus charmants coins
du Maine. Sur la fin du jour, la petite ville, l'ancien
château et la belle tour penchée se dorent des
teintes les plus ardentes, et les collines plus loin
se changent en montagnes bleues et roses ; à nos
pieds la rivière, les peupliers et les grands ateliers
de tannerie sont déjà plongés dans le brouillard et
la nuit. Pendant que nous contemplions ce paysage,
les tentes se dressaient partout sur la montagne ;
après trois heures de halte on s'était décidé à camper. L'encombrement fut effrayant partout, une
partie du seizième corps faisant sa retraite par là ;
la ville, épuisée de réquisitions et inondée tour à
tour par les troupes allemandes et françaises, ne
présentait plus aucune ressource.

En ce moment, tout ce flot de soldats, de voitures et de canons qui a passé la nuit dans la vallée

s'engouffre dans un chemin assez étroit, par où nous
irons, dit-on, à Semur ou à Connerré. Depuis une
bonne heure déjà le bataillon est sous les armes, mais
à peine la brigade du Temple commence-t-elle
à se mettre en mouvement : nous ne serons pas en
route avant midi.

Pont-de-Gênes, près Montfort-le-Rotrou, mardi 20 décembre.

De Mondoubleau à Semur, il n'y a guère que
quatre lieues ; mais la marche a été si lente et si
interrompue, que nous n'y sommes arrivés qu'à
minuit, aussi fatigués que si nous avions fait une
grande étape. Le pays que nous avons parcouru ce
jour-là présente les sites les plus variés et les plus
charmants : la nature n'y donne point de grands
spectacles, tout y est petit, paisible et riant ; les
rivières sont minces, les vallées étroites et profondes, les ombrages, pendant la belle saison, doivent être délicieux ; par le temps doux qu'il fait, on
se prend, aux bonnes heures de la journée, à rêver
au printemps et à la fin de toutes ces calamités.

Nous avons traversé plusieurs jolis villages dont
je ne sais point le nom. Il paraît que l'ennemi
n'est pas bien loin de cette belle contrée : avant-
hier soir nous fournissions les grand'gardes, et la

surveillance la plus rigoureuse était recommandée. La nuit a été rude.

Hier, on est parti vers neuf heures, et on a traversé le bourg de Semur, en arrière duquel nous avions campé; une marche d'une lenteur décourageante nous a fait arriver de nuit au village de Thorigné, après avoir fait trois lieues à peine. La colonne s'est arrêtée à un quart de lieue plus loin, et on a déclaré aux hommes, qui n'avaient plus ni viande, ni pain, qu'ils pouvaient faire la soupe. Une distribution eut pourtant lieu, ou plutôt quelques voitures du convoi furent mises au pillage; notre bataillon n'eut presque rien : les soldats étaient désolés. A neuf heures du soir, il fallut repartir; la plupart des hommes n'avaient rien mangé. Ceux qui conduisaient la colonne trouvèrent que c'était le moment de presser le pas, et, pendant trois heures, il fallut marcher à perdre haleine. On traversa presque en courant la petite ville de Connerré; plusieurs soldats, exténués de fatigue et de faim, ne purent aller plus loin, et allèrent frapper aux portes; de toutes parts s'élevaient des murmures si bien fondés, que les officiers répugnaient à les réprimer sévèrement. Lorsqu'à minuit nous sommes arrivés à Pont-de-Gênes, il manquait au moins vingt-cinq hommes par compagnie. Ce matin, on

se repose jusqu'à midi, puis on partira pour Yvré-
l'Évêque. Il paraît qu'on n'ira point au Mans, et
que les troupes seront cantonnées dans les villages
environnants : peut-être, au lieu de ce repos tant
promis, allons-nous trouver encore une déception.
Nous ne recevons point de vivres, et on n'en trouve
nulle part ; les soldats se ruent aux portes des boulangers. Les chefs de corps ont fait placer devant
les fours des factionnaires qui risquent fort d'être
écharpés ; déjà plusieurs rixes ont eu lieu, et j'ai vu
le sang couler. S'il doit rester quelque chose de la
deuxième armée de la Loire, il est grand temps
que nous parvenions au terme de cette retraite.

Coulaines, près le Mans, jeudi 22 décembre, matin.

Si l'on nous accorde quelques jours de repos,
nous les passerons dans une misérable petite bourgade enfouie au fond d'un ravin, près la grande route
d'Alençon. Dans la géographie du Maine, ceci est
le *Lieu dit l'Ardoise*, dépendant de la commune de
Coulaines, qui est un gros faubourg du Mans. Cette
terre promise vers où nous avions tant soupiré présentait, hier après-midi, un spectacle de désolation.
Nous venions d'Yvré-l'Évêque, où, après une route
d'environ quatre lieues à travers le bocage manceau,

nous avions eu de détestables cantonnements et des distributions médiocres. Comme il a déjà passé bien des soldats ici, nous avons trouvé le pays épuisé et les gens profondément abattus. Ils savaient les mille maux qu'entraîne toujours pour eux le séjour de la troupe, et regardaient tristement leurs potagers voués au pillage et leurs bûchers à demi démolis. Dans la maison où loge une partie de ma compagnie, la chambre était encombrée de monde, le foyer envahi, la table accaparée, les lits couverts de sabres et de havres-sacs; une pauvre femme berçait, en pleurant, son enfant malade, et disait qu'elle voudrait le voir mort; à l'abri des misères de ce monde. Je cherchai à la consoler; mais nos hommes méritaient aussi une profonde compassion : après la rude campagne qu'ils venaient de faire, ils se voyaient confinés dans de mauvais quartiers, où ils ne pouvaient coucher à l'abri qu'en s'entassant presque les uns sur les autres. Pour comble d'agrément, il paraît qu'aujourd'hui nous sommes de grand'-garde, et que nous passerons la nuit à la belle étoile dans le parc d'un château qui porte le doux nom de Chêne-de-Cœur. Il ne faut pas penser à revoir le Mans avant demain; jusque-là nous nous contenterons d'apercevoir, à trois quarts de lieue, le clocher de la Cathédrale. Mais une fois la garde relevée, quelques permissions, dit-on, seront accordées : on pourra acheter des souliers, des habits, se faire couper les cheveux chez Edmond et dîner à table d'hôte ; on verra quelques amis, on aura des journaux ; les gens qui ont eu le temps de les lire nous diront peut-être ce que nous sommes allés faire en Beauce. Quelques moments passés au contact du monde civilisé nous feront vraiment grand bien...

Coulaines, 26 décembre.

Les cantonnements de Coulaines sont décidément un séjour assez supportable, surtout depuis qu'on n'est plus condamné à y demeurer du matin au soir : officiers et soldats obtiennent assez facilement la liberté d'aller au Mans. D'ailleurs, à notre retour de la grand'garde vendredi dernier, on nous a assigné d'autres maisons où nous nous trouvons beaucoup mieux. Les hommes commencent à se reposer un peu ; il paraît probable qu'aucun déplacement n'aura lieu avant quelques jours. Sur cinq nuits, nous en passerons une dans les bois de Chêne-de-Cœur, à une demi-lieue d'ici vers Alençon ; bien qu'il gèle de nouveau à pierre fendre depuis trois jours, on n'y est pas plus mal campé que partout ailleurs ; la paille, l'eau et le bois ne font point défaut : si l'on garde ce poste pendant quelque temps, tous les taillis du parc de M. Augier tomberont sous les hachettes de nos mobiles, et l'on aura de la route un beau coup d'œil sur la Sarthe, le chemin de fer, et les hauteurs de Saint-Saturnin vis-à-vis, par où les imaginations vives croient sans cesse voir arriver les Prussiens... Mais ne rions pas trop.

Hier, jour de Noël, le général du Temple nous a passés en revue à midi, par un froid piquant. Il a pu constater que, grâce aux bons soins de l'administration, les soldats sont en guenilles et marchent presque nu-pieds ; cependant on nous a dit que des distributions importantes de vêtements et de souliers allaient avoir lieu ; déjà quelques douzaines de pantalons rouges sont arrivées.

Le trentième régiment de marche va, dit-on, être reconstitué ; le colonel Lemoine-Desmares est en congé à cause de sa santé ; il paraît qu'on veut nommer, pour le remplacer, notre commandant de Grainville.

J'ai revu le Mans vendredi : tout y est inondé de troupes ; les villages des environs sont également encombrés, on dit qu'ensemble cela fait plus de cent mille hommes. La capitale du Maine est devenue un rendez-vous général, non-seulement pour

14

l'armée, mais pour toutes les personnes qui ont des parents ou des amis sous les drapeaux, et qui profitent de ces jours de répit pour les venir voir. Les marchands de la ville s'entendent pour vendre à double prix tout ce dont on ne peut se passer, et font, grâce aux malheurs des temps, d'assez beaux bénéfices ; il faut convenir aussi que le logement des troupes est pour eux une grande vexation. Mais combien les gens de la campagne sont plus à plaindre, eux qui perdent tout, et ne vendent presque rien !

Pour quiconque se promène dans la rue du Mas ou sur la place des Halles, le Mans paraît gai, animé, ruisselant d'or et de plaisirs, comme oncques ne fut ville de province ; on oublie les scènes de désolation et d'horreur que présentent les quartiers éloignés. Plusieurs maladies, surtout la petite vérole, sévissent dans les hôpitaux ; les malades n'ont pas même assez de paille pour ne point geler, assez de soupe pour ne point mourir de faim ; l'inépuisable charité des dames du Mans ne suffit point à toutes les misères. Pendant cette campagne où nous n'avons pas eu un seul blessé, nos effectifs ont baissé de 130 à 115 ; ils vont certainement diminuer encore : les marches forcées, les privations, les nuits dehors sans couverture ni capote portent leurs funestes conséquences. On dit que les Prussiens souffrent aussi beaucoup de diverses contagions.

L'état-major de la place est installé au théâtre, sur la place des Jacobins : c'est là qu'on vise les permissions d'aller en ville ; c'est là qu'on a vu traîner l'autre jour, entre quatre soldats, un capitaine qui n'avait pu représenter son *laissez-passer*. La police militaire que l'on fait ici est tout ce qu'on peut imaginer de choquant et de ridicule. Défenses sévères sont faites aux officiers et aux hommes d'aller au Mans sans une permission couverte d'une demi-douzaine de signatures et d'autant de timbres. Mais aucune garde sérieuse n'étant établie aux faubourgs, aucune surveillance régulière dans la ville, de temps en temps on fait les frais d'une permission écrite, presque toujeurs on s'en passe, et ordinairement cela réussit ; si l'on est pris, on peut être sûr d'être traité comme le dernier vagabond. Mais c'est aux portes des lieux où l'on dîne, c'est au seuil de la *Boule d'or* et de l'*Hôtel de France* qu'il faut aller vers six heures du soir, pour admirer dans tout son triomphe l'insouciant et naïf égoïsme des grands chefs. Deux gendarmes effrontés guettent tout ce qui entre, et quiconque a moins de sept galons doit montrer son

billet : sinon, allez vous-en ; courez la ville, pas-
sez-y la nuit, n'importe, désertez si vous voulez ;
mais n'entrez pas dans l'hôtel réservé aux officiers
généraux : ceci est l'essentiel.

Les règlements veulent que tous les cafés se
ferment à neuf heures précises ; cela se fait assez
exactement. Partout les lumières s'éteignent en
même temps, et les portes des lieux publics livrent
passage à une foule mélangée et bruyante : le goût
du trottoir cède à la crainte du froid et des patrouilles, et tout rentre dans le silence.

On s'arrache avec avidité les feuilles politiques de
toute couleur que barbouille chaque soir la verve des
publicistes manceaux. Beaucoup d'opinions très-
différentes sur la situation, des fables touchantes
où l'on raconte la guerre, quelques plans de campagne trouvés sur les carnets des avocats, mais de
faits peu ou point. On n'a pu cependant dissimuler
l'occupation de Rouen, le 4 décembre, par les troupes de Manteuffel : le 20 de ce mois nous ne nous
doutions pas encore de ce coup funeste, dont la
réussite est due probablement à une retraite. Tours
est également aux mains des Prussiens, c'était inévitable ; le gouvernement s'est réfugié à Bordeaux.
Tout ce que j'entends, tout ce que je lis, me con-

firme dans la vague indignation que je ressentais, en quittant Vallières, contre les gens qui conduisent cette guerre. Que prétend-on faire, maintenant que Paris est abandonné et que l'ennemi tient toute la Loire? La France a trop d'amour-propre pour s'avouer vaincue, et pas assez d'héroïsme pour essayer sérieusement de vaincre au prix des derniers sacrifices. Chasser l'étranger ou périr, voilà le programme officiel : Aller, marcher, se battre tant que cela durera, et surtout n'être point le premier à dire que tout le monde est las, telle est la pensée de chacun. Maintenant on parle d'un mouvement sur Paris, d'une bataille décisive : comme si de marcher sur Paris pouvait jamais devenir plus facile qu'il ne l'était il y a trois semaines, comme si même le gain d'une bataille pouvait nous sauver ! La première armée de la Loire, celle du général d'Aurelle, s'est évanouie dans la Sologne, personne ne sait par quel mystère. Les gens qui aiment à se flatter disent que Bourbaki l'a conduite en Allemagne, et qu'au Nord le général Faidherbe est à la tête de troupes nombreuses. Dieu le veuille! Après tout, les Prussiens doivent être aussi bien affaiblis, on assure que la petite vérole les décime, nul ne peut savoir quelle est au juste la force des deux partis. Laissons faire

14

le grand maître, le Hasard ; espérons qu'il vaincra la Prudence (1).

Coulaines mardi 3 janvier 1871.

Le Mans est la plus agréable ville de province que j'aie encore vue. J'y ai trouvé, pour la seconde fois, en revenant de Beauce, l'hospitalité la plus affectueuse chez des parents qu'un mois auparavant je n'avais jamais vus. Quand nous fûmes au bout de notre terrible retraite de Nogent, nous n'en pouvions plus de fatigue ; la ville était encombrée, et de trouver un lit passait pour impossible. Je me souvins alors que je ne devais point être tout à fait

(1) Je ne retranche rien des réflexions que me suggérait alors ce que je savais des affaires, parce que mes camarades y retrouveront, j'en suis sûr, le souvenir de leurs propres pensées. Il est toujours intéressant de comparer l'impression qu'on a ressentie comme témoin d'une partie des événements avec le jugement qu'on s'en forme quand on étudie l'ensemble historique qu'ils présentent. J'ai pu m'aider, pour étudier la suite de toute cette guerre, de documents fort impartiaux, et certainement rares en France.

Dans les journaux anglais qui ont paru pendant la guerre, les faits sont racontés avec leur simplicité naturelle, et les conséquences tirées avec leur rigueur nécessaire par les hommes les plus compétents, envoyés aux armées soit par le gouvernement britannique comme attachés militaires, soit par les journaux comme correspondants. Leurs récits se contrôlent, se fortifient les uns par les autres, et la véridique histoire s'en dégage avec ses leçons sévères, et aussi avec les fortes consolations qu'elle ménage aux vaincus.

J'ajoute à la fin de ce volume un résumé exact et rigoureusement chronologique des opérations auxquelles ont pris part les deux grandes armées que l'activité et le talent de M. Gambetta avaient créées, et que son défaut de bon sens a empêchées de porter aucun grand coup pour le salut de la patrie.

étranger dans cette ville où je venais pour la première fois dans des circonstances si extrordinaires,
et j'eus l'idée de demander à un bourgeois qui passait le chemin de l'hôtel de Montesson. Je sonnai
avec quelque embarras à la grande porte cochère
qu'on m'avait indiquée, et quand j'eus franchi le
seuil, je me louai de ma confiance : je fus reçu en
enfant de la maison. Le lendemain je me présentai
chez ma cousine, la marquise douairière de Montesson. Elle me reçut avec beaucoup d'affection, et
me parla des deux invasions qu'elle avait vues il y
a soixante ans.

Je passai alors trois nuits sous ce toit vénérable,
dont je viens encore de chercher l'abri. Ma cousine
est souffrante : les malheurs du pays, ceux de sa
famille et de ses amis, affligent cette belle vieillesse.
Un de ses petits-fils est prisonnier en Allemagne ;
l'autre, Charles de Montesson, qui commandait un
bataillon de la Sarthe, languit depuis près de deux
mois au château de la Gaudinière, où une grave blessure le retient dans l'inaction. D'autres Montesson
sont capitaines de mobiles ou officiers d'ordonnance.
Toute la noblesse du Mans s'est levée en même
temps. Quelques jeunes gentilshommes sont tout
simplement montés à cheval et ont rejoint le bataillon de zouaves du Breton Couëssin, où ils servent

comme éclaireurs. Toutes les dames du Mans font
de la charpie, et soignent les blessés et les malades.
Chacun, en ce pays, travaille comme il peut pour
la cause commune : les gens de Bordeaux devraient
venir ici apprendre à faire autre chose que de crier.

Lorsque le devoir nous retient loin de cette bonne
ville, notre pensée y demeure avec nos amis. Monsieur et madame de Rongé, madame de Grainville y
sont arrivés il y a quelques jours. La *Boule d'Or*, où
ils demeurent, est un rendez-vous des plus élégants.
Madame de Tocqueville (du 92me régiment) y quête
pour les blessés, et égaye de sa verve spirituelle les
petits dîners que s'offrent mutuellement nos officiers
supérieurs. Notre commandant fête ses galons, car
il vient d'être nommé lieutenant-colonel du 30me de
marche, et il m'engage à fêter les miens, puisqu'il
me propose pour capitaine de la quatrième compagnie ; voici trois semaines que j'en remplis les fonctions. Nous avons appris que le général Guyon, qui
commandait notre division, est remplacé par le
général de Villeneuve : pour nous, c'est un nom au
lieu d'un autre, et voilà tout

Le temps continue d'être glacial. On fait l'exercice à Coulaines matin et soir. M. de Graville de
Mailly, ancien officier de la ligne et capitaine de
notre deuxième compagnie, a été promu au grade

de commandant et remplace M. de Grainville. Nous aimons et respectons tous ce vieux et brave gentilhomme, et nous lui obéirons de grand cœur. Mais nous ne pouvons penser sans tristesse au moment où l'on partira pour une destination quelconque, et où nous verrons tout à coup une grande distance s'établir entre notre colonel et ses fidèles officiers.

Quand partira-t-on d'ici et qu'allons-nous faire? La dissipation où nous vivons depuis quelques jours empêche qu'on ne se pose souvent cette question, qui resterait d'ailleurs sans aucune réponse. Parfois je me reproche ma légèreté, et, revenant à une vieille occupation de ma jeunesse, je réfléchis. Depuis notre arrivée ici nous avons repris courage, je ne sais vraiment trop pourquoi : la seule bonne nouvelle que nous ayons eue était celle de la capture d'une centaine d'Allemands aux environs de Vendôme. Paris est plus bloqué que jamais, et nous ne savons rien du Nord. Mais le repos et la distraction ont produit leur effet ordinaire; malgré nous, un reste d'espérance nous anime, et nous ne parlons plus qu'avec froideur de certain bruit qui avait d'abord excité notre enthousiasme : il était question, paraît-il, de renvoyer les bataillons de la Manche aux lignes de Carentan; puisqu'on nous faisait marcher un mois à travers la Beauce pour ne point

nous battre, nous pensions qu'autant valait rester
tout à fait tranquilles. Évidemment l'on pense
tenter encore un effort, puisqu'on rassemble ici
toutes les troupes disponibles, et qu'on tâche de
nous réorganiser. Des képis, des vareuses, quelques
capotes et des pantalons rouges ont été distribués
à nos hommes; ils commencent à se refaire, et
prennent un air tout à fait martial. Nous aussi,
nous avons acheté des manteaux, des bottes, des
ceinturons, et nous sommes de nouveau parfaitement équipés. Pour mon compte, je désire passion-
nément voir encore les Allemands, et trouver
quelque occasion de faire honneur à mon troisième
galon. On ne sait rien du tout de leur marche :
vers le Sud, ils ne paraissent pas avoir dépassé
Tours, et de ce côté-ci on ne les regarde point
comme imminents.

Vendredi, 6 janvier.

Rien de nouveau. Cette vie pourrait continuer
encore quelque temps sans nous paraître ennuyeuse.
Tous les gens aimables de France continuent d'af-
fluer au Mans : nous avons eu la joie d'y retrouver
M. et Mme de Beauffort et leur fils Louis, qui est
officier d'ordonnance de l'amiral Jauréguiberry, et

s'est, dit-on, fort distingué à une des batailles qui ont été livrées en Beauce.

Un lugubre convoi a passé récemment par cette ville, prenant le chemin de Sablé : on avait pu retrouver les glorieux restes du duc de Luynes, et sa mère, madame la duchesse de Chevreuse, les faisait transporter loin des champs de bataille témoins du triomphe des Allemands. Charles de Luynes avait vingt-six ans; il était marié depuis trois ans, et avait un fils et une fille.

Le général de Villeneuve a passé la division en revue sur la grand'route de Ballon; il a aussi réuni les officiers, et a demandé à chaque chef de bataillon de quoi il avait besoin pour ses troupes : la réponse unanime a été qu'il fallait des souliers. La chaussure militaire, comme bien d'autres choses en France, est tombée dans une déplorable décadence.

Quelques nominations d'officiers ont eu lieu au bataillon : le lieutenant Doynel a été fait capitaine; le sous-lieutenant Dupont est nommé lieutenant adjudant-major. Léonce Josset a été nommé lieutenant dans ma compagnie, ce qui nous réjouit fort tous les deux; le sergent-major Delafosse y entre comme sous-lieutenant; ainsi nous sommes au complet.

Des bruits de départ circulent, mais on n'y fait guère attention; le froid continue.

Dimanche, 8 janvier 11 heures du soir.

Enfin nous partons, et nous espérons que c'est pour nous battre. Quand nous sommes arrivés ici, il y a trois semaines, nous étions fort découragés, et nous nous sentions le cœur bien bas. Maintenant nous désirons tous ardemment de tenter encore le sort des armes ; je ne suis plus si résigné à croire que tout est perdu. On dit que le général Bourbaki menace sérieusement l'Allemagne ; Trochu, avec ses deux cent mille hommes, peut bien entreprendre quelque chose... Et nous?... Il paraît que nous sommes plus de cent mille, et que nous occupons des positions très-fortes... Faut-il donc absolument désespérer d'avoir aussi notre heureuse journée? Il est vrai qu'au point où nous sommes, une victoire ne nous débarrasserait pas de l'invasion... Mais cette nation est si forte!... Une fois qu'un peu de véritable enthousiasme l'animerait, rien ne paraîtrait plus impossible. Pour le moment, défendons de notre mieux cette chère et jolie ville, où nous avons été si bien traités. Excepté notre propre pays, je ne connais point en France de province plus généreuse, plus hospitalière, plus patriotique que le Maine.

J'ai déjeuné ce matin à Sargé avec les zouaves de Charette. Si la France avait beaucoup de troupes comme celles-là, je crois qu'on devrait encore espérer. Ils sont trois mille en tout ; le bataillon cantonné à Sargé a pour commandant Auguste de Couëssin, un homme encore jeune, mais un vieux soldat de Castelfidardo et de Mentana. Quatre-vingts jeunes gens de bonne famille, montés et équipés à leurs frais, font le service d'éclaireurs, et une batterie d'artillerie, commandée par d'anciens officiers, est attachée au bataillon. Voilà comment il aurait fallu nous organiser il y a trois mois, lorsque nous faisions la guerre dans le Perche.

Tous les officiers de ce bataillon mangent ensemble, dans une petite salle de ferme. Le commandant de Couëssin préside, ayant à sa droite l'aumônier ; ils sont tous fort gais et aimables. Ils ont peu de liberté : leurs hommes font l'exercice presque toute la journée, et paraissent alertes et dispos.

C'est à cinq heures après midi qu'est arrivée ici la nouvelle que nous pressentions depuis quelques jours : les Allemands approchent. Le billet transmis par l'état-major porte « qu'il serait possible » que le 21e corps eût un mouvement à exécuter » ce soir ou demain matin ». Ceci m'a coûté un

15

dîner agréable au Mans. Pourtant celui que nous avons fait ici a été bien gai, et je serais désolé de ne m'y être point trouvé : nous avons tiré les trois rois avec notre colonel et madame de Grainville, et nous nous sommes dit que l'année suivante, à pareil jour, si nous étions encore de ce monde, nous tâcherions de nous retrouver ensemble.

J'arrive à présent des quartiers du 92e de marche, où je suis allé après le dîner. M. de Tocqueville, qui commande momentanément la brigade, était penché sur sa carte du Maine. Il m'a appris que nous allions avoir à combattre les deux armées du prince Frédéric-Charles et du grand-duc de Mecklembourg, que nous formions toujours l'aile gauche de l'armée de Chanzy, et que le 30e régiment partirait le lendemain pour la Trugale, village à six kilomètres de Coulaines, sur la grande route de Ballon.

La Trugale, mardi, 10 janvier, soir.

Nous avions eu moins froid pendant quelques jours, il dégelait presque partout. Hier, au moment où nous partions, la neige a commencé à tomber en abondance, maintenant il y en a six pouces partout. La neige piétinée e   venue si glissante, que les officiers supérieurs ne peuvent presque plus aller à cheval. Si nous avons à marcher, comme ce n'est guère douteux, nous souffrirons beaucoup.

Nous sommes dans ce petit hameau depuis hier matin ; nos cantonnements sont passables, et nous ne manquons de rien. Pourtant, nous sommes fort tristes, car notre colonel nous a quittés : il est allé prendre son poste aux positions extrêmes qu'occupe le bataillon de Saint-Lô, à une demi-lieue plus loin sur la grande route. Il nous a dit qu'il reviendrait ; mais sur quoi peut-on compter par le temps qui court ? Notre nouveau commandant, M. de Graville de Mailly, est au Mans depuis quelques jours, fort malade d'une fièvre typhoïde ; ainsi nous sommes sous les ordres du capitaine Montécot.

Depuis ce matin nous entendons le canon d'assez près : décidément, cela devient sérieux.

Savigné-l'Évêque, jeudi 12 janvier, matin.

Nous voici depuis hier entièrement séparés de notre brigade et de notre régiment. Nous sortions, à huit heures du matin, de chez le général du Temple, qui nous avait réunis pour nous adresser une allocution sur nos devoirs d'officier, lorsque le capitaine Montécot a reçu l'ordre de partir seul avec son bataillon pour Savigné-l'Évêque, et de s'y mettre à la disposition du général de division ; il paraît que la première brigade, que commande le général Stefani, est menacée et a besoin de renforts : comme toujours, c'est le bataillon de Mortain qui marche. Nous avons fait deux bonnes lieues dans des chemins de traverse, encombrés de neige. Savigné-l'Évêque est un gros village, à trois lieues du Mans, sur la route qui mène à Bonnétable et à Bellesme ; en gagnant cette route, nous avons quitté l'extrême gauche de l'armée pour nous rapprocher du centre.

On nous a fait former les faisceaux à l'entrée du bourg, et permission a été donnée de rompre les rangs pour trois quarts d'heure. Nous nous sommes mis, F. de Rongé et moi, à la recherche d'un morceau de pain et nous avons fini par en trouver un assez petit, avec une terrine au fond de laquelle restaient quelques *rilles,* mets traditionnel des Manceaux. A notre retour, le capitaine Montécot a commandé qu'on se cantonnât dans les maisons à droite et à gauche de la route. Nous nous sommes empressés de loger nos hommes, et ce n'est qu'après une heure de pourparlers avec les paysans, de querelles pour le bois et pour la paille, que nous avons pu songer un peu à nous-mêmes. Laloi, notre homme de confiance, est arrivé avec sa petite voiture, et voici bien trois ou quatre heures qu'on fait la cuisine, qu'on boit et qu'on mange dans la petite chambre d'auberge que Rongé a prise pour son quartier. Dès qu'on passe le seuil de la porte, on entend à droite une forte et constante canonnade, où se mêlent parfois le roulement des mitrailleuses et le bruit crépitant des feux de peloton. Nous ignorons absolument ce qui se passe ; on se bat, voilà tout. Quand sera-ce notre tour ?

Mézières-sous-Lavardin, vendredi 13 janvier, soir.

Lorsque j'écrivais le récit de notre retraite du Mans, je pensais ne jamais voir de ma vie un plus grand malheur. Je me trompais : notre jeunesse est destinée à contempler le plus complet, le plus immense des désastres. La France descend d'abîme en abîme, entraînée par l'impitoyable main qu'elle a prise pour guide ; la moitié de notre génération est détruite ; plus malheureux que les autres, nous sommes réservés pour périr les derniers, après avoir vu tout crouler autour de nous. Paris, où tombent maintenant les projectiles prussiens, attend le sort de Babylone et de Jérusalem. Cependant, il y a quelque temps, les journaux prenaient soin de

15.

nous apprendre que l'activité faisait du bien à Gambetta, et qu'il ne s'était jamais mieux porté.

Nous avions passé la nuit du 10 au 11 dans le faubourg de Savigné-l'Évêque. Il était neuf heures du matin lorsque nous reçûmes l'ordre de prendre les armes et d'avancer jusqu'au centre du village, afin d'être mieux à portée lorsqu'on aurait besoin de nous. On forma les faisceaux dans une rue étroite, les hommes furent avertis de se tenir prêts au premier signal, et chacun chercha quelque maison où il pût entrer, et s'asseoir un instant au coin du feu. Nous n'avions point reçu de vivres : quelques bœufs furent amenés et abattus sur la place de l'Église, qui se transforma bientôt en un vaste charnier ; il faisait si froid, que le sang des animaux gelait. La viande fut dépecée et distribuée à la hâte. Le canon tonnait continuellement, la grande route était noire de troupes qui allaient prendre position sur la ligne.

Enfin l'heure tant attendue parut avoir sonné : le refrain du bataillon retentit à l'entrée des ruelles, et dix minutes après nous dépassions les dernières maisons du bourg. Malgré le froid qui glaçait leurs doigts et couvrait leurs fusils de givre, nos hommes n'avaient jamais été si dispos, car la fusillade se rapprochait de plus en plus, et ils pensaient qu'enfin ils allaient combattre, et servir utilement leur pays. L'amiral Jaurès passa le long de la colonne et prononça quelques paroles que je n'entendis pas bien ; c'était la première fois que nous apercevions cette sombre figure. Nous pensâmes que c'était un bon signe d'être si près du général en chef, et que nous allions trouver l'occasion de nous distinguer sous ses yeux. A un quart de lieue de Savigné-l'Évêque, nous parvînmes devant l'entrée d'un assez grand château, complétement abandonné, qui nous était assigné pour poste. Suivant les ordres donnés par le généal Stefani, nous fîmes des créneaux le long des toits de tous les bâtiments,. et nos tirailleurs y furent distribués ; la 4ᵉ compagnie occupait le grenier principal.

Ce château, dont je n'ai pu savoir le nom, est au bord du plateau de Savigné. Des deux côtés, notre vue était bornée par les grands sapins du parc ; en avant, nous apercevions une large vallée, coupée de bouquets de bois et de rideaux de peupliers, qui ne permettaient pas aux regards de s'étendre bien loin. On se battait là, à droite et à gauche ; nous ne voyions rien, mais à mesure que la nuit approchait, la fusillade retentissait plus furieuse, sans pouvoir étouffer les longs *hurrahs* des barbares, dont l'écho parvenait jusqu'à nous, mêlé aux sonneries de leurs clairons. La nuit devenant enfin tout à fait sombre, nous pûmes distinguer la lueur des coups de feu ; en même temps, plusieurs balles traversaient, en sifflant, la grande cour. Nous pensions que la nuit serait sérieuse, et que le lendemain matin les Allemands verraient de plus près l'impression que leurs cris sauvages pouvaient faire sur les cœurs des hommes de Mortain ou de Sourdeval. Notre espoir était vain : à six heures, un ordre arriva de la brigade, il fallait reprendre le chemin de Savigné. Nous quittâmes avec une vive contrariété cette maison inutilement dévastée, et nous nous rangeâmes sur la route.

Ce fut en cet instant que l'effroyable nouvelle circula tout à coup dans nos rangs, et se répandit, rapide comme la foudre : *Le Mans est évacué, le Mans est pris!* L'effet n'en fut d'abord point si terrible, car presque personne n'en voulut croire un mot ; d'ailleurs nous marchions sur le Mans, puisque nous retournions vers Savigné. Quand nous eûmes traversé cette petite ville sans nous arrêter, on nous fit tourner à droite, et reprendre le chemin vicinal par où nous étions venus la veille. Mais ceci ne signifiait encore rien ; on n'avait plus besoin de nous ici, nous allions rejoindre notre régiment, voilà tout. Cependant le bruit courait que nous

allions à Ballon, qui est beaucoup plus loin vers le
nord que le hameau de la Trugale. Nous nous fati-
guions les yeux, mon lieutenant et moi, à regarder
chaque buisson, pour voir si nous reconnaissions
encore le chemin parcouru l'avant-veille. Au bout
de deux heures, il devint indubitable que nous
avions pris une autre direction, et, en effet, au sortir d'un détour nous nous trouvâmes tout à coup
sur la grande route. La neige était moins épaisse
que dans les chemins de traverse, et c'était un
grand soulagement. Mais il y avait encore dix kilomètres à faire, et la première fois qu'il fallut franchir une des tranchées pratiquées pour la défense,
nous dûmes attendre un quart-d'heure que la première partie de la colonne eût passé. Évidemment
il y avait là cinq ou six mille hommes : que pouvait
donc signifier ce mouvement vers Mamers ou Alençon? L'inquiétude nous gagnait ; et puis la fatigue,
le froid, la faim commençaient à abattre ces courages, à courber ces hommes qui marchaient si
droits et si fiers lorsqu'ils pensaient aller au feu.
Les haltes se multipliaient et devenaient interminables ; on ne pouvait s'asseoir ni s'appuyer nulle
part, car dès qu'on approchait du bord de la route
on s'enfonçait dans un pied de neige. Nous pensions avec douleur que les misères d'il y a trois se-

maines recommençaient, peut-être pires qu'auparavant : et à quoi bon, si le Mans était pris?

Etait-ce vrai pourtant? Lorsque nous entrâmes
dans le bourg de Souligné-sous-Ballon, nous étions
tellement exténués que nous ne pensions plus qu'à
chercher où nous coucher; l'on remit au lendemain
de prendre des informations. J'eus le bonheur d'apercevoir mon colonel au coin d'une rue, d'entendre sa
voix et de lui serrer la main : il nous avait crus perdus. Puis je courus aux maisons qu'on m'indiquait
pour ma compagnie, car des gens de toute espèce
affluaient aux portes, se faisant ouvrir de gré ou de
force, puis poussaient les verrous derrière eux :
après quoi ils prenaient une voix impérieuse, et,
s'intitulant commandant ou chef d'état-major, en-
voyaient au diable quiconque venait frapper. Malgré
tous mes efforts, une partie de mes hommes dut
se contenter de l'abri que pouvait offrir l'Église, le
reste trouva place dans les maisons. Il était minuit passé.

Dès quatre heures du matin, les clairons reten-
tirent, et il fallut nous remettre en chemin. On
quitta la route impériale, et l'on prit, à gauche, un
chemin assez large, qui par plusieurs pentes et
sinuosités descend vers la Sarthe, et traverse la
voie ferrée près de Montbizot. Les signes de la

léfaite devenaient de plus en plus évidents : toute
a division était là, le général de Villeneuve venait
le passer avec son escorte ; on parlait encore de
nouvement tournant, et l'ironie de ce funeste pro-
)os était trop amère pour qu'on eût le cœur d'en
ire. Il nous fallut environ six heures pour faire
noins de trois lieues, tant les haltes étaient
ongues et fréquentes. On ne pouvait rester immo-
)ile, il fallait piétiner sans cesse pour n'avoir point
es pieds gelés ; j'ignorais que la neige fût tellement
)ire que la boue ou la glace, nos misères en sont
loublées.

Vers midi nous passâmes le pont de Montbizot,
:t, après avoir traversé le village de Saint-Jean
l'Assé, nous débouchâmes sur une grande route
[ui, à partir du Mans, s'écarte peu à peu de celle
le Ballon et Mamers, et mène vers Alençon. Ici la
:olonne prit la gauche comme pour retourner au
Mans, et, grâce à l'heureuse ignorance où nous
:tions touchant la stratégie du général Chanzy,
ious pûmes concevoir un instant quelque faible
:spérance que nous ne reculions pas définitivement.
À cinq cents mètres de Saint-Jean, on s'arrêta pour
'ormer les faisceaux, une compagnie fut détachée
)our occuper un poste d'observation, et les autres
durent se tenir prêtes à prendre leurs rangs à tout

instant. Quelques coups de canon retentissaien
au loin, et plusieurs pièces passèrent rapidemen
devant nos faisceaux, comme pour aller se mettre
en batterie sur une petite côte, qui borne en cet
endroit la vue dans la direction du Mans.

J'allai chercher de Rongé, pour déblayer un peu la
neige dans un coin, et essayer d'allumer une bour-
rée. Nos fidèles soldats trouvèrent quelques vivres
à nous acheter, à notre tour nous les secourûmes
de notre bourse, et, l'un aidant l'autre, on parvint
en une heure à réparer un peu ses forces. Lorsque
l'ordre du rassemblement fut donné, je jetai un
coup d'œil sur la route. Elle descend jusqu'à Saint-
Jean entre deux rangées de peupliers, puis elle
remonte par une pente rapide. La chaussée en cet
endroit est fort large : du haut de la côte où j'étais
je voyais l'autre versant presque au-dessous de moi,
et je pouvais compter la foule immense qui s'y
pressait, semblable aux flots de la mer. Il y avait
là au moins dix colonnes parallèles se mêlant les
unes aux autres, j'apercevais sur quelques centaines
de pas une masse d'au moins cinq mille hommes :
tout cela montait vers Beaumont-le-Vicomte ou filait
sur la gauche, vers Conlie et Sillé ; c'était bien encore la retraite, il n'y avait plus à en douter. La
seule question était désormais de savoir si l'on allait

à Laval ou à Mayenne. Quant à ce qui s'était passé au Mans, je n'en sus rien que de fort vague : le résultat seul était trop clair.

Depuis deux heures après midi jusque vers neuf heures du soir, nous avons marché comme le matin, mettant le double du temps nécessaire, et nous fatiguant bien plus que si nous avions fait deux fois autant de chemin. Nous avons traversé, à la clarté de la lune, la contrée boisée et pittoresque qui s'étend au nord de Conlie. On arrive, au sortir d'une forêt de sapins, dans cette triste bourgade, où nous avons fini par trouver un coin après avoir installé nos hommes. Le cantonnement est détestable, et, quelles que soient les misères qui nous attendent demain, nous ne regretterons point Mézières.

Près de Sillé-le-Guillaume, dimanche 15 janvier, 8 h. du m.

Jamais nous n'avons tant souffert : la retraite de Nogent, celle de Beauce ne sont rien au prix de celle-ci.

Hier, nous sommes restés onze heures en route pour faire à peine deux lieues ; il a fallu commencer à piétiner dans la neige dès huit heures du matin. Vers le milieu de la journée, les officiers d'ordonnance ont daigné avertir que la halte durerait un

certain temps. Un immense amas de bourrées qui
se trouvait dans un champ voisin a été démoli en
quelques minutes. Étant parvenus à grand'peine à
en faire flamber quelques-unes au pied de la haie,
nous avons trouvé un peu de pain et une saucisse,
et nos camarades ont envié notre bonheur. Nous
commencions à nous réchauffer, lorsqu'il a fallu
nous remettre en chemin. On s'est traîné encore,
pendant deux ou trois heures, l'espace d'une lieue ;
puis tout à coup, à la nuit tombante, il a fallu presser
le pas, et courir à perte d'haleine pendant un quart
d'heure. J'ai peine à croire que cette manière de
conduire les troupes soit rendue nécessaire par les
circonstances. Il est d'ailleurs un point tout à fait
hors de doute : c'est qu'aux passages étroits, où les
colonnes sont forcées de s'allonger, les officiers qui
marchent en tête omettent constamment de s'arrêter
à quelque distance en avant, pour laisser aux bataillons de queue le temps d'arriver. L'ordonnance le
prescrit, et le bon sens l'exige : mais qu'importe à
ceux qui sont à cheval ?

Cette course au pas gymnastique nous a conduits
sur une nouvelle route impériale, la troisième que
nous rencontrons depuis notre départ de Savigné-
l'Évêque ; celle-ci va du Mans à Mayenne en passant
par Sillé-le-Guillaume. Nous espérions qu'après

une si affreuse journée nous trouverions des cantonnements passables dans cette petite ville de Sillé. Mais comme nous n'en étions plus guère qu'à une lieue, nous vîmes la route en avant de nous s'illuminer d'une clarté jaune et fumeuse; bientôt tout l'horizon s'embrasa. Nous savions ce que cela voulait dire : on campait, ou plutôt l'on bivouaquait dans ces champs couverts d'un pied de neige. A mesure que nous avancions la lueur se rapprochait, et nos dernières espérances s'évanouissaient. Enfin ce fut notre tour : quand on forma les faisceaux, les fusils s'enfoncèrent·profondément. Les distributions avaient été dérisoires : nos hommes n'avaient ni pain, ni viande, ni bois; quelques cris de colère et de découragement se faisaient entendre dans les champs voisins, nous étions aussi près du désespoir que possible. Il n'y avait pourtant pas à hésiter : il fallait donner l'exemple. J'appelai mes braves sergents, dont la bonne humeur avait constamment soutenu tous les courages, et nous mîmes la main à l'œuvre pour écarter la neige. Le fourrier Mullois alla décrocher une de ces immenses barrières qui servent à clore les champs dans le Maine et une partie de l'Anjou, et la traîna jusqu'au camp. Après de longs efforts, quelques épines à peu près sèches se mirent à flamber, et bientôt nous pûmes nous asseoir sur les plus grosses pièces de bois, autour d'un grand brasier. J'avais fini par trouver F. de Rongé, et il était venu s'asseoir auprès de nous. Laloi étant arrivé fort heureusement avec nos provisions, nous fûmes délivrés de la crainte de mourir de faim. Bien peu d'entre nous purent dormir ; quant à dresser des tentes, il n'en pouvait être question. La nuit se passa à rire et à causer, seul moyen de ne pas être affreusement triste : car, pour peu qu'on cessât de faire du bruit soi-même, on entendait autour de soi la plainte des faibles, et la toux profonde et aiguë d'innombrables malades, qu'interrompait parfois quelque imprécation exaspérée. A combien de nos soldats, cette nuit, après cette journée, coûterait-elle la vie? Il ne faut point se le demander : j'en sais qui seront longtemps souffrants ; le défaut de vivres et de boisson avait ôté à presque tous le dernier moyen de se ranimer. En voyant les lueurs du matin éclairer peu à peu ce champ de désolation, j'ai pensé à la retraite de Russie.

Évron, lundi 16 janvier, soir.

Lorsque le jour fut venu, nous secouâmes la torpeur glaciale qui nous avait tenus immobiles, quoique bien éveillés, pendant les dernières heures de la nuit, et nous entassâmes nos derniers morceaux de bois sur le foyer presque éteint. En attendant l'ordre du départ, on se remit à se chauffer, à causer et à faire du café. Vers neuf heures, le capitaine Montécot vint me dire que la quatrième compagnie était désignée pour faire une reconnaissance sur la route parcourue la veille. Ce fut presque un soulagement, pour ceux qui avaient encore quelque force, de mettre sac au dos et de quitter cet affreux séjour. Nous commençâmes à redescendre la grande route : les traces du passage de cette triste armée sont lamentables. Tout le long du chemin nous rencontrions des traînards, le visage si défait et l'air si épuisé, qu'on ne pouvait guère leur reprocher d'être demeurés en arrière. Il y en avait jusqu'au plus loin que nous allâmes : les Allemands devaient les prendre par centaines. Et l'on dit que le seizième et le dix-septième corps sont loin de marcher en aussi bon ordre que le vingt et unième! Parmi ces spectres de désolation qui se traînaient sur la neige, quelques-uns menaient par la bride des chevaux réduits à un état encore pire que le leur. Ce que nous n'avons point vu lors des autres retraites, c'est cette quantité d'animaux morts ou mourants, devenus presque des squelettes et enfoncés, lorsqu'ils respirent encore, dans la glace et

16.

la neige. Je vois toujours, à gauche de cette route
de Sillé, une vache prosternée dans un ravin, au
milieu d'une flaque d'eau durement gelée, regardant
tristement le chemin, et attendant la mort dans cette
attitude fixe et placide. Nos propres maux nous
laissent peu de pitié, et pourtant ces spectacles
sont navrants.

A un bon quart de lieue du camp, il fallait tourner à gauche et traverser une contrée accidentée,
parsemée de bosquets et de vergers ; l'ennemi ne
pouvait être loin, et nous prenions les plus grandes
précautions. Nous rebroussâmes ainsi jusqu'au village de Crissé ; comme nous en approchions, les
paysans nous dirent que les Allemands arrivaient
par l'autre bout. J'allai jusque-là, et, n'ayant rencontré que des éclopés, je dus, pour suivre mes
instructions, reprendre le chemin du camp. Mais la
canonnade, qui commençait depuis quelque temps,
ne tarda pas à devenir furieuse, et, en arrivant près
de la grande route, nous vîmes que les obus tombaient justement au carrefour où nous l'avions
quittée : il fallait prendre un chemin de traverse,
et tâcher de retrouver la route plus loin ; un paysan
que j'arrêtai au passage nous servit de guide. Nous
enfoncions jusqu'à mi-jambe dans la neige accumu-
lée entre les talus, et qui parfois dissimulait des

ruisseaux plus ou moins profonds, où l'on se sentait soudain descendre. Les hommes étaient épuisés; heureusement ils avaient pu prendre du biscuit dans une voiture abandonnée. Nous essayâmes en vain une seconde fois d'approcher de la grande route : les projectiles s'y croisaient sans interruption, et un obus vint éclater à portée de ma petite troupe. Evidemment toute la division Villeneuve avait reculé vers Sillé pendant notre absence, et le seul moyen de rejoindre était de gagner la ville de notre côté, sans nous exposer plus longtemps à être détruits inutilement. Nous nous rejetâmes donc encore une fois dans les sentiers : les feux de mousqueterie devenaient de plus en plus vifs, et les balles perdues passaient à travers les buissons. Enfin nous vîmes une voie passablement large, qu'on nous assura être le petit chemin de Sillé. Le sentiment de ma responsabilité me serrait fortement le cœur. J'appelai le lieutenant L. Josset, et le sous-lieutenant Delafosse, je m'assurai avec eux de l'orientation, et après une courte réflexion je pris mon parti.

Nous allions déboucher de notre sentier creux sur le chemin, lorsqu'un casque parut; l'Allemand marchait vers Sillé, furetant partout. Mon caporal fit feu et le manqua : il ne se le fit pas dire deux fois, et retourna vers quelques-uns de ses camarades que nous aperçûmes au même instant; je fis tirer sur eux à cinquante pas, et ils disparurent.

Étais-je coupé avec ma petite troupe? Les Allemands nous précédaient-ils déjà sur ce chemin, notre dernière voie de salut? Ou ceux que nous avions aperçus étaient-ils l'extrême avant-garde? Plusieurs casques, que nous vîmes l'instant d'après en avant de nous, sur la crête du remblai du chemin de fer, qui est parallèle à la route, ne nous laissèrent plus guère d'espoir. Je les fis descendre à coups de fusil; puis je commandai en avant, et nous nous mîmes à marcher rapidement vers Sillé. Chemin faisant, je fouillais les fermes : tout était clos et semblait désert. Mon brave fourrier Mullois me suivait de près, la baïonnette en avant; à dix pas en arrière marchait la troupe. Nous ne tardâmes pas à trouver, se chauffant dans une maison, six fusiliers du roi Guillaume qui n'étaient rien moins que des héros. Ils se mirent à pousser des cris inarticulés pour nous faire entendre qu'ils se rendaient, et remirent à Mullois leurs fusils chargés, la baïonnette au bout, sans la moindre résistance. Je leur parlai allemand pour les rassurer, et leur dit de plier bagage; puis je les fis mettre au centre, et n'en pris qu'un avec moi pour l'interroger. Il m'avoua que deux cents Prussiens étaient embusqués plus loin, des deux côtés de la route, et que nous allions les rencontrer bientôt. C'eût été une folie que d'aborder un semblable obstacle avec cent hommes marchant à découvert ; en deux ou trois décharges ils nous eussent détruits jusqu'au dernier.

Je me résolus donc à prendre, à travers champs, une direction parallèle à la route, en tiraillant au besoin pour me frayer un passage. Je venais de trouver un chemin creux, lorsque à deux cents pas devant moi j'aperçus les Allemands. Le vin était tiré, il fallait le boire : je commandai le feu immédiatement. Quelques secondes après, une nuée de balles siffla au-dessus de nos têtes; un seul homme fut blessé à la jambe. Tout en ripostant, nous commençâmes notre mouvement de flanc, et en peu d'instants toute ma troupe fut à l'abri derrière des talus hauts de six pieds. Quatre prisonniers avaient profité de notre préoccupation pour tenter de se sauver. Mullois en renversa un presque à bout portant, les trois autres s'échappèrent. Les deux derniers, avec les fusils et les casques, demeurèrent en notre pouvoir, et une demi-heure après, nous les présentions au général du Temple, que nous rencontrâmes au milieu de ses marins. Nous avions bien cru n'en point revenir; notre retraite par monts et par vaux s'était accomplie sous les boulets, qui

passaient à quelques pieds au-dessus de nos têtes.
Les marins criaient : « *Vive la mobile!* » « C'est bien,
monsieur », me dit le général. Jamais je n'ai été si
heureux qu'en entendant ces simples paroles. Quatre
hommes, dont un blessé que nous avions pu rame-
ner, étaient restés hors de combat.

Nous ne tardâmes pas à retrouver le bataillon,
qui avait passé la journée à grelotter sur le haut
d'une colline, sans voir un seul ennemi. Le capitaine
Montécot m'ayant permis de mener mes hommes où
je voudrais, à condition de communiquer avec lui,
j'entrai dans une assez grande ferme, où, pour la
première fois depuis longtemps, les hommes trouvèrent du bois, de la paille, du pain, des pommes
de terre, de tout en abondance. Tandis que Mullois
préparait une soupe à l'oignon, je réglais l'indem-
nité du fermier et je causais avec les Allemands.
J'appris d'eux que le prince Frédéric-Charles était
au Mans, et que nous avions affaire au 10me corps
d'armée prussien, commandé par le général Voigts-
Rhetz ; nos deux prisonniers étaient des gens d'Ol-
denbourg, sous les ordres du colonel Lehmann. J'eus
soin qu'ils fussent gardés à vue et bien traités ; ils
ont été remis aujourd'hui entre les mains de la
prévôté.

Les trois heures que nous passâmes dans cette

ferme ont été pour tous ceux de la quatrième compagnie les plus heureuses de la campagne (1). J'eus
seulement un instant de tristesse en contemplant
ces vaillantes figures, bronzées par l'intempérie et
maigries par la fatigue, et pensant combien mal
tant de courage et de vertu avaient été employés
par ceux qui répondent devant Dieu et devant les
hommes du sang de nos armées et du destin de
cette nation..... A la brune, il a fallu reprendre la
chaîne à peine interrompue de nos tribulations ;
mais nous avions le cœur léger, et nous marchions
gaiement, entendant avec joie les larges gouttes
qui tombaient des peupliers au bord de la route et
nous annonçaient le dégel. On traversa Sillé sans
s'y s'arrêter ; puis on quitta la route impériale qui
conduit à Mayenne pour prendre le grand chemin
d'Évron ; on fit une tentative de logement dans un
affreux village qui s'appelle Rouessé-Vassé. Il n'y
avait pas le quart de la place nécessaire, et cette
nuit fut presque aussi mauvaise que la précédente.
Vers quatre heures du matin, le feu prit au quartier
du colonel, où j'avais trouvé un abri. On accusait
un franc-tireur d'avoir laissé tomber une allumette

(1) J'ai eu, quelque temps après, le bonheur de pouvoir récompenser le
dévouement du brave Mullois et d'obtenir quelque avancement pour mes
sergents et caporaux. — R M.

dans la paille : on accuse les francs-tireurs de tout.
Quoi qu'il en fût, il fallut nous précipiter au bas de
l'escalier, après avoir ramassé à tâtons notre équipement et fait des efforts surhumains pour arriver
au fond de nos bottes racornies par l'eau. La
place de l'Église, où est située cette maison, offrait l'encombrement le plus dangereux. Pendant
que les mobiles faisaient la chaîne, les femmes
du village se mettaient en groupes pour jeter les
hauts cris ; les chevaux de plusieurs chasseurs d'A-
frique, qu'on avait mis au piquet autour de la place,
piaffaient, se jetaient dans tous les sens, et ruaient
lorsque de grosses masses de neige venaient à
glisser du toit de l'église et à leur tomber sur les
reins. Tout ceci se passait dans un océan de boue
glaciale, et se termina par l'extinction totale du feu.
Peu de temps après, le jour finit par percer le
brouillard, et il fallut repartir.

Depuis ce matin, il fait moins froid. Les routes
sont dans un triste état, mais on souffre déjà
moins ; en beaucoup d'endroits, la neige a disparu
de dessus les tas de pierre ; les mobiles peuvent y
poser leurs sacs, et s'asseoir pendant les moments
d'arrêt. D'ailleurs, on a marché d'une façon un peu
moins fatigante : nous avons eu une grande halte
au milieu de la route, et, après une étape de quatre

lieues, nous sommes arrivés de jour dans cette jolie petite ville d'Évron. Le général du Temple voulait absolument nous dédommager de nos deux mauvaises nuits : il a réussi. Nous n'avons jamais été si bien, même à Coulaines, et nous ne demanderions qu'à rester ici. Mais il y faut renoncer : « Demain, 17 janvier, à cinq heures du matin, le » 2me bataillon du 30me régiment se réunira devant » ses cantonnements, puis s'alignera en viande » fraîche à son passage devant la halle » ; ceci est du style d'état-major.

Commune de Contest, près Mayenne, mercredi 18 janvier.

Cette terrible retraite touche à sa fin; sans doute, nous sommes confinés pour quelque temps dans ces chaumières exiguës, éparses comme des îles au milieu du limon.

Hier, nous avons fait sept lieues par un assez beau temps, sur des chemins boueux et glissants de verglas ; on a déjeuné au bourg de Jublains. Depuis que nous avons dépassé Évron, il n'est plus question des Allemands. Nous trouvons une contrée moins ravagée, des paysans moins effrayés, et quelques boutiques ouvertes dans les villages; on découvre même du pain, à condition de bien cher-

17

cher. Le paysage se débarrasse peu à peu de ce sinistre manteau de neige qui nous a privés pendant tant de jours de toutes les consolations de la nature; les pittoresques collines du Maine laissent voir peu à peu leurs épaules, et l'on se prend à jeter des coups d'œil à droite et à gauche; depuis notre départ du Mans, la misère courbait nos regards vers la terre.

Quand nous sommes entrés à Mayenne, il faisait nuit noire. Nous avons dû traverser toute la ville, qui s'étend sur une fort grande longueur, et, une fois parvenus au bout, nous avons dû demeurer à nos rangs plus d'une heure, sans qu'on nous assignât de logement; nous étions debout depuis cinq heures du matin, et nous tombions de fatigue. Enfin, l'état-major a daigné penser à nous, et l'on nous a indiqué quelques maisons, où nous avons distribué tant bien que mal les sept cents hommes qui restent de ce bataillon. Ce matin, nous avons fait deux lieues sur le chemin de Laval, et maintenant nous sommes cantonnés au Grand-Launay, qui n'est qu'une réunion de deux ou trois fermes à vingt minutes du village de Contest. Nous n'avons point encore eu le temps d'examiner le pays, et nous jouissons avec délices du misérable repos qu'on peut avoir dans ces bouges, dont les malheureux propriétaires sont réduits à ne savoir où se mettre.

Le Grand-Launay, dimanche 29 janvier.

Nous menons ici une vie monotone et renfermée : un jour ressemble à l'autre ; la neige alterne avec la pluie, c'est le seul changement qu'il nous soit donné de voir. Depuis quelques jours nous sommes obligés de faire l'exercice quatre heures par jour ; le reste du temps nous croupissons dans nos fermes. On ne se promène guère, d'ailleurs le passage des troupes et le dégel ont effondré presque toutes les routes, ce qui rend nos courses en carriole assez peu agréables. Les gens de ce pays sont bons et obligeants : il n'en est que plus pénible de voir quelle lourde charge leur impose le logement des troupes. Leurs champs sont foulés, leur bois est brûlé, leur paille ravagée. Il est vrai que nous leur délivrons régulièrement des bons sur l'intendance, mais cela ne peut compenser le quart de leurs pertes. Dans la chaumière où je loge, la pauvre femme n'ose plus, malgré tous mes encouragements, s'approcher du feu ; elle passe ses journées à grelotter et à pleurer dans un coin obscur. La peste a sévi sur son étable : ses *bouvarts*, comme ils disent, meurent les uns après les autres. Son mari a perdu un bras, et ses fils sont tout jeunes. Le spectacle de cette famille fait de la peine.

Le 24, le général du Temple nous a passés en revue. Il a pu voir que nos compagnies les plus nombreuses ne dépassent guère cent hommes ; à Coulaines, nous avions encore une moyenne de cent vingt. Que reste-t-il donc des corps qui ont sérieusement donné (1) ?

Le seul événement d'importance depuis dix jours est que M. Viallet, mon ancien capitaine à la troisième compagnie, nous est revenu à ma grande joie, et à la satisfaction de tout le monde. Il est nommé commandant du bataillon, à la place de M. de Graville, resté malade et probablement prisonnier au Mans ; la bravoure de M. Viallet, sa prudence et son bon sens nous inspirent une grande confiance. Il nous était bien nécessaire de retrouver quelqu'un de ceux que nous avions perdus. Christian de Failly, dont l'intelligence, le courage et le dévouement nous ont tant fait défaut, ne revient encore pas. « Je » fais des vœux sincères, m'écrivait-il dernière- » ment, pour que vous ne connaissiez jamais par » expérience les souffrances morales de ceux que

(1) Voici les effectifs comparés au 1er et au 31 janvier : 1re compagnie 118, 107 ; 2me, 115, 113 ; 3me, 115, 99 ; 4me, 129, 100 ; 5me, 126, 108 ; 6me 133, 115 ; 7me, 101, 91.

» la maladie cloue au coin du feu, pendant que
» leurs camarades sont exposés aux fatigues et
» aux privations de cette dure campagne »...

Pauvre cher ami ! je n'ose lui faire savoir combien il nous manque.

Notre colonel demeure à plus d'un quart de lieue,
avec le bataillon de Saint-Lô, et c'est une vraie
entreprise que de lui faire une visite. De temps en
temps il vient dîner avec nous, comme aux bons
jours passés, et nous sommes heureux pour une
soirée. Tous les bataillons de la brigade sont échelonnés sur la petite route de Laval, qui rejoint plus
loin le grand chemin impérial ; c'est nous qui sommes le plus près de Contest, où est le siége de la
division. Notre général du Temple loge avec ses
marins à une lieue vers Laval, au château de Montgiroux.

Nous regrettons vivement nos cantonnements de
Coulaines et nos dîners au Mans. Mesdames de
Grainville et de Rongé ne pourront venir dans ces
solitudes boueuses ; monsieur de Rongé y a passé
vingt-quatre heures et nous a fait entendre quelque
écho de notre bon pays normand.

Il est bien rare que les journaux nous donnent
quelques nouvelles ; l'on n'a encore qu'une idée
vague de tout ce qui s'est passé pendant ces der-

17.

niers temps. Les forces de Bretagne, qui étaient réunies au commandement de Jaurès, viennent d'être détachées du 21ᵉ corps pour aller défendre leur pays; M. de Charette, qui commandait les volontaires de l'Ouest, a été nommé général. Le commandant de Couëssin est décoré pour le beau combat qu'il a soutenu à Yvré-l'Évêque, après que les hauteurs de Montfort-le-Rotrou avaient été abandonnées. Dans une lettre officielle qui est à l'ordre aujourd'hui, le général Chanzy fait ses adieux aux zouaves, et leur adresse les éloges les plus flatteurs (1).

Que va-t-on faire de nous? Personne ne s'en doute. Pour qu'on ne parle ni de paix ni de trève, il faut que dans le reste de la France nous ayons eu

(1) Nous aussi, nous eûmes notre part de compliments, et quelque peu de plaisir qu'ils nous fissent au milieu de semblables désastres, il faut savoir gré de l'intention qui les avait dictés. « Le général commandant la » 3ᵐᵉ division, dit un ordre du 23 février 1871, est heureux de porter à la » connaissance des troupes un paragraphe des instructions du général en » chef de la 2ᵐᵉ armée à la date du 22 janvier, où non-seulement il se plaît » à reconnaître les éminents services rendus à Savigné-l'Évêque et à Silly- » le-Guillaume par la 3ᵐᵉ division, et l'en félicite hautement, mais fait » connaître encore que l'ennemi lui-même a constaté sa résistance vigou- » reuse .. Il ressort de ces renseignements que chaque fois que nous » résistons nous avons l'avantage, et nous infligeons des pertes sérieuses » à l'ennemi. Il faut donc que nous puisions dans ces succès, affirmés par » les Allemands eux-mêmes, la conviction que nous pouvons toujours » conserver nos positions quand nous voulons les défendre.» Si ces lignes ont véritablement été dictées par le général Chanzy, il faut croire qu'au 22 janvier 1871, il n'avait point encore compris les événements des 5, 7, 8 9 et 10 décembre.

des succès, ou qu'au moins nos armées y soient encore en état respectable. Depuis la bataille de Bapaume, nous ne savons rien du Nord, et aucune nouvelle de l'armée de Bourbaki ne nous est parvenue. Ici le désastre a été complet : le 16° et le 17° corps ont été mis en déroute, il n'en reste que des débris. Nos pertes pendant la bataille du Mans furent, dit-on, assez considérables ; mais la retraite passe pour nous avoir coûté 27,000 hommes. Si l'on veut encore la guerre à outrance, il faut qu'on se décide une bonne fois à la mener autrement. Au surplus, lorsque les Allemands approcheraient de la Manche et de la Bretagne, ils trouveraient, je pense, une tout autre résistance que dans la Beauce. Pour le moment ils sont fort loin, et nous n'entendons presque point parler d'eux. Il est certain qu'on pense encore à se battre, puisque, dans un ordre récemment lu au cercle, il est signifié aux troupes d'abandonner toute pensée de retraite. Il semble que le seul respect de la hiérarchie empêche les soldats de retourner cette semonce à nos généraux ; le brave du Temple toutefois ne la mérite point, et je ne pense pas que le général de Villeneuve ait perdu la bataille du Mans.

Il faudrait sans doute avoir contracté une habitude bien invincible de la retraite et du mouvement tournant, pour céder aux Prussiens les magnifiques positions que nous occupons ici. Il y a quelques jours j'étais de grand'garde avec ma compagnie, et mon devoir me fit sortir de cet horizon de haies et de champs boueux où s'écoule notre existence, pour aller passer la nuit au bord de la Mayenne. Les chemins creux, qui sont toujours des ravins, étant maintenant de vrais cloaques, nous marchons le long des pièces de terre, et au bout de dix minutes nous arrivons, par une pente insensible, au sommet d'un plateau. A cinq cents pas devant soi on voit le terrain se relever en gracieuses collines, et, pour peu qu'on fasse attention, on devine une vallée : c'est le seul moyen, surtout quand le brouillard est bas, de ne point se jeter tête baissée dans le précipice qui s'ouvre tout à coup sous nos pas. A soixante pieds au-dessous coule la rapide et large Mayenne; son cours, sur un espace fort considérable, est à peu près parallèle à la route de Laval et à la ligne de nos cantonnements. La rive droite offre presque tout du long le même redoutable escarpement : un assaut serait impossible ; toutefois, pour nous garantir des surprises, nous garnissons chaque nuit de sentinelles les bords de cet abîme. On descend jusqu'à la rivière en se tenant aux ajoncs, aux arbres et aux rochers. Ces immenses pierres mous-

sues, et cette onde violente, et les buses qui planent
en décrivant de grands cercles au-dessus du gouffre,
donnent à la vallée un air agreste que déparent un
peu les grands moulins à la moderne construits de
distance en distance. L'eau, retenue par les barrages,
s'y courbe en nappe écumeuse, et fait retentir les
alentours d'un perpétuel et morne écho. Ce paysage
n'est point célèbre, il mériterait pourtant d'être
peint. Quand nous sommes las de le contempler,
nous retournons au foyer hospitalier de M. Leroux,
un gros fermier du pays, chez qui logent les compagnies de grand'garde. Près de sa maison est une
ruine qu'il dit remonter *au temps des Anglais;* tout
indique que cette vieille cheminée et ces indestruc-
tibles murailles sont en effet du xve siècle. L'habitation ressemble à toutes les fermes normandes, dont
le type est si original et si agréable à l'œil. Il y règne
une opulence rustique, qu'attestent la longue et
lourde table avec les deux bancs traditionnels, les
armoires étincelantes, le dressoir garni de faïences
et surtout l'âtre immense, surplombé de son manteau monumental, que supportent deux larges consoles de pierre.

Il faut marcher deux lieues en amont de la ferme
Leroux pour arriver jusqu'à Mayenne. J'y suis allé
avant-hier. La ville n'est ni belle ni intéressante.

Elle est partagée, par la rivière, en deux quartiers à peu près égaux ; on se prépare à faire sauter les ponts, si l'ennemi approche. Je n'y ai pu trouver ni un bon hôtel, ni un café propre, ni une jolie boutique. Les rues sont toutes à peu près aussi laides les unes que les autres ; le goût du vieux n'y trouve pas mieux à se satisfaire que l'amour du neuf et du brillant. Nous n'y avons point vu de ces vieux pignons qui sont les parchemins des villes de province, et j'y ai cherché vainement, non pas un sanctuaire quelconque où l'on dit la messe, mais l'église, la collégiale, la vieille bâtisse gothique de nos pères ; on en bâtit une neuve en style ogival. J'ai aperçu, dominant la rive droite, les restes d'une forteresse, dont les remparts semblent transformés en promenade publique ; je n'ai point eu le temps de les visiter.

Le Grand-Launay, vendredi 3 février.

Notre situation matérielle n'est point changée : la pluie et la boue continuent d'être notre élément. Ce matin, par ordre du général, nous avons dû faire une lieue pour aller manœuvrer dans le parc du château de Marie, qui est sur la route de Laval ; nous sommes revenus trempés. Ces petites corvées n'entretiennent point la santé des hommes, le nombre des malades augmente, et c'est en vain que le bon docteur Hautraye (de Saint-Hilaire) les comble de soins et de médecines. Un non moins habile pharmacien du même canton, M. Guérin, imite le dévouement de M. Hautraye et partage ses fatigues ; leur ambulance est fort bien équipée et nous rend de grands services. L'excellent Bidard, qui nous suivait depuis le commencement de la campagne, est resté fort malade aux environs de Sillé.

Les esprits sont aussi agités que les corps sont engourdis, et tandis que le ciel et la terre sont uniformément gris, l'horizon politique est d'un noir foncé.

Paris s'est rendu, un armistice est signé, et la guerre semble finie ; des élections pour une assemblée nationale vont avoir lieu.

L'armistice durera vingt jours. Le 30 janvier, au soir, un ordre du général Jaurès, prescrivant la suspension de toutes hostilités, est parvenu aux cantonnements. Cependant la plus grande vigilance est toujours recommandée, et nous continuons de veiller sur les bords de la Mayenne.

En ces temps d'égoïsme et d'insouciance, la première idée qu'on a est toujours exclusivement personnelle, et les questions politiques sont d'abord envisagées au point de vue de nos petites conve-

nances : aussi avons-nous pensé premièrement aux
congés que nous pourrions obtenir pour aller voir
nos familles. Cette faiblesse a été générale, et je m'en
confesse tout le premier ; elle était d'ailleurs presque excusable après ce que nous avons souffert.
Mais maintenant que j'y réfléchis, je ne saurais
blâmer le général Jaurès d'avoir refusé indistinctement toute permission de s'absenter. C'est un parti
pris ; ce ne serait une manœuvre électorale que si
l'on empêchait même les candidats de se rendre
dans leur pays pour se faire voir aux électeurs.
C'est le cas où se trouvent M. de Tocqueville,
qui commande le 92e régiment, et notre général de brigade du Temple ; ils ont été jusqu'aujourd'hui impitoyablement retenus dans nos quartiers d'hiver. En attendant, messieurs les avocats
et autres partisans désintéressés de la guerre à
outrance, circulent dans les provinces, multipliant
les discours et répandant à flots les circulaires :
cela ne peut durer. Cependant si, sous prétexte
d'élections, on permet à l'armée de se débander, on
livre aux Allemands la France pieds et poings liés.

Voilà ce que j'appelle une situation difficile : nous
sommes condamnés à l'absurdité et à l'inconséquence, c'est le sort des peuples qui n'ont point
su ce qu'ils voulaient. Proudhon a exposé le sys-

tème des contradictions économiques : le tableau
des contradictions politiques aurait aussi son intérêt. Après l'opprobre de Sedan, la prudence humaine conseillait de faire la paix : mais l'honneur
nous faisait un devoir de verser encore du sang, et
l'avenir moral de cette nation, qui ne doit point
périr, rendait ces sacrifices et ces douleurs nécessaires (1); partagés entre ces motifs opposés,
nous voulions et nous ne voulions pas, et il
était aisé de prévoir que l'homme qui signerait la
paix, aussi bien que celui qui continuerait une
guerre presque sans espoir, serait maudit de tout
le monde : première contradiction. Que la guerre
fût résolue ou non, la justice voulait que le gouvernement impérial, coupable de fautes qui étaient des
crimes, fût aboli ; mais le bon sens et notre intérêt
bien entendu nous criaient d'attendre, pour briser
cette immense machine, que nous eussions le
temps de la reconstruire, et de ne point nous livrer
aux factions lorsque l'ennemi était à nos portes :
deuxième contradiction. Une fois que nous eûmes
adopté le premier parti, et que Gambetta eut saisi
le pouvoir, ses amis et lui, qui avaient promis de

(1) On peut penser que si la paix eût été signée après Sedan, la guerre
civile s'en fût suivie, et eût duré fort longtemps.

sauver la France sans conditions, et de lui rendre
ensuite leurs comptes, proclamèrent soudain leur
opinion comme un dogme, et prétendirent placer
la forme de gouvernement qu'ils préféraient avant
le salut des Français et au-dessus de leurs suf-
frages. L'honneur et le patriotisme nous poussèrent
alors à l'encontre des Allemands, sous ces auspices
que même tout vrai républicain devait détester,
tandis que se posait à notre esprit cette redoutable question : quels étaient les plus dangereux
ennemis de la France, les Allemands, ou bien ces
enragés usurpateurs, qui semblaient avoir juré de
ne point périr seuls, et de nous entraîner dans leur
inévitable ruine? Troisième et terrible contradiction. Et maintenant qu'il s'agit de décider si l'on
continuera ou non la guerre, les patriotes honnêtes
désirent la paix, parce que leur conscience le leur
commande ; mais les furieux qui nous gouvernent
veulent la guerre, nous voyons trop pourquoi ; nos
généraux les avocats la veulent, parce qu'ils ne
peuvent faire autrement, et les gros bourgeois du
Midi y poussent, parce qu'elle ne leur coûtera rien;
tous ceux qui ne versent point leur sang pour la
cause commune nous demandent à grands cris
les dernières gouttes du nôtre ; et nous devons
penser qu'il est nécessaire que ces folles clameurs

soient poussées, et qu'il y ait un parti de la guerre, pour que les Allemands ne nous croient point à l'extrémité, et que la paix soit possible : suprême, désespérante contradiction. Jamais le chaos des idées et des volontés ne fut plus inextricable, et si quelque espérance tirée de l'excès même de nos malheurs ne me soutenait encore, je serais tenté, comme ce profond penseur, à la dernière ligne d'un de ses pamphlets, de maudire mes contemporains.

Une vérité ressort de tout ce que nous voyons : c'est qu'en temps de guerre les nations ont besoin d'un monarque ou d'un dictateur, dont les pouvoirs ne soient point contestés. Les Romains recouraient à ce moyen dans tous les cas de grand danger, sûrs que l'homme qu'ils investissaient pour un temps du pouvoir suprême ne serait point tenté de changer le gouvernement de son pays ; d'ailleurs, leur sénat savait ce que nos assemblées ignorent : s'entendre et décider en secret. Même de notre temps, il y a plus de ressource en un roi qui regarde son peuple comme son héritage, que dans un ambitieux qui en veut faire son piédestal : Louis XIV nous eût mieux valu que Gambetta. Les nations voient où les réduit la guerre.

Le général du Temple et le colonel de Tocqueville, qui se présentent aux élections dans la Man-

che, ont pris le parti de la franchise. La manière
dont ils évitent de se prononcer pour la paix ou
pour la guerre est de fort bon goût ; on sent, sous
leurs paroles émues et véhémentes, qu'ils sont
prêts à tous les dévouements. Mais ils somment
hautement ceux qui jouent à leur gré notre sang et
notre fortune de rendre compte de leur gestion, et
de dire où ils prétendent nous mener. La circulaire
du jeune commandant du 92ᵐᵉ de marche est tout
un réquisitoire ; celle du général du Temple présente une brève et énergique déclaration de principes. M. de Sainte-Marie, encore un volontaire qui
a quitté la position la plus enviable pour servir son
pays, se propose à nos votes, et nous donne un
programme aussi bien pensé que bien écrit.

Ces documents ont été lus avant-hier, à la table
des officiers de Saint-Lô : une adhésion presque
unanime était assurée aux idées qu'ils exprimaient.
Je devais justement, ce jour-là, rendre mes devoirs
au général du Temple, et j'y fus au sortir de table,
avec mon colonel. Le général fut aimable, digne,
sérieux ; il nous fit part de sa candidature, que
nous ne connaissions point encore officiellement,
et nous exposa en peu de mots ses idées touchant
la situation. Lorsque je pris congé de lui, il voulut
bien me dire qu'il m'avait cru perdu, le 15 janvier,

avec ma compagnie, et qu'il demandait pour moi la décoration.

Hier, je suis allé à Mayenne, espérant trouver quelques nouvelles dans les journaux. Je n'ai pu savoir ce que deviennent les armées de Bourbaki et de Faidherbe : si elles existent encore, je ne sais de quelle résolution l'assemblée que nous allons élire ne serait pas capable ; mais ce silence des gouvernements et des nouvellistes est un silence de mort. J'ai lu quelques programmes électoraux : on demande la réforme intérieure, et surtout une paix honorable. Il est impossible de connaître par ces phrases insignifiantes les intentions d'un candidat ; pourtant le salut du pays défend d'en employer d'autres : c'est par une sorte d'instinct et de compréhension implicite que les comités parviendront à s'entendre.

Ce matin sont arrivées au bataillon plusieurs lettres de service : M. Lendormy est nommé lieutenant, MM. Passais et Mullois sont faits sous-lieutenants.

Vendredi, 10 février.

Le général Félix du Temple est parti depuis plusieurs jours pour sa tournée électorale, et a laissé

18.

à notre lieutenant-colonel de Grainville le commandement de la brigade.

Le 5, il y a eu une revue d'effectif, passée par
le général de division et M. l'intendant Baratier.

Le 6, je suis allé à Mayenne. J'ai lu le sommaire
de nos désastres : Faidherbe, après une lutte acharnée, a succombé sous le nombre, aux environs de
Saint-Quentin. Bourbaki a essayé de se tuer : son
armée a subi les derniers malheurs, et a dû passer
tout entière en Suisse, où elle a été désarmée et
internée.

Pour mettre le comble aux calamités publiques,
Gambetta vient de rompre ouvertement avec le gouvernement de Paris. Il prétend continuer la guerre,
et Laurier, son fidèle suppôt, donne des ordres
pour l'instruction des troupes. Ce qui est certain,
c'est que la guerre régulière est finie. Si la France
ne rend point les armes, il faudra dissoudre ces
grands corps, que personne ne sait faire mouvoir,
et renvoyer dans leurs provinces nos troupes décimées : alors la lutte d'extermination commencera.
Il est difficile maintenant que l'Allemagne soit épuisée avant de nous avoir totalement détruits. Pourtant l'intérêt du roi de Prusse n'est point de
consommer notre ruine, parce qu'au delà de certaines limites il n'en saurait profiter : il ne peut, en

face de l'Europe, s'annexer la France, et il n'a point avec qui la partager. Et puis, quand la Pologne a tant lutté contre ses égorgeurs, qui voudrait entreprendre de pousser jusqu'à un véritable désespoir l'immense population que contiennent encore nos provinces? Bien du sang coulerait sur les rochers de Mortain, avant que le drapeau prussien n'y prît racine. Le roi ou l'empereur Guillaume, comme on l'appelle, pensera à tout ceci ; il calculera froidement jusqu'où il peut pousser ses exigences sans que la fureur de Gambetta devienne contagieuse, et que le cœur si dur de l'Europe s'émeuve.

Les élections ont eu lieu le 8. La savante préparation que les partis font ordinairement subir à la matière électorale ne nous avait point paru convenable en ce cas si simple et si grave. Pendant les jours précédents, j'avais composé avec soin une collection de toutes les circulaires imaginables et de toutes les listes possibles, sans proscrire aucune opinion ni exclure aucune absurdité. La veille du jour fixé, je rassemblai ma compagnie, et distribuai, sans longs commentaires, ma liasse de papiers, m'efforçant de donner un peu de tout à chacun ; puis, je lus à haute voix la liste que j'avais choisie, et je fis rompre les rangs.

La pluie et la boue qu'il faisait avant-hier auront

causé bien des abstentions parmi les paysans ; quant à nos gardes mobiles, ils paraissaient comprendre la gravité du devoir public qu'ils avaient à remplir; le bataillon de Mortain a marché au vote avec un calme et une dignité admirables. Je considérais avec tristesse cette longue ligne de braves, que le feu et la misère avaient diminuée presque de moitié, et je me disais qu'après tout les souffrances endurées n'étaient point tout à fait perdues : beaucoup de ces jeunes gens, jadis si turbulents, sont devenus aujourd'hui des hommes sérieux, éprouvés, dont les exemples et les discours auront, dans leur pays, la plus salutaire influence.

La vie de tous les jours continue d'être la même : l'horizon ne change pas, le ciel et la terre sont gris et humides, les pensées sont noires ; on refuse plus que jamais toute permission de s'absenter.

Ce matin le bruit court qu'on va nous diriger vers le Midi : nous irons où l'on nous conduira. Mais si c'est pour continuer la guerre, on livrera donc à l'ennemi les défilés de notre Suisse normande, sans nous laisser les défendre ; après avoir perdu la moitié de leur nombre au service de la patrie commune, les gens de Mortain auraient pourtant bien le droit d'aller protéger leur clocher.

Andouillé, entre Mayenne et Laval,
dimanche 12 février, 5 heures du soir.

Nous sommes en route pour le sud de la France : les
uns disent que nous nous arrêterons à Niort ou à Poitiers, les autres prétendent que nous irons jusqu'à
Bordeaux, personne n'en sait rien. L'ordre est parvenu hier dans l'après-midi, et nous sommes partis
ce matin à dix heures. Nous ne regrettons guère
ces tristes cantonnements ; ni ce pays fangeux, où
nous n'avons pas eu deux journées de beau temps ;
ni les chemins défoncés où l'on manquait de verser
à chaque pas, lorsqu'on se rendait à Mayenne dans
un véhicule quelconque, attelé d'un animal plus ou
moins apocalyptique. Quelques rayons de soleil ont
éclairé le commencement de notre étape ; puis, à
partir de Montgiroux, la pluie est tombée à torrents ;
nous sommes depuis une heure seulement à l'abri
de ce déluge, qui continue plus fort que jamais. La
route que nous avons parcourue n'est pas fort intéressante : aucun beau paysage, si ce n'est quelque
échappée sur la vallée de la Mayenne, aux environs
du château de M. de Robien. Andouillé est un gros
village d'aspect assez banal ; j'y ai vu une église
neuve et de nombreux cafés. Toute la division

marche ensemble. Le logement est fait en dépit du
bon sens : si l'on continue suivant le même système,
cette marche en pleine paix va ressembler à nos
plus mémorables retraites, ce qui est tout dire. Les
conséquences seront les mêmes ⊙ les armées ainsi
conduites fondent à vue d'œil. Au lieu de rubans
rouges et de compliments, nos officiers d'ordon--
nance, aides de camp, officiers d'état-major, etc.,
auraient grand besoin d'un cours de langue alle--
mande, dont ils ne savent pas un mot, et d'une férule
inexorable : l'ignorance, l'ineptie et l'oubli du devoir,
plaies funestes, ont tout envahi. Les troupes de
Chanzy sont réduites maintenant à 31,000 hommes,
dont 10,000 seulement appartiennent aux 16e et
17e corps.

Lhuisserie, près Laval, mardi 14 février, matin

La marche en colonne est redevenue notre occupation journalière ; sans doute, nous en avons pour
quelque temps. Malheureusement, nos hommes
sont très-mal chaussés, et l'on reprend la coutume
de nous faire partir fort tard pour faire cinq ou six
lieues et arriver au gîte à la nuit close. Hier,
comme avant-hier, il y avait de quoi loger environ
deux cents hommes sur six cents ; F. de Rongé
a dû s'en aller fort loin dans les terres, à la décou-

verte d'une ferme quelconque, qu'il a fini par trouver.

La boue est encore profonde, mais le temps est devenu fort doux ; pour la première fois depuis bien longtemps, nous nous sommes rappelé ce que c'est que d'avoir chaud, et nous avons ôté nos manteaux pour marcher. Ce fait mémorable s'est passé lorsque nous approchions de Laval le long de la Mayenne ; l'aspect de cette ville, lorsqu'on arrive du nord, est charmant. La rivière coule à gauche, entre les peupliers, presque aussi large que la Seine ; à droite, d'assez jolis rochers dominent la route : ils sont de teinte chaude, entremêlés de ronces, et le soleil les dore. Au sortir des beaux quais de Laval, la même forme de paysage recommence et continue assez loin, mais la couleur est tout autre : le coteau projette sur le chemin et sur la rivière de larges ombres noires ; sur l'autre bord, la pente s'étale en vertes pelouses, qui doivent être bien belles en été ; des moulins, de petits ports ou hameaux, sont épars sur la rive. La fatigue et la prosaïque préoccupation du logement nous rendent presque insensibles aux beautés de la nature ; l'habitude fait qu'on mesure de l'œil chaque chaumière pour voir combien il y peut tenir de mobiles : point de vue tout nouveau pour le touriste. Pendant la dernière lieue, les tas de pierre étaient couverts de traînards.

Château-Gontier, mercredi 15 février, 10 heures du matin.

La route d'hier a été longue et ennuyeuse : la chaleur avait fait son apparition la veille, la soif l'a suivie de près. Il y a un mois, on profitait des haltes pour tâcher d'allumer un fagot : maintenant on *va au cidre* avec enthousiasme. En approchant du Midi, les paysans se montrent moins bons, et les fermières sont de vraies harpies.

Nous étions bien loin de cette fraîche vallée que nous avions côtoyée avec délice pendant tout un jour ; au lieu du romanesque promontoire de Saint-Jean-sur-Mayenne, nous avons rencontré, en fait d'objets remarquables, une mine de charbon de terre et quelques ardoisières. Après huit lieues de marche, nous sommes arrivés, toujours de nuit, à Château-Gontier. Le défaut de logement ne nous cause plus de déception, mais on ne se résigne point à tant d'incurie et d'égoïsme. Pour donner un abri à mes hommes, j'ai dû forcer la porte d'une maison fort élégante, et, malheureusement pour le propriétaire, tout à fait abandonnée. Certaines dégradations étaient inévitables, et le beau meuble doré a souffert. Le jeune ménage qui s'était préparé cette jolie demeure avait oublié d'y mettre un concierge pour la garder. Ce matin l'homme d'affaires est venu faire ses plaintes dans la maison où j'avais fini par trouver un refuge, à quelque distance de celle de mes troupes. — Je l'écoutais avec résignation, lorsque je compris tout à coup, à ma grande confusion, que j'étais chez *leur* cousine, excellente dame, qui nous avait reçus, mon lieutenant et moi, d'une façon tout à fait hospitalière... Voilà la guerre !...

On part ce matin à onze heures pour Lion d'Angers.

Avirré, jeudi 16 février, matin.

Ce n'est point au Lion, comme ils disent, mais dans cette petite bourgade, à une bonne lieue de la grande route, que nous avons trouvé un refuge après une journée fort pluvieuse. Cette fois-ci, c'est moi qui ai dû chercher un gîte, l'*administration* supposant toujours que les hommes peuvent se superposer en un logis comme des figues dans une boîte. J'ai trouvé une ferme normande, sans doute la dernière que nous verrons dans ce voyage vers les tropiques : innombrables armoires, lits aussi hauts que la tête, d'où il faut tomber à pieds joints dans

19

ses bottes ou dans la boue, c'est toujours le même décor.

Membrolle, vendredi 17 février, matin.

Nous avons traversé, sans nous y arrêter, la petite ville de Lion d'Angers ; rien d'intéressant sur ce parcours de cinq lieues. Le temps est doux et beau. Membrolle, ou la Membrolle, est un bourg sur la grande route d'Angers. Nous y sommes arrivés assez tôt dans l'après-midi, et, pour la première fois depuis le départ, nous avons eu un gîte passable. Le colonel loge au château de M. Louvet, grande bâtisse toute neuve, d'une architecture passable, et d'un admirable luxe à l'intérieur.

On dit que nous nous reposerons à Angers : après cinq journées de fatigue, nous en aurons bien besoin ; c'est, d'ailleurs, pour ainsi dire, notre droit d'après les règlements sur les marches. J'en ai profité pour demander la permission d'aller faire une visite à Brissac.

Brissac, samedi 18 février.

Pour la première fois depuis les jours du Mans, je viens de passer la nuit sous un toit ami. Je n'étais point venu ici depuis quelque douze ans, mais j'avais un souvenir fort exact de cette magnifique demeure. — Aujourd'hui ses murs sont presque vides : il y manque cette poétique figure de châtelaine, aux cheveux poudrés, au sourire toujours jeune, qu'on n'oublie point lorsqu'on l'a vue une fois. Il manque les quatre Brissac, le duc et ses trois fils : presque tous sont aux armées. Maurice servait aux dragons ; il languit maintenant à Deissenfels, en Saxe, victime, comme tant d'autres, de l'ineptie ou de la trahison de Bazaine. Roland, bien qu'ayant passé l'âge légal, s'est engagé dans la mobile : il est à Besançon. Pierre a suivi quelque temps son père, qui marche avec l'armée de la Loire, à la tête d'une ambulance qu'il a fondée. La jeune marquise est seule au château, dont elle fait les honneurs avec beaucoup de grâce (1).

J'ai dîné ici avec le général Guyon, qui commandait notre division lorsque nous étions en Beauce. Il est maintenant à la tête de toute la cavalerie du 21me corps, qui compte encore 2,000 chevaux, mais pas un régiment, ni même peut-être un escadron

(1) On ne pouvait prévoir alors que Roland de Brissac, après avoir traversé sain et sauf les dangers de cette guerre, succomberait, en arrivant au port, à une de ces inexorables maladies qui accablent soudain la nature humaine, lorsque ses forces ont été une fois dépassées. Aux funérailles de notre héroïque ami, l'évêque d'Angers, Mgr Freppel, prit pour texte de son discours ces paroles de l'Ecriture : *Consummatus in brevi, explevit tempora multa :* il avait à peine vingt sept ans. — C'est le trente-quatrième Brissac qui meurt au service de son pays.

complet. Parmi l'état-major du général figure un grand officier américain, portant les galons de chef d'escadron, et que beaucoup de gens prennent sottement pour le duc de Chartres, auquel il ne ressemble pas du tout. Ce prétendu prince d'Orléans est tout simplement un beau et brave volontaire, tel que l'Amérique en devrait compter davantage, lorsqu'il s'agit de défendre la patrie de Lafayette et de Rochambeau.

J'ai passé la matinée à me promener autour de ces murailles vénérables, pour lesquelles je partage l'admiration de mon fidèle brosseur Richard. Mais il va falloir leur dire adieu, car l'espérance d'un séjour à Angers n'était qu'un leurre : la troupe marche aujourd'hui comme hier ; nous irons, dit-on, jusqu'aux environs de Poitiers sans nous reposer.

De Membrolle, après une nuit passable, nous avons cheminé jusqu'à Angers, que nous avons traversé en défilant devant l'amiral Jaurès. Le bataillon a été cantonné au village de Saint-James, où nous avons appris qu'on repartirait le lendemain. Aujourd'hui, la colonne passe sous ces fenêtres, se dirigeant vers Loudun. La deuxième brigade va bientôt arriver : allons où le devoir nous appelle.

La Châlerie, dimanche 19 février, matin.

Ce hameau, où nous venons de passer la nuit, n'est qu'à deux lieues de Brissac, et à quelques centaines de pas sur la gauche de la grande route qui conduit à Loudun. Le logement a été passable, grâce à notre nouvel adjudant-major Breillot, qui se donne beaucoup de peine et remplit son devoir en conscience.

Les moulins à vent, les toits plats, les ceps rabougris et les citernes angevines avec leurs longues bascules de bois, ont succédé aux haies, aux échaliers et aux pignons pointus du Maine. On ne trouve plus de cidre, et nos hommes expérimentent, parfois aux dépens de la ligne droite, la force de ce petit vin saturé d'alcool, où le peuple d'Anjou prend tout son esprit. La Loire est bien pleine ces jours-ci, sans pourtant déborder, et le célèbre paysage des Ponts-de-Cé nous a paru ravissant. Si les Allemands passaient le fleuve, ces belles vignes seraient brûlées, et le pays ruiné pour longtemps.

Ces fermes d'outre-Loire sont laides et tristes. Les femmes qui les habitent sont parfois assez jolies à voir sous leurs coiffes excentriques, mais les petites jeunes filles affublées de cette toiture ont

19.

l'air de vrais singes. Les hommes sont boudeurs et
obtus.

Montreuil-Bellay, mardi 21 février, matin.

Enfin nous nous reposons un jour : on déjeu-
nera tranquillement à l'*Hôtel de la Galère*, qui est
bien digne de son nom ; puis l'on verra. Hier, nous
avons fait six lieues. Après avoir traversé la petite
ville de Doué, nous sommes entrés dans une grande
plaine qui doit être torride pendant l'été, à en juger
par la température de ces beaux jours de février.
Quelques rares bouquets de bois, sur la lisière desquels s'élèvent de blanches maisons en pierre molle,
sont toute la végétation de ces champs nus et
brûlés.

Des collines roses et blanches, qui s'élèvent à
deux lieues sur la gauche, nous séparent de la vallée
de la Loire. C'est la Beauce avec des couleurs tout
autres : même les moulins à vent n'y manquent
point. A mesure que nous avancions, nous distin-
guions mieux les deux grosses tours de Montreuil-
Bellay : il nous fallut approcher tout à fait pour voir,
entre nous et la ville, l'étroit vallon du Touet.
Cette fraîche petite rivière, toute parsemée d'îles,
va se jeter dans la Loire à quatre lieues vers l'est.
En arrivant sur le pont, nous apercevons soudain

sur notre droite toute l'imposante masse de la
vieille forteresse de Montreuil, qui domine l'eau
d'environ cent pieds. Du milieu de ce pont la vue
sur la rivière est charmante. Après l'avoir traversé,
nous fûmes nous loger tout au bout de la petite ville,
sur la route de Thouars, dont on voit la raie pou-
dreuse sur au moins trois lieues en ligne droite.
Les bourgeois de ce faubourg sont des plus méchants : l'un d'eux voulut prendre son fusil pour
nous interdire l'entrée de sa maison. Malgré tous
les efforts de Breillot, nos hommes sont tristement
logés, et nous aussi. Fernand de Rongé est assez
malade au fond d'une ferme où l'on fait depuis ce
matin un tapage assourdissant.

Aux Trois-Moustiers, mercredi 22 février.

Cette partie de la France n'est point belle : Montreuil-Bellay est une oasis au milieu du désert de
poussière où nous mourons de soif. Le vieux château, que nous avons pu visiter à fond, est des plus
curieux. J'y ai compté plus de vingt tours. Je
m'étonne que cette superbe relique du moyen âge
ne soit pas plus célèbre. Du haut des terrasses, on
jouit d'une vue fort étendue, et l'on distingue au
loin le château de Saumur, qui nous fait connaître

où est la Loire. Le manoir de Montreuil-Bellay appartient à la famille de Grandmaison, qui en a déjà restauré une partie avec autant de goût que de magnificence. Les détails de la fortification, les deux grandes entrées à pont-levis, machicoulis et meurtrières, la tête de pont et le petit port sur le Touet, sont fort intéressants. La petite ville elle-même est pleine de ruines : la plus belle est une porte à deux tours, construite, je crois, en *moyen appareil*, et dont chaque pierre est taillée en ronde bosse. Une bonne partie de l'enceinte subsiste encore. On se figure notre cousin du Guesclin donnant l'assaut à ces prétentieuses petites murailles, de poudreux hommes d'armes l'inondant de flèches et d'huile bouillante ; et l'on serait tenté de rire, si tout ne nous avertissait point que l'ère des petits forts et des petits siéges va s'ouvrir de nouveau : M. de Bismark nous y ramène, à travers les ruines du droit des gens qu'il immole, et que l'Europe abandonne lâchement à ses violences.

La route de Montreuil aux Trois-Moustiers n'a rien de remarquable. On nous avait prévenus que nous aurions un mauvais gîte. C'était vrai ; mais il faut ajouter que ce *moustier* est le repaire le plus sauvage que l'imagination puisse placer dans un pays civilisé. C'est à une demi-lieue de la route. La prin-

cipale rue est un chemin creux où l'on ne voit
guère que des portes de cave. Les naturels sont
hébétés et brutaux, et cachent tout ce qu'ils ont :
ils ne veulent même point donner pour de l'argent, leur crainte suprême est d'ouvrir la main.
Ce matin, une belle fille de seize ans, aux cheveux
châtains, parcourt ces antres blancs comme des
sépulcres, portant au bras un panier plein de noix
qu'elle vend aux mobiles. On lui demande si elle
est de ce pays, où son apparition fait un si grand
contraste, et l'on s'étonne d'apprendre qu'elle y
est née...

Encore une mauvaise nuit de passée... Nous ne
devons plus être bien loin des villages dont m'avait
parlé le général Guyon, lorsque je dînais avec lui à
Brissac, comme étant le terme de notre voyage.

Angliers, jeudi 23 février.

Enfin, nous voici pour quelques jours dans un
cantonnement passable. On parlait de nous faire
camper sur les hauteurs de Mirebeau, qui est un
gros bourg plus loin vers Poitiers, et l'on nous
effrayait d'avance de la dure vie que nous allions
mener. Ce matin, au moment de partir d'ici, un
contre-ordre est arrivé : nous demeurons à Angliers.

Nos amis se sont dispersés pour explorer les environs; je reste seul dans ma ferme avec F. de Rongé, qui a eu la fièvre pendant trois jours, et se sent encore faible.

Angliers est un village fort laid, comme presque tous ceux de la région que nous venons de parcourir. Les habitants sont d'une complaisance et d'une politesse assez rares en ces pays. La résidence du prince de la Tour d'Auvergne est à deux cents pas de la maison où je loge, sur la lisière des grands bois de Séval, qui s'étendent sur une vaste contrée à gauche de la grande route de Poitiers.

Pour arriver ici nous avons passé par Loudun. Comme on craignait que les hommes ne fussent tentés de sortir des rangs, la colonne n'a fait que côtoyer la ville à droite, en traversant les faubourgs du Martroy et de Mirebeau. Le spectacle de cette cité tombée en décadence est profondément triste; le soleil éclaire en plein, sans laisser aucun effet d'ombre, ses ruines superposées et blanches comme des ossements ; la vieille enceinte est beaucoup trop grande pour les 800 petites maisons qu'elle paraît contenir. La route entre Loudun et Angliers traverse un plateau morne et stérile, où de grands noyers plantés en longues rangées, et çà et là quelque pan de mur en ruines, forment tout le paysage. Sans doute nous sommes heureux d'avoir quitté les boues et les frimas du Nord; mais lorsque les feuilles auront poussé, nous regretterons notre verte Normandie. Malgré l'espoir d'un prochain licenciement, qui commence à agiter les cœurs, je répète à mes amis que nous sommes encore au service pour quelque temps : car l'armée de Chanzy est maintenant la seule force existante, et tant que les troupes prisonnières ne seront point rentrées et réorganisées, ce serait une folie, en présence des troubles civils qui menacent la France, de congédier tout d'un coup les derniers soldats encore capables de marcher. Certainement nous coûtons cher, mais il y a des économies pires que toutes les prodigalités.

Je suis allé hier soir rendre mes devoirs au prince de la Tour d'Auvergne. Il est fort malade depuis quatre mois, et son grand cœur doit être accablé de tristesse. Il a pourtant conservé, au milieu de ses souffrances, l'exquise amabilité, le charmant et généreux accueil qu'on trouvait toujours auprès de lui. Il parle peu des événements, mais on sait de quelle hauteur d'intelligence et de caractère il les contemple et les juge. S'il eût été au ministère il y a six mois, jamais la France n'eût pris cette attitude provocante qui a mécontenté l'Europe et presque excusé la Prusse. La fatuité politique du Provençal Émile Ollivier était alors prisée bien plus haut que les talents et l'expérience d'un ancien homme d'État : il a fallu qu'en cette occasion, comme en tant d'autres, ceux qui savaient cédassent le pavé à ceux qui prétendaient tout savoir ; les conséquences sont ce qu'elles devaient être.

Au moment où j'arrivais chez le prince, son habitation venait d'être prise d'assaut par des cavaliers qui menaçaient d'enfoncer les portes ; les gens de la maison émigraient dans les mansardes, fuyant devant ces braves envahisseurs. J'appris avec un peu de honte qu'il y avait là des officiers du 21me corps, et j'eus la satisfaction de pouvoir dire que je ne les connaissais point. Jusqu'ici, les procédés du général X*** n'avaient point été de mise chez nous.

Angliers, mardi 28 février.

Christian de Failly est revenu, bien souffrant encore, ne mangeant presque pas, et passant des nuits entières sans dormir. Mais, enfin, il est là, nous avons retrouvé cet excellent ami et ce vaillant capitaine. Combien, dans mille circonstances, son instruction, son bon jugement et son sage exemple nous ont manqué! J'aime encore mieux Christian pour son profond sentiment du devoir que pour sa brillante bravoure. Il est triste que les hommes de cette trempe soient si rares.

Avant-hier, je suis allé à Loudun, qui est à deux lieues d'ici. L'intérieur de cette sentine des siècles passés est aussi laid que le dehors ; j'y ai cherché vainement une rue qui ne fût tortueuse, sombre, infecte. Les antiquités sont moins intéressantes que je ne croyais. La vieille tour carrée qui domine la ville est devenue un réservoir d'horreurs ; les ruines, en ce pays, sont des guenilles mal portées, que leurs propriétaires se plaisent à déshonorer. On nous montre pourtant un beau portail d'église, et un calvaire où les bourreaux du cardinal de Richelieu brûlèrent messire Urbain Grandier, curé de cette paroisse, en pénitence de ses péchés et hérésies. Les auberges sont mauvaises, les femmes laides, tout a l'air éteint et assoupi. Nous sommes revenus de Loudun fort désenchantés, ce dont nous n'avions guère besoin par le temps qui court.

Le général du Temple est nommé député dans l'Ille-et-Vilaine ; il a eu aussi un grand nombre de voix dans notre brigade comme candidat de la Manche ; malheureusement, il était peu connu dans notre département. Quelques personnes blâment

20

les généraux qui entrent à la Chambre : je n'y vois pas tant d'inconvénients, et il me semble que messieurs de la guerre à outrance auraient mauvaise grâce à ne vouloir point entendre ceux qui seront chargés de la faire, pendant qu'ils se complimenteront mutuellement sur leurs votes patriotiques. Le *dévouement* de ces gens m'amuserait, si la France ne risquait d'en périr.

Angliers, mercredi 1er mars.

Nous prenons racine en ce triste pays. Notre vie n'est point dure, mais monotone. Maintenant que l'ordre nous a été donné de reprendre avec la plus grande exactitude le *travail journalier*, les jambes s'occupent matin et soir à faire l'exercice, mais l'intelligence reste oisive ; nous avons peu de journaux et de livres. La politique est un chaos, et la guerre n'a plus d'avenir ; depuis la prolongation de l'armistice, elle est devenue tellement improbable, que nous ne pensons plus qu'au licenciement et au retour dans nos foyers. Notre colonel fait fonctions de général ; il demeure très-loin et nous le voyons rarement. Nous croupissons dans l'ennui et la torpeur.

Jeudi 2 mars.

La paix est signée, les journaux nous ont dit à

quel prix. Paris obtient une capitulation presque
glorieuse, le reste de la France pâtit : c'est qu'un
député parisien a signé le traité. Ce sont aussi des
députés parisiens qui ont mené la guerre depuis
Sedan, et maintenant ils ont le cœur presque aussi
léger qu'Émile Ollivier, lorsqu'il la déclara. Gambetta est représentant du peuple, il siége, il parle,
il se porte bien. Le temps de Brutus et de Caton
est loin, et le suicide est condamné par la morale ;
mais le suicide politique, c'est-à-dire la retraite,
me paraît un devoir en certains cas ; on ne sent plus
ces choses-là.

Angliers, dimanche 5 mars, matin.

Nous avions reçu, hier soir, des ordres pour une
grande revue du général de division. Nous sommes
partis de bon matin, et nous étions à deux lieues
d'ici, en chemin pour le château de Purnon, lorsque la nouvelle est parvenue que la revue était con-
tremandée, et qu'on allait partir pour Jaulnay, station
de la ligne de Bordeaux à trois lieues de Poitiers. Il
paraît que demain ou après-demain, nous prendrons
le chemin de fer pour nous rendre à une destination
inconnue, qui serait peut-être Bordeaux, ou plutôt
Paris, et plus probablement encore Cherbourg ou
Saint-Lô : en ce dernier cas, ce serait la fin. Il en

est bien temps ; nos hommes tombent malades les uns après les autres, c'était inévitable après les fatigues démesurées qu'ils ont dû subir.

Saint-Georges, près Poitiers, lundi 6 mars.

Encore quarante-huit heures de misère. Avant-hier, en comptant la marche inutile du matin, nous avons fait douze lieues ; arrivés au village de Chêneché, qui nous était assigné pour gîte, nous avons trouvé nos logements pris. Il faisait nuit noire ; nos pauvres gars n'avaient ni à boire, ni à manger, ni où dormir ; beaucoup ne pouvaient plus se tenir debout : ce climat n'est point fait pour eux. Je suis parvenu à grand'peine à loger dans une maison trente de mes hommes qui se traînaient encore ; la plupart sont demeurés couchés dans la poussière, et bon nombre d'officiers en ont fait autant. J'ai vainement essayé d'emmener Christian de Failly à la recherche d'une maison : il ne pouvait plus marcher.

A force d'errer dans la campagne, j'ai fini par rencontrer un grand château : tout était paisible et silencieux ; les officiers d'ordonnance, après avoir fait un dîner passable, dormaient dans de bons lits... Jamais toutes nos souffrances ne m'ont paru plus difficiles à supporter que maintenant, lorsqu'aucun espoir, même aucun désir, ne nous soutient plus.

Aujourd'hui, nous n'avons fait que trois ou quatre lieues, qui nous ont paru fort longues, parce qu'on nous avait parlé de six kilomètres. La vérité est mise de côté dans les petites choses comme dans les grandes ; cela se fait toujours, et rien n'est plus exaspérant.

Nous sommes arrivés d'assez bonne heure dans ce village, qui me paraît gai et riant ; nous y avons trouvé des cantonnements commodes. Saint-Georges est caché dans un des nombreux plis de terrain dont est sillonné le plateau qui borde la rive droite du Clain. Selon toute apparence, nous ne sommes point ici pour longtemps, et, dans deux ou trois jours, notre sort sera fixé. On parle de nous mener en Afrique : combien en restera-t-il de nous au retour ? L'effectif a baissé de plus de soixante hommes depuis que nous avons quitté les bords de la Mayenne.

Saint-Georges, mercredi 8 mars.

Je suis allé hier à Poitiers, qui est à près de trois lieues d'ici. Le chemin qui y conduit longe le

20.

Clain ; la vallée est profonde et ombreuse, l'onde transparente et rapide. En approchant de la ville, les coteaux se resserrent et l'eau coule entre deux falaises abruptes qui s'élèvent à petite portée de fusil l'une de l'autre ; les maisons et les jardins des faubourgs de Poitiers garnissent tous ces escarpements.

Poitiers n'est point, comme le Mans, une coquette ville de province, ayant ses jolies rues et son quartier élégant. Les monuments sont d'une antiquité curieuse, mais rien moins que poétique. Les vieilles églises sont petites, écrasées, surchargées de sculptures plus bizarres que belles ; nous sommes ici dans la ville des antiquaires. Tout près du palais de justice, des spéculateurs ont construit un magnifique hôtel, où nous avons fait, mes amis et moi, un dîner assez médiocre. Nous sommes revenus en carriole, par une fraîche nuit et un beau clair de lune...

Rien d'intéressant dans les journaux, rien de nouveau sur notre sort. Cependant le printemps approche : ici les cerisiers sont en pleine fleur, et les paysans taillent la vigne. Quand nous reverrons les cascades de Mortain, la neige aura disparu depuis longtemps, et la brise soufflera dans les feuilles.

Vendredi 10 mars.

Quand serons-nous au dernier jour? Le marasme nous gagne, il est temps que tout ceci finisse. Où sont les jours où cette fin était encore douteuse, et où l'espérance, si faible qu'elle fût, nous donnait des ailes? Cette vie sans pensée, cette oisiveté sans repos nous tuent. Fernand de Rongé est souffrant, Viallet est tout à fait malade, Christian de Failly est allé rejoindre le dépôt à Cherbourg, chaque jour amène une nouvelle tristesse. Heureusement notre colonel est là ; il mange à notre table comme autrefois, et nous donne l'exemple de la bonne humeur.

Nous ne faisons presque plus l'exercice. Nos loisirs se passent à recueillir toute sorte de bruits contradictoires sur le licenciement. Il y a deux jours, on disait que nous allions à Saint-Lô, par étapes ; aujourd'hui, l'absurdité de ce propos est hautement proclamée. L'ordre de départ arrivera, comme toujours, tout à coup, et toutes les conjectures sur lesquelles on se fonde pour dire que ce sera dans deux jours plutôt que dans huit me paraissent de la fantaisie pure. Les optimistes prétendent que nous reviendrons par le chemin de fer :

on attend, disent-ils, que les voies soient moins encombrées, pour nous transporter dans nos foyers.

Dimanche, 12 mars.

Le terme de nos ennuis approche. Voici l'ordre qui nous arrive du quartier général : « Conformé-
» ment aux prescriptions de la circulaire du 9 mars,
» le général commandant en chef le 21me corps
» d'armée quitte le commandement de ce corps, et
» le remet au général de Villeneuve, commandant la
» 3me division d'infanterie.

» Cet officier général sera chargé de procéder
» au licenciement des troupes. Il sera assisté dans
» cette opération par le général Rousseau, comman-
» dant la 1re division, et par le général Guyon, qui
» reste à la tête de la cavalerie......

» Le général Stefani, commandant la 1re brigade,
» prendra le commandement de la 3me division. »

La dissolution de l'armée de Chanzy est d'ailleurs commencée depuis quelque temps, et l'on voit qu'elle s'avance chaque jour. On a déjà renvoyé dans leurs foyers les soldats de la ligne qui ont fini leur temps ; il y en avait deux ou trois chez nous qui remplissaient au bataillon les fonctions d'instruc-
teurs. Hier, de longues files de voitures d'artillerie

s'en allaient vers Chasseneuil. Je suppose que le 16ᵐᵉ et le 17ᵐᵉ corps ont cessé d'exister. Un peu de patience encore, et notre tour viendra.

Jeudi 16 mars.

Il ne manquait plus qu'une chose pour mettre le comble à nos dégoûts : c'était qu'on nous fît rentrer chez nous désarmés, comme une troupe de mendiants ; le ministre de la guerre le veut. Dans la lettre où il donne cet ordre aux chefs de corps, il exprime tous ses regrets, et allègue que nos fusils sont absolument nécessaires aux troupes que le gouvernement organise à Versailles pour tenir les Parisiens en respect. Il semble cependant qu'on eût pu se donner quelque peine pour épargner un pareil affront à des soldats qui ont toujours fait bon usage de ces armes qu'on leur enlève. Pourquoi ne pas demander celles que les Suisses détiennent ? Ils les rendraient, maintenant que la paix est signée. Mais on ne croit plus avoir besoin de la garde mobile, et on la traite en conséquence. On a trouvé bon de soumettre ces jeunes gens, sans aucune préparation, à toutes les rigueurs de la discipline, et de leur demander sous peine de mort ce que de vieux soldats eussent presque pu refuser ; pendant six mois ils ont fait la guerre, sans jamais l'avoir apprise ; et aujourd'hui que la paix est faite, on s'empresse de leur rappeler qu'après tout ils ne sont point de *vrais soldats,* mais des souffre-douleurs qu'on peut congédier sans y mettre plus de façons. D'ailleurs les troupes de la ligne vont rentrer d'Allemagne, nos uniformes pourraient blesser leurs yeux, et nous devons nous hâter de leur céder le pavé. Il faut leur donner nos armes, ils s'en serviront bien mieux que nous (1). Notre lot est de rentrer humblement dans nos provinces, et de nous faire oublier. On parlait dernièrement de récompenses : je conçois qu'il n'en soit question pour personne après de pareils désastres. Mais il semble qu'en demandant à rentrer dans Mortain en militaires, et non en vagabonds, nous ne poussions pas bien loin l'amour-propre. Nous ne nous sommes jamais vantés, et le carnage de Thiron n'est rien auprès de mille fantastiques batailles : mais nous persisterons à ne nous mépriser jamais.

S'il ne s'agissait ici que d'une satisfaction personnelle, on voudrait donner l'exemple de dévouement ; mais l'effet produit par cette mesure ne peut être que désastreux. L'esprit militaire sera détruit

(1) On sait que le premier usage que les gens de la ligne firent de nos fusils fut de les livrer aux incendiaires de la Commune

à jamais parmi ces hommes qui n'avaient vu que les maux de la guerre, et à qui l'on fait subir ses hontes quand ils ne les ont point méritées. Comment conserveraient-ils quelque bon souvenir du métier des armes, après avoir été traités de la sorte? Cependant, si la France veut rester une nation, il faut évidemment que le second ban de son armée, qui doit comprendre le gros de ses forces, soit un corps sérieux et respecté. On ne prend point le chemin qui conduirait à ce but si désirable ; on ne comprend pas les mérites de cette organisation territoriale qui seule nous a sauvés de la déroute complète, et que toutes les puissances militaires de l'Europe ont conservée même pour leurs armées du premier ban. Nous n'avons rien appris, et il semble que nous ayons tout oublié.

La joie de voir arriver la fin de leurs maux empêche les hommes de sentir trop vivement l'injure qui leur est faite. Ils fourbissent de leur mieux les fusils, afin de les rendre dans un état de propreté honorable, et se préparent tranquillement à commencer le plus long voyage que nous ayons encore fait. Nous retournons dans la Manche à pied : il y a soixante à soixante dix lieues, distribuées en une douzaine d'étapes. L'ordre du général Stefani, en date du 15 mars, porte que « les cinq bataillons de

» la Manche verseront les armes, l'équipement et
» le campement le 18 mars, à Poitiers, et partiront
» le 19 ; ces bataillons seront cantonnés, le 18, au
» faubourg de Porteau ». On nous fait entendre que
les marches seront moins pénibles et les logements
meilleurs ; mais nous avons éprouvé trop de déceptions en ce genre de choses pour ajouter la moindre
foi à ce qu'on nous promet.

Les généraux Chanzy et Jaurès nous adressent,
par la voie de l'ordre, des adieux conçus en fort
bons termes (1). Ils témoignent que nous avons fait

---

(1) ORDRE GÉNÉRAL. — Officiers et soldats de la 2me armée ! — Le
traité ratifié le 1er mars par l'Assemblée nationale met fin à la guerre ; les
armées sont dissoutes. En m'informant que mon commandement cesse, le
ministre de la guerre ajoute : « Dites à votre brave armée, officiers de tous
» grades et soldats, que je les remercie, au nom de notre pays tout entier,
» de leur courage et de leur patriotisme. Si la France avait pu être sauvée,
» elle l'eût été par eux ». Je suis heureux de porter à votre connaissance
le témoignage de la satisfaction du gouvernement. Vous pourrez être fiers
d'avoir fait partie de la 2me armée, dont les efforts, s'ils n'ont pas abouti
au succès que vous avez poursuivi avec tant d'opiniâtreté, ne resteront
pas sans gloire pour le pays, dont ils ont contribué à sauver l'honneur.
Vous avez tenu tête aux armées les plus nombreuses et les mieux commandées de l'Allemagne. L'histoire racontera ce que vous avez fait ; l'ennemi lui-même s'honorera en vous rendant justice. Vous allez rejoindre
vos foyers, vos garnisons : conservez inébranlable votre dévouement au
pays ; restez, quoi qu'il arrive, les défenseurs de l'ordre. Quant à moi,
mon plus grand honneur est de vous avoir commandés ; mon plus vif désir, de me retrouver avec vous lorsqu'il s'agira de servir la France.

Le général en chef,

(Signé) CHANZY.

ORDRE GÉNÉRAL. — Officiers, sous-officiers et soldats ! — Un décret du
chef du pouvoir exécutif dissout la 2me armée. Avant de me séparer

notre devoir ; ils nous donnent de grands éloges, je crois que beaucoup des soldats de ce bataillon en sont dignes. Mais quel sens attacher à des paroles que tout le monde répète indistinctement à tout le monde ? Je suis las d'entendre louer partout et toujours. Si chacun en France n'a mérité que des compliments, qui accusera-t-on de nos désastres ? Pouvons-nous croire que nous n'ayons point commis une foule de fautes graves ? Est-il juste que nous nous louions tous les uns les autres en présence de l'ouvrage que nous avons fait ? où sont donc les coupables, mon Dieu ? Où sont les ineptes, les fai-

---

des troupes du 21me corps, je dois leur exprimer toute ma satisfaction pour le dévouement, la discipline et la solidité dont elles ont constamment fait preuve. Organisés en quelques jours, vous avez, dès votre sortie du Mans, marché comme de vieilles troupes à vos premiers combats. A Saint-Laurent-des-Bois, à Jony et à Lorges, vous vous êtes montrés inébranlables. Depuis lors, à Fréteval, à Morée, à Montfort, à Savigné-l'Evêque, vous avez toujours repoussé vigoureusement l'ennemi, et jamais le 21me corps n'a quitté ses positions que par ordre et pour suivre un mouvement général. A Sillé-le-Guillaume, après une marche de 50 kilomètres dans les neiges, vous vous retournez pour faire tête à l'ennemi et vous le rejetez jusqu'au delà de Crissé en lui infligeant des pertes considérables. Partout vous vous êtes bien conduits. Si vos efforts n'ont malheureusement pas suffi pour amener le salut de notre chère patrie, ce ne sera pas sans fierté que chacun pourra dire : « J'étais du 21me corps, et j'ai fait mon devoir. »

Un jour, s'il plaît à Dieu, la France épuisée recouvrera ses forces et sa puissance, et il vous sera donné de venger le pays : puissé-je alors me retrouver au milieu de vous !

Vive la France !

Le général commandant en chef le 21me corps,
(*Signé*) JAURÈS.

21

bles, les égoïstes? car il y en a, il faut qu'il y en ait en haut, en bas et partout, pour expliquer de semblables résultats; qui donc nous dira la vérité? Acceptons avec respect ces paroles officielles; et sachons gré de leur bienveillance à ceux qui nous les adressent, et qui, je pense, ont fait comme nous ce qu'ils ont pu. Mais n'en faisons pas moins notre examen de conscience; pensons que ce peuple qui s'encense jusque dans son humiliation n'est point ce qu'il doit être, et a besoin d'être régénéré par la racine.

La lecture de ces deux documents a laissé les troupes très-froides (1), et, malgré la reconnais-

---

(1) Les adieux du général du Temple, et surtout ceux de notre colonel, nous allaient mieux au cœur. Voici ceux du général : « Officiers, sous-officiers et soldats de la 2me brigade! — J'ai paru vous quitter depuis quelque temps pour aller remplir de grands et pénibles devoirs à l'Assemblée nationale, mais je n'en pensais pas moins à vous. Je ne vous ai pas vus souffrir le froid, la faim, marcher le jour, la nuit dans la neige et la boue, aller au feu, sinon comme de vieux soldats, au moins résolument comme de braves Français, sans vous admirer quelquefois, sans vous aimer toujours. J'ai cherché à vous donner l'exemple. J'étais devant vous en marchant à l'ennemi, derrière vous dans les retraites. Je me suis souvent levé le premier. Je ne me suis pas couché sans avoir cherché à vous donner un abri. Souvenez-vous de moi pour faire de même, pensez à moi non-seulement comme à votre général, qui est fier de vous avoir commandés, qui vous félicite de votre obéissance, mais aussi comme à l'homme qui vous aidera toujours quand il le pourra, qui n'oubliera jamais les braves marins qu'il a eu sous ses ordres, les braves enfants de la Manche et du Calvados qu'il a eu l'honneur de commander. »

Le général commandant la 2me brigade,
(Signé) DU TEMPLE.

Officiers, sous-officiers et gardes mobiles! Les généraux qui ont été à

sance que nous devons à nos commandants en
chef, il me paraît difficile qu'il en soit autrement.
Qu'est-ce donc pour nous que l'amiral Jaurès? Un
homme à barbe noire qui porte cinq étoiles d'or,
que j'ai vu deux fois en ma vie, et que j'ai appris
à estimer sur parole. Quant au général Chanzy, ni
mon colonel, ni mon commandant, ni moi, ne
l'avons aperçu une seule fois ; même, pendant
la campagne, j'ai entendu plusieurs fois révoquer
en doute son existence comme généralissime, et
dire que Gambetta se servait d'un prête-nom pour
conduire lui seul toutes les opérations (1). Et l'on
pensait, sous cette direction en quelque sorte
anonyme, exciter l'enthousiasme, et nous faire marcher comme un seul homme! C'était peu connaître
le cœur humain. Les gens qui se font tuer pour

votre tête pendant cette dure et pénible campagne vous ont tous successi-
vement adressé leurs adieux et les éloges que vous méritez à tant de
titres. Je ne saurais rien ajouter à leurs paroles ; mais, plus heureux que
ces chefs, je vous accompagne dans vos foyers et vivrai au milieu de
vous. Gardez-moi un bon souvenir et un peu d'amitié ; toute mon affection
vous est depuis longtemps acquise ; jamais je n'oublierai l'honneur de
vous avoir commandés.

Le colonel du 30me régiment,

(Signé) DE GRAINVILLE.

(1) J'ai appris depuis à connaître et à respecter les talents distingués et
e caractère de l'honorable général — Je rapporte cette rumeur dans la
seule intention de montrer quel était alors l'esprit des troupes

des *idées* sont toujours des exceptions ; l'on n'en voit plus guère que dans les récits de Tite-Live : mais combien d'hommes sont prêts à mourir pour un autre homme ! Le zèle guerrier a besoin d'un guide vivant, dont la figure et la voix soient connues, dont le geste séduise et entraîne. Il est des hommes qui sont nés pour être ces génies de chair et d'os auxquels on s'attache et en qui l'on a foi ; il en est d'autres qui sont faits pour les comprendre et les suivre : les premiers sont généraux et les seconds soldats de vocation. Alfred de Vigny a-t-il su ce qu'il faisait lorsque, dans son livre, il démolissait ces vieux sentiments à coups d'analyse? Les récits des vieux guerriers de l'Empire nous montrent comment la vue seule de Napoléon doublait la vertu de ses troupes. Thackeray nous peint, dans l'histoire d'Henry Esmond, quelle foi aveugle, quelle admiration passionnée l'armée anglaise avait pour Marlborough. Wrangel, Waldersee, Kirchbach, Manteuffel, Alvensleben, sont des noms qui, sans doute, émeuvent le cœur des soldats allemands. Ceux de La Moricière, Changarnier, Bugeaud, Saint-Arnaud, Pélissier, avaient aussi un sens pour nos anciens. Ce puissant secours du sentiment a manqué à la deuxième armée de la Loire comme à bien d'autres. Seuls, quelques corps avaient con-

centré sur leurs chefs immédiats toute leur dévotion
militaire : les soldats de Mortain auraient suivi partout leur colonel. Rien n'est si propre à rendre
faible que ce manque d'attachement à quelque chose
de plus facile à voir et à toucher que les vains mots
dont Gambetta nous abreuve. Ce n'est point en un
temps de scepticisme et d'hésitation qu'il faut demander aux hommes de se dévouer à un pur principe, et leur défendre d'incarner l'abstraction parfois
contestable qu'on propose à leur fanatisme. S'ils
venaient à perdre la foi, ne vaudrait-il pas mieux
qu'il leur restât au moins la fidélité : vertu morte à
tout jamais ! Si nous avions le *cœur* de nos pères,
nous crierions du fond de cet abîme : Qui nous
donnera un roi? Mais nous sommes au temps de
l'*intelligence*, et notre irréparable malheur est de
n'être jamais séduits. Le général Chanzy nous est
indifférent, et l'amiral Jaurès aussi ; nous écoutons
leurs adieux avec un profond respect. Cependant,
ce siècle est si sage, qu'un officier d'un autre
bataillon a poussé la philosophie jusqu'à rire des
paroles de nos chefs lorsqu'on les lisait au cercle.
L'inconvenance matérielle a été punie, dit-on, de
trente jours de prison (1).

(1) Quelques officiers de mobiles firent vers cette époque la faute de
demander à entrer dans l'armée active, lorsque l'organisation et même

Poitiers, faubourg de Porteau, dimanche 19 mars, matin.

Le 30me régiment va prendre la grande route de Loudun, tandis que le 92me passe par Thouars. Nous ne serons ainsi que deux mille hommes ensemble, ce qui diminuera nécessairement beaucoup nos fatigues.

J'ai cru que la journée d'hier ne finirait point. Nous avons quitté Saint-Georges en bon ordre à huit heures du matin, portant pour la dernière fois ces armes que nous avions reçues il y a quatre mois avec tant d'allégresse, et qui, heureusement, n'ont pas été tout à fait inutiles. La colonne a lentement traversé toute la ville de Poitiers, pour aller déposer les fusils au Lycée. La cérémonie a été longue et pénible. J'avais le cœur serré en commandant, pour la dernière fois, à mes quatre-vingt-dix braves soldats, de mettre la baïonnette au canon et de former les faisceaux. Les chassepots ont été livrés d'abord avec les nécessaires d'armes ; puis les cartouches ont été versées en un tas et emportées. Il

l'existence à part de cette armée étaient des problèmes. D'ailleurs, de quelque façon qu'on institue le second ban, de quelque nom qu'on l'appelle, il devra présenter une armée complète, ayant ses régiments, son artillerie, ses états-majors, et où tout Français désireux de servir son pays pourra trouver une place.

a fallu rendre aussi les tentes, les couvertures, les marmites, bidons et gamelles. Enfin, chaque soldat a détaché son ceinturon et sa giberne, et nous avons quitté cette cour où l'équipement de tout le régiment, mis en monceaux irréguliers, faisait l'effet d'un vaste saccage. Je n'eusse jamais cru que tous ces pauvres objets pussent m'être si chers. Les hommes sont contents : pauvres gens! ils en ont bien le droit, et je ne voudrais point mêler à leur joie les amères pensées qui m'obsèdent.

Nous avons encore dû faire une lieue pour gagner nos cantonnements. Ce faubourg de Porteau est de l'autre côté du Clain, vis-à-vis du chemin par où nous sommes arrivés à Poitiers. Du haut des falaises on a une belle vue sur la rivière et la ville. A cinq cents mètres du bord passe la grand'route de Mirebeau, que nous allons suivre tout à l'heure.

A peine avions-nous rendu nos fusils, que nous commençâmes à éprouver les désagréments qu'endure partout une troupe désarmée. Les bourgeois avaient l'air insolent, et se rangeaient à peine pour nous laisser passer; j'étais en proie à une exaspération concentrée. Je fis saisir un homme qui refusait de nous quitter le pavé, et le fis marcher une lieue comme un malfaiteur; puis, après l'avoir bien fait trembler, je le congédiai avec mépris. Au faubourg de Porteau les paysans nous fermèrent leurs portes, et déclarèrent que leurs maisons et leurs lits n'étaient point faits pour les mobiles. Deux d'entre eux voulurent se jeter sur moi : je pris mon pistolet et les menaçai de leur casser la tête, sachant bien, du reste, qu'il ne me serait point nécessaire d'en venir jusqu'à cette extrémité.

Les couvertures et les ustensiles que nos soldats ont dû abandonner leur font grandement défaut; si l'on ne pourvoit avec soin à leur logement, ils vont être plus malheureux que jamais. Les nuits sont encore très-froides, et après avoir marché toute la journée au grand soleil ils n'ont rien pour se couvrir pendant qu'ils dorment. Nous ne pouvons continuer à les mettre quarante à la fois dans une grange : il faut qu'ils aient des lits, au moins un matelas et une courte-pointe pour deux, et qu'on leur donne place au feu pour faire leur cuisine. Ce matin les adjudants-majors sont partis d'avance, et en arrivant à Mirebeau, notre premier gîte, nous espérons trouver des billets de logement tout préparés.

Notre commandant Viallet a dû quitter le bataillon il y a déjà plusieurs jours : il était devenu incapable, malgré toute son énergie, de monter à cheval et de faire son service ; je crains bien qu'il ne soit gravement malade. Avant-hier mon fidèle ami, Fernand de Rongé, a dû céder à son tour et prendre le chemin de fer : il n'en pouvait plus. Le capitaine Montécot, qui remplace Viallet, est déjà bien bas, et ne sera pas longtemps en état de marcher. Nous serons alors sous les ordres de Henri Josset, le brave capitaine de Sourdeval.

Mirebeau, lundi 20 mars, matin.

La troupe a passé une mauvaise nuit : le défaut d'équipement fait qu'avec dix fois plus de place ils souffrent au moins autant qu'autrefois. Les bourgeois sont hargneux, les marchands tricheurs et sournois comme partout. Cependant on est généralement gai ; nous finissons par nous étourdir sur toutes nos tristesses. Le chemin se fait encore assez vite. Vers le milieu du jour la chaleur devient fatigante, mais la grande halte est un bien bon moment. Nos gars ont coupé de gros bâtons pour s'aider à marcher ; ils causent et rient tout le long de la route, et bien souvent nous nous désennuyons en prêtant l'oreille à leurs gais propos. La *Marseillaise* est tombée en désuétude, à mon grand contentement : cette pauvre mélodie avait cessé depuis longtemps de présager la victoire, mais elle con-

tinuait d'accompagner le désordre, auquel elle a
toujours servi de puissante provocation. Au lieu des
hurlements sinistres du temps jadis, nous entendons avec quelque plaisir ces longs airs traînants
et tristes que le berger chante aux frontières de
Bretagne, et dont les gardes mobiles de la Manche
ont fini par se ressouvenir.

> « Virginie, les larm' aux yeux,
> » Je viens t'y fair' mes adieux.
> » Nous partons pour la Turquie,
> » Nous allons droit au couchant :
> » Mon aimable Virginie,
> » Faudra mettr' la voile au vent! »

Il y a beaucoup d'autres couplets. Les thèmes
sont naïfs et mélancoliques, les paroles parfois un
peu crues, le larynx des chanteurs infatigable.

Ainsi se passe le jour. La route, jusqu'ici, n'est
guère intéressante, et la poussière nous aveugle.
Heureusement on a pris le parti de nous faire arriver avant la nuit; avec de meilleurs logements, ce
serait presque supportable.

Mavault, grande route de Loudun à Fontevrault,
mardi 21 mars, midi.

Nous voici heureusement à trois lieues de ce sé-
pulcre infect qu'on nomme Loudun. Un mal funeste

y règne en ce moment : l'antique peste, à ce qu'on
m'a dit. Si ce fléau mystérieux peut encore surgir
quelque part, c'est certainement au sein de cet
amas d'immondices séculaires et de masures pour-
ries. Les habitants semblent appartenir à quelque
vieille race de chiffonniers ou d'alchimistes du
moyen âge, soigneusement conservée à travers
toutes les révolutions. Là, comme à Porteau, nous
avons dû forcer l'entrée des maisons : ces sauvages
eussent laissé nos soldats dans la rue. J'ai mis deux
heures à loger mes quatre-vingts hommes, et, à
cause de la peste, nous n'avons pu laisser à l'hôpital deux ou trois malades incapables de marcher.

Turquant-sur-Loire, mercredi 22 mars, matin.

Nous pensions coucher à Fontevrault ; mais il
n'y avait de place que pour les deux bataillons de
Saint-Lô et d'Avranches, en sorte que nous avons
fait hier deux lieues de plus à retrancher sur notre
étape d'aujourd'hui. Le long du chemin de Fontevrault à Montsoreau nous avons cueilli les premières
feuilles de 1871 ; les buissons de sureaux étaient
déjà presque verts. Vers quatre heures nous avons
laissé la route bordée de noyers pour entrer dans
un gros bourg, et au bout de la grande rue nous

nous sommes trouvés soudain sur le quai. La Loire roulait majestueusement à nos pieds une onde foncée et passablement rapide. Elle est large en cet endroit de plus de quatre cents mètres, et coule droit vers l'ouest, étalant une nappe brillante d'au moins deux lieues de longueur. J'ai dû faire avec ma compagnie une demi-lieue de plus le long de la chaussée pour arriver au village de Turquant, qui m'était assigné. Nos gars normands regardaient avec curiosité les cavernes artificielles creusées tout le long de la montagne, et les belles maisons blanches qui s'élèvent de distance en distance. Nous avons trouvé partout l'accueil le plus hospitalier : les paysans du coteau sont charmants, et leur vin blanc et rouge nous a semblé délicieux. Après avoir contemplé du haut d'un moulin à vent, qui domine la route de cent cinquante pieds, l'admirable vallée d'Anjou et de Touraine, je suis retourné à Montsoreau pour dîner. La petite auberge, ouverte à tous les vents, est située sur le bord de l'eau ; pendant qu'on y mettait notre couvert, nous jouissions avec délice d'un magnifique coucher du soleil ; nous montions en courant jusque sur les plus hautes terrasses du vieux château de Montsoreau, où Alexandre Dumas a placé la scène d'un conte célèbre, et nous apercevions à droite l'embouchure du Cher, avec les forêts de saules et d'osiers. L'édifice pourrait encore être habitable, si l'on prenait la peine de le restaurer. La façade s'élève toute droite sur la chaussée, à environ quatre-vingts pieds de haut ; sitôt que le fleuve monte, il doit battre le pied de ces murailles, qui sont remarquablement conservées et blanches comme il y a quatre cents ans : les consoles à étages sont du plus bel effet ; ce tuffeau des bords de la Loire est tendre, et d'un grain uni qui a tenté les sculpteurs du temps jadis jusqu'à leur faire faire des folies : la pierre est devenue dentelle. La tour qui contient le grand escalier de quatre-vingt-dix marches est découpée en fenêtre d'un style exquis ; les ciselures les plus délicates ont résisté aux gelées de tant d'hivers : le climat de ces rives est doux aux maisons comme aux plantes et aux hommes. Nous trouvons ici le printemps déjà dans sa force ; les aulnaies et oseraies le long de l'eau sont émaillées de petites feuilles d'un vert tendre ; tout reprend vie, chaleur et gaieté. Ce doit être quelque part sur ces bords que Remy Belleau chantait les beautés d'Avril et les charmes du *renouveau*.

Nous allons marcher trois lieues le long de ces rives hospitalières pour arriver à Saumur, où nous devons passer la Loire ; on couchera ce soir aux Rosiers, sur la route d'Angers. La bonté des gens de

22

Turquant est vraiment touchante. Tout à l'heure je fus, dans une des principales maisons, m'informer d'un de mes meilleurs soldats qui, malade depuis plusieurs jours, pour la première fois manquait à l'appel. Je trouvai le pauvre gars Tencé en proie à une fièvre violente : ses hôtes l'avaient couché dans un bon lit, lui préparaient de la tisane, et me priaient avec instance de le leur laisser. J'y consentis avec joie, et j'écrivis un mot pour attester l'incapacité complète où ce garde mobile se trouvait de marcher et même de monter sur une voiture. Il est vrai que les règlements nous obligent à diriger nos malades sur les hôpitaux ; mais nulle part ils ne trouvent de place, et s'en tenir à la lettre des ordonnances serait presque condamner à mort de pauvres gens qui nous ont suivi fidèlement pendant toute la campagne. J'étais trop heureux d'avoir trouvé si à propos ces bons Samaritains, dont le nombre est encore grand en France, malgré le mauvais exemple que donnent certaines provinces.

Angers, vendredi 24 mars.

J'ai profité du jour de repos que nous devions avoir ici pour faire encore une course à Brissac ; j'ai revu mes amis et passé deux bonnes journées.

En arrivant à Angers ce matin, j'ai appris que nous nous trouvions tout à coup presque au terme de notre voyage. Le chef de gare a fait savoir au colonel qu'il pourrait transporter un bataillon par le Mans, Alençon, Argentan et Vire, dans l'espace de trente-six heures. On a tiré au sort, et c'est nous qui avons gagné. Un détachement part ce soir, et trois autres demain, dont un sous ma conduite. Les hommes seront renvoyés dans leurs foyers à mesure qu'ils arriveront à Vire ; le colonel regagne la Manche par étapes avec les deux autres bataillons.

Mon sous-lieutenant Mullois arrive de Paris, où il était allé pour quatre jours. Il a échappé avec peine aux émeutiers, qui sont maîtres de la ville. Quand donc verrons-nous le fond du gouffre où la France roule depuis huit mois ?

Le capitaine Montécot a fini par succomber à la fatigue et à la maladie : il a dû rester en route, et laisser le commandement à Henri Josset. La mission de notre camarade n'est guère difficile, mais tout le monde est convaincu qu'il s'en serait acquitté à son honneur dans des circonstances plus graves. Ce soir, on se promènera dans Angers, on dînera à table d'hôte, et l'on terminera aussi gaiement que possible la dernière étape. Je croyais pourtant être plus heureux lorsque tout ceci serait fini.

Vire, *Hôtel du Cheval blanc*, samedi 25 mars,
11 heures du soir.

Hier, à cinq heures du matin, j'ai quitté Angers
avec mon détachement, composé d'hommes de la
troisième et de la quatrième. J'ai pu passer une
heure au Mans, et savoir des nouvelles de mes parents. Les personnes n'ont guère souffert, mais les
propriétés ont été dévastées. Le château de mes
cousins de Montesson a été pillé, et le vieil hôtel
de la place de l'Éperon bouleversé de fond en comble ; les portes de l'*hôtel de France* sont percées de
trous de balles. Cette pauvre ville, récemment
évacuée par l'ennemi, m'a paru morne et solitaire :
il y a trois mois ces rues étaient si animées, je
dirai presque si gaies! Le contraste fait une impression profonde.

Après une marche fort lente, le train qui nous
conduisait est arrivé à Vire : il faisait nuit depuis
longtemps. Nous commencions à sortir de l'assou-
pissement où le voyage nous avait plongés, lorsque
nous nous sommes trouvés dans la cour de la station, les uns en face des autres, au moment de
nous quitter. Je me suis demandé si je rêvais, et
j'ai trouvé que jamais je n'avais été si triste qu'en
ce dernier instant. J'ai dit quelques mots dont je
ne me souviens plus ; j'ai seulement prié les hommes

de ne jamais souffrir qu'on parlât légèrement de ce qu'ils avaient fait et enduré. Leurs adieux ont couvert ma voix ; ils ont lâché mes mains et celles de Léonce, et leurs braves figures ont disparu dans la nuit. Il y a une heure de cela ; tout le monde est dispersé ; nous sommes seuls, mon lieutenant et moi, dans une chambre de cette auberge ; demain matin nous partirons pour Mortain, où le colonel doit arriver dans trois jours. Nous n'entendrons plus nos clairons : on a sonné au drapeau pour la dernière fois sur le quai de Saumur, en face du pont (1).

(1) Effectif du bataillon au 24 mars : 599.

The prayer of Ajax was for light
Through all that dark and desperate fight;
The blackness of that noonday night
He asked but the return of sight
To see his foeman's face.

LONGFELLOW.

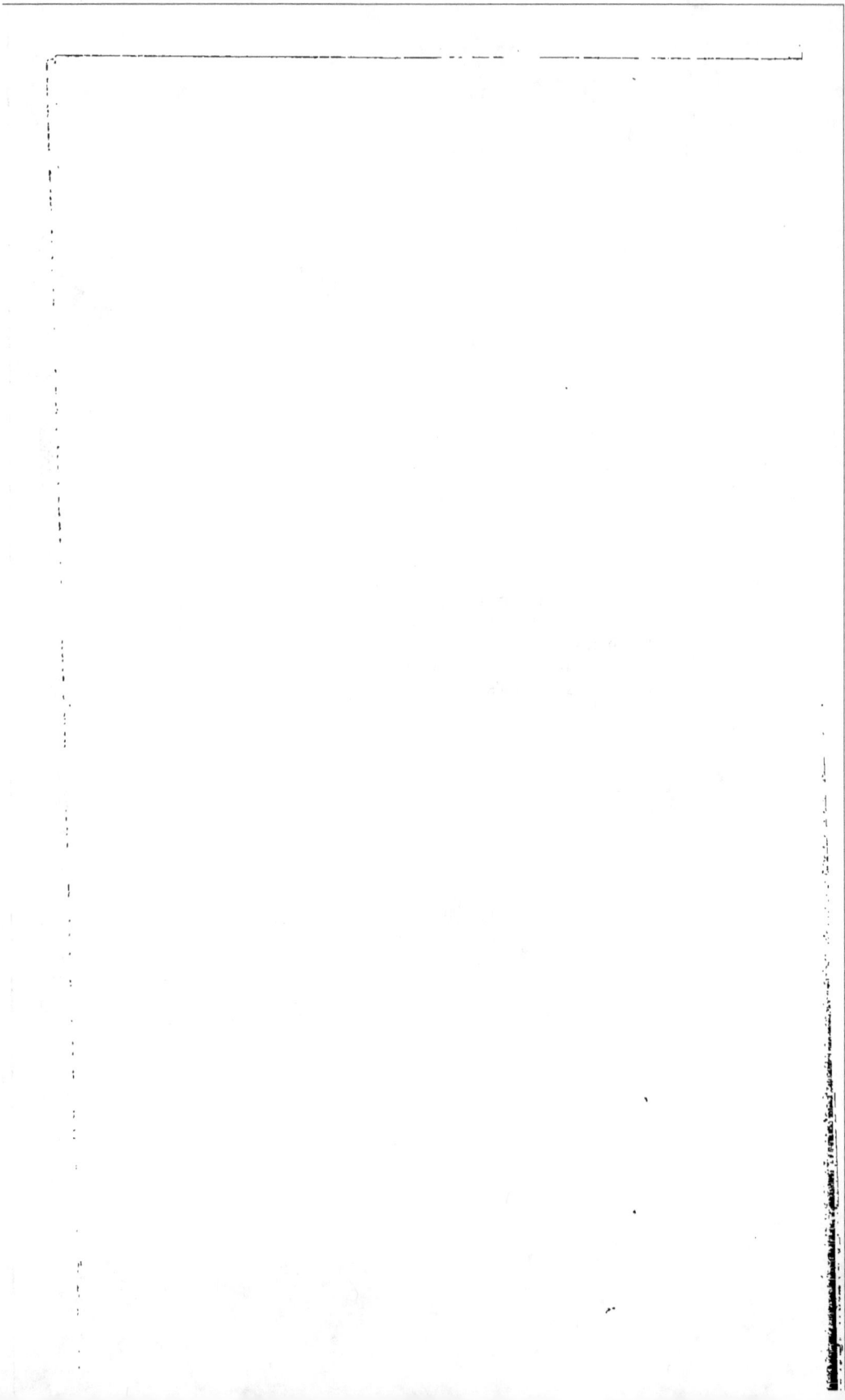

NOTE

POUR SERVIR A L'HISTOIRE DES DEUX ARMÉES

DE LA LOIRE.

(9 novembre-16 décembre 1870.)

Le 9 novembre 1870, les Français virent pour
la première fois leurs ennemis fuir devant eux :
l'armée de la Loire, conduite par le général d'Aurelle, enleva le village de Bacon, et chassa d'Orléans les Bavarois de Von der Tann : douze cents
prisonniers, de grands approvisionnements captu-
rés, l'ennemi en retraite sur toute la ligne et sur
quelques points en déroute, rendirent la victoire
de Coulmiers incontestable. Les nations européennes s'étonnèrent de voir réaliser ce que personne

n'eût cru possible, on espéra tout d'un peuple qui créait en six semaines une armée de cent mille hommes : nous nous rappelâmes Valmy et Jemmapes, et l'enthousiasme des vieux jours nous ranima.

A cette époque, la grande armée prussienne commandée par le roi Guillaume et son fils investissait Paris depuis bientôt deux mois. Elle se couvrait au midi par le corps d'observation de Von der Tann; à l'ouest, par une suite de détachements placés sous les ordres du grand-duc de Mecklembourg-Schwerin et du général Wittich. Ces troupes, solidement reliées ensemble, occupaient la frontière de Beauce depuis Houdan et Rambouillet, par Chartres, Saint-Loup et Voves, jusqu'à Toury, station du chemin de fer du Midi à moitié chemin entre Paris et Orléans, où s'étaient ralliés les Bavarois culbutés à Bacon et à Coulmiers. L'ensemble de toutes ces forces n'atteignait probablement pas deux cent mille hommes.

Au nord, les généraux de Manteuffel et de Gœben, à la tête de soixante à soixante-dix mille hommes, menaçaient la Picardie et l'Ile-de-France; le 10 novembre, le quartier-général de Manteuffel était à Varennes, sur l'Aisne.

Au sud-est, les généraux de Werder et Keller

disposaient d'environ 50,000 hommes ; Werder avait enlevé Dijon le 30 octobre, et occupait la Côte-d'Or. De là, il pouvait marcher sur Châlon et Chagny pour occuper Lyon, ou bien tourner vers le nord-ouest, et, donnant la main au prince Frédéric-Charles, prendre l'armée de la Loire par derrière et en flanc.

L'état des forces françaises, après la bataille de Coulmiers, pouvait inspirer une certaine confiance à ceux qui avaient vu combien rapide avait été leur organisation, et qui pensaient aux prodiges accomplis par les troupes si mélangées, si hétérogènes, pour ainsi dire, que la République française avait opposées jadis aux plus redoutables vétérans de l'Europe. Le général d'Aurelle de Paladines venait de porter sur la rive droite de la Loire une magnifique armée, dont les jeunes troupes s'étaient montrées pleines d'ardeur à l'assaut des retranchements de Bacon. Selon plusieurs rapports, cette armée se montait à cent soixante et même à deux cent mille hommes ; je pense qu'en réalité le général d'Aurelle n'eût guère pu mettre en ligne plus de cent mille soldats ; mais on comptait que chaque jour ses forces augmenteraient de quatre ou cinq mille hommes. Sous la direction de M. de Kératry, de nombreux régiments se formaient à Tours, au Mans, à Conlie, en sorte que le ministre de la guerre pouvait en peu de temps, soit secourir le général d'Aurelle au point de doubler ses forces, soit faire paraître tout à coup vers Chartres une grande armée dite du Centre, dont le commandement semblait réservé au général Fierrec.

Aux différents corps allemands étaient opposées des troupes françaises presque partout en nombre médiocre, mais recevant chaque jour des renforts. Manteuffel avait à conquérir les places du Nord, Lille, Saint-Quentin, Cambrai ; à prendre La Fère, pour assurer sa ligne de retraite ; enfin à tenir en échec, pour les détruire plus tard, les forces croissantes de l'armée commandée par le général Bourbaki. Dans la Beauce et le Perche, environ quinze mille gardes mobiles appartenant à l'armée du Centre étaient échelonnés sur une ligne passant par Verneuil, Senonches, La Loupe, Champrond-en-Gastine, Montigny, Brou, la Bazoche. Par le sud, ces troupes communiquaient avec l'armée de la Loire, et s'appuyaient en arrière sur la contrée montagneuse qui s'étend depuis le Perche jusqu'au Mans.

Enfin, en Bourgogne, Garibaldi était entré à Autun le 9, et avait dû y prendre, de concert avec le général français commandant à Lyon, la direction de divers corps dont la force totale ne pouvait guère se monter à plus de trente mille hommes. Mais ce rassemblement pouvait, par des renforts tirés de Tours, de Bourges, de Nevers, devenir une armée. En tous cas, si le général de Werder tentait la route d'Avallon et d'Orléans, il devait trouver des obstacles capables de ralentir beaucoup sa marche.

L'opinion européenne avait constamment refusé de croire à l'existence de nouvelles armées françaises, lorsque les premiers mouvements du général d'Aurelle firent reculer les Allemands de douze lieues. Il n'y eut alors qu'une voix pour admirer cette nation qui, trahie, divisée contre elle-même, manquant d'armes et de soldats, avait tenté sérieusement une entreprise inouïe, se voyait un moment près d'y réussir, et ne devait subir les derniers malheurs que pour n'avoir rien vu d'impossible à son courage.

Au lendemain de cette journée de Coulmiers, les regards de la France, de l'Allemagne et de l'Europe se fixaient sur les plaines de la Champagne : le prince Charles avançait. Des cent soixante-dix mille hommes qui avaient cerné l'armée française de Metz, il en avait laissé vingt mille pour garder cette place, sous les ordres du général de Zastrow; il avait dû s'affaiblir d'au moins quarante mille hommes pour donner une armée à Manteuffel, il avait dû ménager des renforts à Werder et Beyer, le conquérant de Dijon.

Enfin, à mesure qu'il pénétrait en France, il se voyait obligé de laisser des garnisons en arrière pour assurer ses communications. Aussi ne pouvait-il guère espérer d'arriver sur l'Yonne et la Seine avec plus de quatre-vingt-cinq mille hommes des plus belles troupes de l'Allemagne, que la trahison ou l'ineptie du maréchal Bazaine allait nous jeter sur les bras. Le 3 novembre, ce prince, qui passe aujourd'hui pour le plus grand capitaine de l'Europe, était à Commercy ; le 9, il couchait à Troyes : son armée était à quarante lieues de Paris et d'Orléans.

Qu'allait faire dans une si grave conjoncture le général d'Aurelle ? S'il n'eût écouté que le sentiment général, le cri de tout ce que le nom français comptait encore d'amis dans le monde, il eût marché sans retard sur Paris, et, en quinze jours, la France eût été sauvée ou perdue.

Les calculs de la tactique semblaient d'abord lui conseiller le même parti : je les rapporte tels que les gens du métier les établissent.

On était alors réduit aux conjectures quant aux forces dont le général Trochu pouvait disposer dans Paris ; on devinait toutefois qu'il lui était possible d'attaquer un point quelconque des lignes prussiennes avec une masse d'au moins cent vingt mille hommes des meilleures troupes que la France eût alors (corps de Vinoy, infanterie de marine, armée de Paris, mobiles de Bretagne et de l'Ouest, partie des mobiles de Paris), tout en laissant dans la ville une force suffisante pour la défendre contre un assaut. Sans doute, une plus longue attente eût permis au commandant de Paris d'aguerrir et de fortifier son armée ; mais le cercle d'ennemis autour de lui serait devenu également plus profond, plus solide, et les communications avec le reste de la France plus difficiles. Pourtant, trois semaines plus tard, l'attaque de l'armée de la Loire sur Beaune-la-Rolande fut sans doute concertée avec la sortie du général Ducrot, d'où l'on conclut que d'Aurelle pouvait, après la bataille de Coulmiers, s'entendre avec Trochu pour une action simultanée.

Ainsi, rien ne pouvait empêcher les généraux parisiens d'attirer tout à coup sur Meudon, ou sur la Marne, ou sur Saint-Denis, toutes les armées allemandes placées sous le commandement immédiat du Roi ; de les contraindre à des marches forcées de quatre et cinq lieues pour arriver au point d'at-

taque ; enfin, de forcer le roi Guillaume à rappeler
auprès de lui les renforts envoyés à Von der Tann,
même à demander du secours à Manteuffel, trop
éloigné pour lui en donner en temps utile.

Cependant l'armée de la Loire, poursuivant dès
le 10 ou le 11 le succès obtenu le 9, eût continué
de pousser les Bavarois vers le nord et eût achevé
la déroute de Von der Tann, même après l'arrivée
des secours qui portèrent un instant ses forces à
soixante mille hommes ; personne ne doutait alors
que la réussite d'une pareille attaque, le lendemain
d'une victoire et avec des troupes pleines d'enthousiasme, ne fût presque assurée.

En même temps, si un plan général rigoureusement combiné eût dirigé toutes les opérations,
l'armée dite du Centre, réunie à temps en une seule
masse et facilement portée à trente-cinq mille
hommes, se fût jetée soudain sur Chartres et Rambouillet, refoulant vers le quartier-général de Versailles tous les corps détachés du duc de Mecklembourg. Le 15 ou le 16 novembre, deux cent
cinquante mille Français eussent attaqué la grande
armée allemande de trois côtés à la fois, et pour peu
que les hasards de la guerre n'eussent point été
contre nous, la destruction de l'armée du prince

Charles eût pu suivre de quelques jours le désastre complet du Roi son oncle.

Toutefois, la marche d'Orléans sur Paris avait ses dangers : le prince Charles, prévenu à temps, pouvait essayer de gagner de vitesse le général d'Aurelle, et si Trochu était empêché d'agir au jour décisif, ou si l'on manquait d'écraser Von der Tann, l'armée de la Loire, prise entre deux feux, périssait infailliblement, et le salut de la France d'improbable devenait impossible.

D'ailleurs, le général français ne pouvait savoir exactement où étaient alors parvenus les divers corps de l'armée prussienne de Metz : les Allemands, maîtres du chemin de fer de l'Est, avaient pu diriger vers Paris, par cette voie, des forces considérables ; en fait, une de leurs divisions avait rejoint la grande armée le 3 novembre, une autre était à Château-Thierry le même jour. On ne pouvait non plus bien connaître quelle force avait été détachée sous les ordres de Manteuffel, et à quelle distance ce général se trouvait de la capitale ; on savait seulement qu'un corps considérable, avec le prince en personne, suivait la route de Troyes et de Sens. Du côté du midi, on n'ignorait pas que Montbéliard avait été occupé et Belfort investi par une partie des forces allemandes : mais le général Werder était resté avec

23

20,000 hommes à Dijon, d'où il pouvait tendre la
main au prince et se porter à quelque entreprise
sur nos derrières. Toutes ces incertitudes ensemble
constituaient un inconnu redoutable, où devait trouver beaucoup à réfléchir un général à qui la dernière armée de la France était confiée.

Le parti de l'audace présentait donc de grands
périls : au lieu de tout risquer d'un seul coup,
mieux valait peut-être attendre. Sans doute, on aurait cent mille ennemis de plus à combattre : mais
l'armée française s'augmenterait en peu de temps
suivant la même proportion, et pourrait choisir une
position qu'elle rendrait inexpugnable. Dans quinze
jours, on saurait à quoi s'en tenir sur le prince
Charles ; Manteuffel, Werder auraient accentué leurs
mouvements, Paris tiendrait sûrement jusque-là.
Enfin, on aurait une ligne de retraite certaine ; la
France pourrait choisir son heure pour frapper à
coup sûr, et, en cas de défaite, n'être point réduite
aux abois.

Ainsi raisonnait la stratégie : les maîtres dans
l'art militaire jugeront cette partie de la question.
Mais, pour peu qu'elle fût douteuse au point de vue
de la science, il me paraît que d'autres raisons eussent dû décider le général d'Aurelle à tenter les
derniers risques. Il venait de vaincre : il pouvait

attendre les efforts les plus énergiques d'une armée
jeune, enthousiaste, pleine alors de confiance en
elle-même et d'ardeur à combattre ; mais il devait
réfléchir que, si les Français réunis sous son commandement pouvaient, à un moment donné, se conduire en héros, l'inspiration seule n'en ferait point
des soldats rompus aux marches, aux fatigues, sachant attendre et souffrir sans murmurer, capables
au besoin de reculer en bon ordre. Il suffisait d'un
jugement sain pour prévoir que l'inaction ralenti-
rait d'abord les courages ; que le moindre revers
les ferait défaillir, et changerait l'intrépidité en
terreur panique ; qu'enfin toute retraite deviendrait
désastreuse, et pire que la défaite la plus sanglante.
Il fallait considérer la situation extrême où la France
était réduite, situation qu'on devait faire cesser au
plus vite, soit en osant tout, soit en mettant bas les
armes. L'histoire de cette guerre montre que nous
devons nos premiers désastres à l'imprudence de
nos chefs, et les derniers à leur timidité.

On était encore en ce moment sous la funeste
impression des malheurs de Reichshoffen, Sedan et
Metz : la crainte d'être cerné dominait tout. Le général d'Aurelle ne voulut point courir la suprême
aventure qui pouvait tout gagner ou tout perdre.
Qu'on approuve ou qu'on blâme sa décision : je ne

sache pas que personne en France ait montré en ce temps assez de talent militaire ou de jugement politique pour pouvoir faire des reproches au commandant de l'armée de la Loire, et affirmer plus qu'une simple opinion. J'imagine toutefois que des doutes terribles, des angoisses poignantes, ont dû sévir sur ce front blanchi par l'âge, lorsque l'Europe, confondue de son inaction lui attribua, pour se l'expliquer, quelques desseins merveilleux, et se demanda quel coup soudain et éclatant il pouvait méditer : voix des nations, voix de Dieu !

Des retranchements furent commencés en Beauce, entre Artenay et Orléans. Cependant au palais de Versailles on n'était point tranquille : on voyait venir la journée décisive, et l'on sentait que le succès des armes allemandes n'avait jamais été plus douteux.

Dans la nuit du 14 au 15 novembre, d'effrayantes rumeurs circulèrent, venant de l'ouest : les rations furent distribuées, les batteries attelées, le bagage du Roi préparé : ce n'était qu'un rêve.

Pendant ces jours d'attente et d'hésitation, le général Manteuffel inonda la Picardie ; il assiégea La Fère, Montmédy, se fortifia à Laon, et menaça même la côte. Mais en même temps que le 1er corps d'armée, placé immédiatement sous ses ordres, faisait face à l'armée française du Nord et se préparait à marcher droit sur Amiens, le général von Gœben, à la tête du 8e corps, s'attardait à Reims jusqu'au 17, et, surveillant toujours le Midi, avançait prudemment de Reims à Fismes, le 18, de Fismes à Soissons le 19, puis attendait pendant cinq jours à Compiègne, prêt à marcher au secours de son roi au premier signal. Le 18 novembre, un ordre venu de Tours rappela le général Bourbaki de Lille, où il avait formé un corps d'armée bientôt capable de tenir la campagne, et l'envoya à Nevers prendre le commandement du 18e corps; le général Faidherbe fut mis, dès lors, à la tête des forces du Nord.

Le général Bourbaki devait trouver dans le Nivernais les éléments d'une armée de l'Est suffisante pour couvrir les derrières de l'armée de la Loire et s'opposer aux efforts de Werder et de Keller : de grands rassemblements avaient eu lieu à Bourges, à Nevers ; Garibaldi tenait Autun avec 8,000 hommes ; au midi, le général Michel commandait des forces composées principalement de bataillons de gardes mobiles, et réunies sous le nom de 20e corps. La désunion des généraux français, l'incomplète organisation de leurs troupes, eussent bien pu tenter le jeune et vaillant capitaine qui occupait Dijon de se jeter au milieu de nos corps pour les mettre en déroute ; mais il préféra se contenter de tenir en échec les forces qui lui étaient opposées, pendant que Keller, avec les contingents de Bade, investissait nos places fortes des Vosges et du Jura.

Le prince Charles avançait : le 13 novembre, 800 Prussiens étaient entrés à Sens, précurseurs d'une invasion plus nombreuse. Le même jour, 200 gardes mobiles surprenaient 50 hulans dans la petite ville de Nemours, en tuaient quelques-uns et emmenaient les autres prisonniers. On pensa que ces oiseaux de proie égarés n'avaient pu venir que de l'Est : un seul s'était échappé, et avait rendu compte à son prince de « la hardiesse croissante des mobiles ». Le 15, l'aile droite de Frédéric-Charles atteignit Étampes. Le 16, tout Versailles fut dans la joie (1) : l'avant-garde de l'armée de

---

(1) « Quartier-général du Roi à Versailles, 16 novembre. — Pendant ces » trois journées (j'espère ne point commettre d'indiscrétion en avouant ceci), » le sentiment dominant au quartier-général, à l'égard des événements que » chaque jour pouvait amener, a été un sentiment de profonde anxiété. La » marche du prince Frédéric-Charles, et sa jonction avec le grand-duc de » Mecklembourg, ont été attendues et guettées avec une impatience plus » grande même que celle qu'on avait sentie pendant la terrible après-midi » de Kœnigsgratz, lorsque le prince Rouge combattit avec désespoir » pour tenir les Autrichiens en échec jusqu'à l'arrivée du prince royal. Ce » matin chacun s'est trouvé soulagé d'un grand poids, et une fois de plus » nous avons respiré librement. Le vainqueur de Metz est arrivé à Ram- » bouillet, des communications ont été ouvertes entre ses troupes et celles » du grand-duc, la seconde ligne allemande devant Paris a été complétée » vers le sud, et l'armée de la Loire, aussi bien que la garnison de Paris » elle-même, a cessé de causer la plus légère appréhension aux armées » assiégeantes » (Correspondant du *Daily Telegraph*, n° du 28 novembre)

Metz était parvenue à Rambouillet et y avait rencontré les troupes de Mecklembourg. Ici la longue
colonne de l'ennemi fit halte et front vers le sud-
ouest, la droite à Étampes, le centre à Pithiviers et
Malesherbes, la gauche vers Montargis et Gien. Le
roi Guillaume se rassura : Paris était maintenant
entièrement investi vers le sud ; les pièces de siége
étaient en position, tout était prêt pour le bombar-
dement par où on prétendait terminer cette tragé-
die. Les Allemands, tout habiles qu'ils sont, ne
paraissent pas avoir prévu alors qu'elle durerait
encore trois mois.

Depuis qu'ils avaient réussi à prendre prisonnières deux armées françaises, on eût dit que les
généraux prussiens pensaient conduire toute la
guerre d'après ce système. Ainsi le prince Charles
avait placé sa gauche à Montargis, dans l'intention
probable de nous tourner en passant la Loire à
Gien, et aussitôt qu'il eut fait sa jonction avec le
grand-duc, l'aile droite des deux armées allemandes
réunies en une seule se mit en mouvement pour déborder les corps français épars dans le Perche et
la Beauce, et les pousser en désordre sur la Loire.

Le général d'Aurelle avait-il un plan?... On lui
prêtait alors divers desseins profondément combi-
nés, plus impraticables les uns que les autres ; mais

personne n'a jamais pu deviner ce qu'il pensait faire,
puisque dès l'arrivée du prince Charles, il a cessé
pour toujours d'être maître des événements. Lorsqu'il vit l'armée de Metz en face de lui, loin de replier ses avant-postes, il les porta plus loin, et se
mit à tâter le terrain, vers Angerville et Étampes.
Quelques escarmouches dont on fit grand bruit
donnèrent à penser que le mystère allait enfin se
dévoiler ; on écrivit même de Bruxelles que nos
troupes s'étaient jetées entre le grand-duc de Mecklembourg et Versailles, et avaient coupé l'armée allemande en deux : rien n'était plus fantastique.
Cependant les Allemands, déjà inquiets de nos mouvements dans l'Ouest, étaient résolus à ne plus laisser
au général français le temps de rien entreprendre ;
il fallut qu'il renonçât à l'offensive, et que le gouvernement de Tours invitât la France à prendre patience, le grand jour n'était pas encore venu, et en
l'attendant les Prussiens marchaient. Le duc de
Mecklembourg, en effet, avait quitté Angerville dès
le 14 novembre, et s'était dirigé vers Dreux, par
Allonnes et Épernon. Le jeudi, 17 novembre, il
était à Nogent-le-Roi, à quatre lieues de Dreux,
Von der Tann et les Bavarois le suivant de près ;
en même temps s'ébranlait à sa gauche la division
Wittich, cantonnée à Chartres : quarante mille

Allemands marchaient ensemble vers l'Ouest.

La conduite du général chargé de défendre cette région a toujours paru inexplicable : des recherches approfondies nous apprendront sans doute un jour sur qui doit retomber la responsabilité de malheurs qui pouvaient certainement être évités. Depuis la fin d'octobre, douze à quinze mille hommes de l'armée du Centre, dispersés sur une longue ligne, presque sans défense, sans cavalerie pour s'éclairer, ni artillerie pour soutien, occupaient, foulaient, opprimaient cette partie du Perche et de la Beauce, et ne faisaient guère de mal à l'ennemi. Cependant, avec les ressources qu'on avait au Mans et à Nogent-le-Rotrou, on eût pu, sur ces collines boisées, derrière ces défilés tortueux, prendre des positions inexpugnables, et faire dans tout le pays chartrain une guerre de partisans fort nuisible aux Allemands, en même temps que très-utile pour aguerrir et encourager nos troupes. Un peu d'attention et d'activité eussent suffi pour opposer des obstacles presque insurmontables à la tactique prussienne, et nous donner la faculté de mettre en ligne une deuxième armée de la Loire aussi nombreuse, aussi disciplinée, aussi bien disposée que la première ; ainsi le temps passé depuis Coulmiers n'eût point été perdu, et, au jour marqué, l'effort

24

désespéré de quatre cent mille hommes se ruant de tous côtés sur les armées allemandes eût peut-être réussi.

Mais le sort était contre nous : justement du côté où nous étions le plus faibles, nos ennemis prirent le soin de n'avancer qu'en grande force. On présume que, ne pouvant croire à l'inaction complète du général d'Aurelle, ils s'étaient persuadés qu'il portait sur la ligne du Perche une partie de ses forces : quant à l'existence d'une deuxième armée au Mans, il ne paraît pas qu'ils l'aient même soupçonnée. Mais parce qu'ils pensaient rencontrer d'abord des troupes assez nombreuses, ils voulurent procéder avec prudence, en même temps qu'avec vigueur et précision ; et comme on ne perd jamais son temps à bien faire, s'ils ne réussirent pas cette fois à envelopper l'armée de la Loire, ils parvinrent au moins à porter un coup funeste à l'armée de l'Ouest.

Le général Von Treskow commandait la 17ᵉ division de l'armée fédérale, composée des contingents hanséatiques et mecklembourgeois, et formait la droite de l'armée du grand-duc. Le même jour que toutes les autres colonnes s'ébranlaient à la fois, et entraient en ligne sans rencontrer de résistance, Treskow heurta, près de Dreux, un détachement de

4,000 mobiles et de 700 marins, commandés par le capitaine de frégate du Temple. Ces gens s'attendaient alors si peu à une attaque, que les quelques pièces d'artillerie dont ils disposaient avaient été provisoirement renvoyées, et que les gardes mobiles se promenaient, a-t-on dit, dans les rues de la ville, fort loin de leurs faisceaux, quand l'ennemi fut signalé. Ainsi, au moment où l'on écrivait de Tours que le prince Charles n'avait point encore rejoint le grand-duc, ce même grand-duc, ayant déjà fait trente lieues depuis sa jonction, tombait à l'improviste sur nos bataillons épars et les mettait en déroute. Malgré le grand nombre de leurs ennemis, les marins, conduits par le vaillant colonel du Temple, arrêtèrent pendant quelques heures l'armée hanséatique, puis, rejoignirent les mobiles, qui, après avoir d'abord fait bravement le coup de feu, se retiraient par la route de Nonancourt. Treskow occupa Dreux et envoya ses hulans à la poursuite des Français. Il avait perdu au moins cinquante hommes; mais il nous avait tué beaucoup de monde, et la terreur panique, cet éternel fléau des Gaulois, lorsque leur premier élan a mal réussi, lui livra de nombreux prisonniers. Ceux qui eurent la force de marcher jour et nuit gagnèrent Verneuil, puis Laigle, et arrivèrent au Mans, en passant par Alençon. Le général prussien, s'étant assuré de leur irréparable déroute, tourna le gros de sa colonne à gauche, et marcha sur Senonches.

Le 17, le grand-duc avait couché à Nogent-le-Roi; Wittich et le duc de Saxe-Meiningen, à Marville; Von der Tann et les Bavarois, au Tremblay-le-Vicomte; le même jour, le prince Albert de Prusse avait quitté Voves avec une division de cavalerie, et avait remplacé Wittich à Chartres. Quelques coups de fusil avaient été échangés avec les francs-tireurs; mais nulle part, excepté à Dreux, les Allemands n'avaient rencontré de forces régulières.

Le temps qu'il faisait alors était bien défavorable à une armée envahissante : d'épais brouillards enveloppaient tout le nord de la France et empêchaient les Allemands d'éclairer leur marche aussi sûrement qu'à l'ordinaire. Autour de Châteauneuf-en-Thimerais, où ils avaient jeté quelques bombes avant de prendre leurs quartiers à Maroille, s'étend une vaste forêt; là, ils pensaient trouver enfin des obstacles, peut-être des dangers. Aussi passèrent-ils la journée du lendemain à sonder soigneusement tous ces bois; ils y eurent quelques escarmouches avec des soldats de la ligne, qui étaient là comme par hasard; mais toutes leurs perquisitions ne

purent leur faire trouver l'aile gauche de l'armée
de la Loire, qu'ils cherchaient en ce pays perdu.
Ne pouvant s'imaginer qu'une contrée si aisée à
défendre fût ainsi abandonnée, ils ne se départirent
point de leur méfiance, et se contentèrent, pour ce
jour-là, d'occuper Châteauneuf; l'avant-garde, sous
le général Wittich, poussa deux lieues plus loin,
et passa la nuit à la Ferme-Neuve, sur la route qui
conduit à Nogent-le-Rotrou par Digny et La Loupe.

Les communications entre les corps français
étaient si mal établies, que l'alarme ne fut d'abord
pas donnée. Le colonel Rousseau, qui commandait
nos forces dans cette région, tenait son quartier
général au bourg de Champrond, qui est à sept
lieues environ à l'ouest de Châteauneuf. Il avait
deux mille mobiles près de lui, dans les villages
de Pontgouin et de Friaize; à peu près autant au
nord, dans la forêt de Senonches, et quatre mille
au midi, à Illiers et à Brou. On ne sait s'il crut pouvoir, avec dix mille hommes dispersés en plusieurs
détachements, fort peu de cavalerie et presque
point d'artillerie, résister aux quarante mille Allemands qu'il avait devant lui. Sans doute, il ne
comprit point d'abord ce qui se passait : car, étant
impossible qu'il ait absolument ignoré pendant
quarante-huit heures ce qu'on faisait à six lieues de

24.

lui, il paraît pourtant évident qu'il ne se résolut point tout de suite à la retraite. Quoi qu'il en soit, il n'envoya ses ordres que fort tard, lorsqu'il eut appris l'abandon de la forêt de Senonches, le colonel qui l'occupait s'étant replié devant les troupes de Treskow. Alors, il dépêcha les deux bataillons de l'Orne qu'il avait sous la main à six lieues en arrière, et, s'avisant qu'on eût pu faire quelque chose pour la défense de la contrée, il leur commanda de fortifier le défilé de La Fourche, qui est situé en avant de Nogent-le-Rotrou, au carrefour des routes de Chartres et de Châteauneuf, et d'y résister aux Prussiens. Ils passèrent donc toute la journée du dimanche 20 novembre à couper des arbres, creuser des fossés, et entasser à la hâte des obstacles dans cette gorge de la Fourche, qui se nommerait aujourd'hui les Fourches-Caudines si le colonel Rousseau y avait pensé.

En même temps le colonel Rousseau envoya au lieutenant-colonel des Mouttis l'ordre d'évacuer Illiers, qui parvint dans la nuit du 19 au 20. Le 18, au soir, un détachement de Prussiens s'était manifesté à une demi-lieue de cette petite ville, et y avait lancé quelques obus; mais on n'y avait rien su de l'ensemble des événements.

Les Prussiens cependant marchaient de surprise

en surprise : à Digny, où le grand-duc de Mecklembourg coucha le 20 novembre, ils n'avaient trouvé
qu'un faible détachement, qu'ils avaient aisément
délogé ; le même jour, le général Wittich alla jusqu'à la Loupe. Quant aux Bavarois, ils descendirent
vers Combres, pour pénétrer au cœur du Perche.
Mais le 21 novembre, le prince allemand, continuant son mouvement tournant vers le sud-ouest,
rencontra tout à coup, sur tous les points à la fois,
les détachements français. Treskow, qui, après
avoir couché à Senonches, marchait à l'extrême
droite sur la route de Bellesme, enleva facilement
les barricades de la Madeleine ; Wittich ne perdit
que cent cinquante hommes à La Fourche. Quant
aux troupes de Von der Tann, elles trouvèrent une
certaine résistance dans la vallée de Thiron, dont
le passage leur fut vaillamment disputé par les mobiles de Mortain, sous la conduite du commandant
de Grainville. Mais nulle part la lutte ne fut un seul
instant douteuse. Le lendemain 22 novembre,
l'armée prussienne se concentra aux abords de
Nogent-le-Rotrou, et entra dans cette ville ensei-
gnes déployées, musique en tête : tout étonnés
qu'ils étaient de leur facile succès, les Allemands
se disaient qu'ils avaient mis en déroute une grande
partie de nos forces de l'Ouest, et ne comptaient

plus guère trouver de résistance dans leur marche
pour cerner l'armée de la Loire.

Leur calcul pouvait avoir été faux, mais le résultat obtenu était aussi utile pour eux que désastreux
pour nous : sans parler des pertes matérielles, nos
nouvelles levées avaient dû fuir devant ces Bavarois
défaits à Coulmiers, qui allaient désormais reprendre courage. Une vaste contrée, aussi riche que
facile à défendre, tombait aux mains de l'ennemi par
la mauvaise conduite de nos généraux, en même
temps que, pour sauver leur amour-propre et voi-
ler leur fautes, nos troupes, au lieu d'être mises à
temps en sûreté, étaient exposées à la destruction
et vouées à la déroute. Enfin, la deuxième armée de
l'Ouest, avant même d'avoir paru en ligne, était entamée, ébranlée, et allait se voir obligée, pour
éviter de périr, de marcher à l'ennemi avant d'être
prête, et de se former pour ainsi dire en route.

Pendant cette journée du 22 novembre, le gros
de l'armée allemande demeura à Nogent; l'avant-
garde seulement s'avança de trois lieues sur la
route qui va au Mans, en passant par la Ferté-
Bernard; à droite, Treskow poursuivit jusqu'à
Bellesme les débris épars de nos bataillons de
mobiles, et les contraignit à quitter cette ville
sans s'y reposer, pour prendre en toute hâte

le chemin de Mamers. Le 23, le grand-duc tint son quartier-général à La Ferté ; ses soldats pensaient que dans deux jours ils pilleraient le Mans. Mais leur attente fut déçue : le 24, au matin, ils reçurent avec étonnement l'ordre de tourner vers le sud-est, et toute leur armée revint en même temps en arrière, la gauche marchant vers Montmirail, et la droite, sous Treskow, suivant la route de Saint-Côme, après avoir traversé Mamers. On envoya seulement, quelques lieues plus loin, vers Beaumont-sur-Sarthe et Conneré, de faibles détachements qui achevèrent la défaite des troupes de Fierrec, jetèrent l'alarme dans la capitale du Maine et coupèrent le chemin de fer d'Alençon. Cependant le gros de l'armée se dérobait rapidement, voilé derrière le rideau de cavaliers dont les Allemands se servent pour cacher leurs surprises, leurs marches tortueuses, et aussi leurs fuites soudaines.

Était-ce une fuite ? Bien des gens l'ont pensé. Quoi qu'il en fût, les généraux prussiens surent fort bien dissimuler alors ; mais après la paix l'histoire reprend ses droits, et ruine les prétentions de ceux qui se donnent pour infaillibles parce qu'ils ont eu parfois de la sagesse et toujours du bonheur. Après avoir été forcé de reconnaître qu'il existait une

armée de la Loire, le roi Guillaume n'avait point
voulu admettre qu'il y eût une armée de l'Ouest, et
avait formé le dessein d'envelopper les troupes du
général d'Aurelle pour terminer la guerre. Les
faciles victoires du duc de Mecklembourg à Dreux
et à Thiron n'avaient fait que fortifier l'illusion : on
écrivait alors de Berlin que tout le pays au nord
de la Loire était aux mains des Allemands, on annonçait sous peu de jours la fin de la guerre, et,
s'imaginant que Paris allait se rendre, les juifs de
Germanie avaient entassé autour de Versailles d'immenses provisions de bouche, pour spéculer sur la
faim des vaincus. On s'était trompé. En descendant des
collines percheronnes dans les vallées du Maine, le
duc de Mecklembourg n'avait plus trouvé d'ennemis;
ses prisonniers, ses espions, lui avaient fait entendre qu'il n'avait pas vu un seul homme de l'armée
de la Loire, mais qu'une autre armée, forte de quarante mille hommes, l'attendait au Mans. Ainsi
l'armée de la Loire n'avait point bougé : elle était
tout entière dans la plaine d'Orléans, menaçant le
prince Fréderic-Charles d'une attaque directe, et
Mecklembourg d'être enfermé dans la Sarthe.
L'état-major allemand comprit qu'il avait fait une
faute; il la répara à force de promptitude, de décision, d'effronterie stratégique, tandis que les Fran-

çais manquaient, par leur ineptie, l'occasion d'en
profiter. Le 25 novembre, le grand-duc de Mecklembourg, qui avait couché à Montmirail, envoya les
Bavarois se montrer à Saint-Calais, et fit pousser
une reconnaissance jusqu'à Château-Regnault, pour
jeter l'effroi dans l'âme des avocats de Tours ; en
même temps son avant-garde, continuant vers le
sud-est, s'approchait jusqu'à quatre lieues de
Vendôme. Le lendemain, il concentra toutes ses
forces, et, tournant résolument en arrière, il marcha par Mondoubleau et Droué sur Châteaudun. On
disait parmi les Allemands que les Français étaient en
force dans cette ville et à Bonneval, tant on jugeait
incroyable qu'ils n'eussent pas au moins essayé de
profiter du mauvais pas où s'étaient mis leurs adversaires. C'était une erreur : le soir du 27 novembre, deux cents hulans de l'avant-garde du grand-
duc, ayant traversé les rues de Châteaudun sans
rencontrer un seul ennemi, coururent rassurer leur
général. Aussitôt un régiment de ligne occupa la
ville, et la fanfare prussienne entonna sur les ruines
encore mal éteintes, au milieu de la nuit, l'hymne
d'actions de grâces du roi Guillaume. Le lendemain,
on apprit que les Français s'étaient retirés vers
Vendôme. Les Allemands se reposèrent un jour,
puis continuèrent tranquillement leur marche vers

l'est, et le 30 novembre ils rejoignirent l'armée du prince Charles à Janville, près du chemin de fer de Paris à Orléans. Ayant reconnu alors qu'ils n'avaient pas encore assez méprisé leurs ennemis, ils crurent pouvoir prétendre que cette longue promenade, dont ils étaient à peine revenus sains et saufs, avait été résolue d'avance ; qu'ils avaient rempli leur but, en chassant l'ennemi de ses positions sur leur flanc et le mettant hors d'état de les reprendre. Or, pendant qu'on tenait ce langage, Nogent-le-Rotrou, Mondoubleau et Saint-Calais étaient déjà retombés aux mains des Français.

Lorsqu'ils eurent appris le combat de Dreux et la défaite des gardes mobiles de Fierrec, les trois hommes de loi qui avaient entrepris de diriger les armées de la France avec l'aide d'un jeune ingénieur, résolurent premièrement de dissimuler cette fâcheuse affaire, si bien que Tours n'en eut la nouvelle que cinq jours après. Ensuite, selon leur coutume, ils destituèrent le général qui avait été chargé de défendre le Perche (22 novembre). Puis, ils appelèrent de tous côtés au secours du Mans et de Tours : en quelques jours, cent mille hommes accoururent et se pressèrent dans ces deux villes, demandant où étaient les Prussiens.

L'alarme était partout : on ne connaissait ni le

nombre des ennemis, ni leur direction : la peur d'être enveloppé dominait tous les esprits. Quant à couper, par un mouvement hardi, les corps allemands qui s'étaient ainsi aventurés à vingt lieues de leur base d'opération, personne n'y pensa. Au surplus, lors même que M. Gambetta eût eu le coup d'œil assez juste pour se douter que l'ennemi était en un mauvais pas, où eût-il pris la force morale nécessaire à un ministre de la guerre pour se faire obéir exactement par les commandants d'armée, et parer tout à coup, par des ordres promptement expédiés et aveuglément suivis, à une situation imprévue ? Pouvait-il faire dire à ce guerrier, blanchi sous le harnais, qui avait consenti à commander l'armée de la Loire : le général d'Aurelle se portera sur Droué, Mondoubleau et Saint-Calais, en trois colonnes parallèles, et laissera devant Orléans les forces nécessaires pour masquer son mouvement à l'ennemi ? Pour faire mouvoir en temps et lieu ces masses que l'activité de M. Gambetta avait su réunir et presque organiser, il eût fallu un homme d'expérience et d'années, assez sûr de lui-même pour oser manier cette vaste machine, assez imposant par son passé pour demeurer sans contradiction maître absolu de tous ses ressorts. Mais il n'y avait plus de généraux ; plusieurs étaient pris ou tués, d'autres n'étaient point fervents républicains, presque tous ceux qui restaient avaient été outrageusement destitués les uns après les autres, et pour vaincre les Moltke, les Blumenthal, les Kirchbach, les Manteuffel, les Voigts-Rhetz, pour venir à bout du prince Charles, il nous restait un avocat gascon, avec un ingénieur polonais qui en savait plus long que personne en France, parce qu'il possédait des cartes de géographie; voilà où nous avait réduits la mauvaise politique. M. Gambetta, en homme intelligent qu'il était, se sentait incapable de frapper un grand coup; tout ce qu'il put faire alors fut de s'opposer simplement à la marche prétendue de l'ennemi sur le Mans, sans essayer d'appeler l'aile gauche de l'armée de la Loire sur ses derrières.

Quant au général d'Aurelle, il est difficile d'expliquer le peu d'activité qu'il montra dans cette circonstance. Alarmé par les dépêches du ministre de la guerre, il fit prendre le chemin de fer de Tours à une partie de ses troupes; le 27 et le 28, la ville fut inondée de soldats venant de l'armée de la Loire et de toutes les provinces de l'Est. Trente mille Prussiens étaient, disait-on, à Vendôme; on en avait vu à la Châtre, à Château-Regnault : on se hâta d'envoyer au devant de la colonne ennemie toutes les forces disponibles.

Ce fut de ces renforts pris au général d'Aurelle, des troupes de Conlie et du Mans, des bataillons de Fierrec reformés et équipés de nouveau, enfin de toutes les ressources qu'on put tirer du Midi et du centre, que se composa la belle armée de l'Ouest. Une querelle survenue entre MM. de Cathelineau et de Kératry fut cause que toutes les troupes de Bretagne, avec le 21me corps, nouvellement formé, furent réunis sous un seul commandement et confiés au contre-amiral Jaurès par un décret du 26 novembre. M. de Kératry, jugeant ses services méconnus, se démit de toutes ses fonctions militaires, et menaça Gambetta d'une accusation en cour martiale.

Le 27 novembre, tandis que le duc de Mecklembourg marchait à grandes journées pour rejoindre son centre, l'armée de l'Ouest quittait lentement les environs du Mans, et marchait au midi vers la Châtre, pensant défendre Tours. Au bout de trois jours, l'absence de l'ennemi sur toute la ligne fut constatée, et les cinquante mille hommes de l'amiral Jaurès s'acheminèrent prudemment vers la Beauce en suivant la vallée du Loir. L'ennemi avait depuis longtemps renoncé à ses projets, que la peur d'être cernés nous dominait encore, et, au moment où le prince Charles concentrait cent vingtmille soldats à Toury pour attaquer Orléans, les 230,000 hommes dont pouvaient disposer les généraux français étaient dispersés sur quarante lieues de pays, depuis Saint-Calais jusqu'à Montargis. L'armée de l'Ouest était encore bien loin de Vendôme, lorsque la lutte suprême commença tout à coup en avant d'Orléans.

Depuis la bataille de Coulmiers, le général d'Aurelle avait passé son temps à discipliner ses troupes, et à faire en avant d'Orléans de vastes retranchements garnis de pièces de siége. Cette précaution était bien nécessaire, et il lui fallait se rendre invincible à toute attaque, s'il voulait demeurer sans imprudence adossé à un fleuve qui, pendant la mauvaise saison, devient aussi large et aussi profond que le Rhin. Deux ponts de pierre traversent la Loire près d'Orléans ; le général français y faisait construire, en outre, un pont de chevalets : pensait-il déjà à la retraite ? Il s'était fait aussi prudent que les chefs de l'armée récemment détruite s'étaient montrés téméraires ; il oubliait que chaque chose a son temps. Depuis Sedan, la résistance des Français n'était plus qu'une de ces immenses folies que le succès transforme en héroïsme ; pour y réussir, il faut de ces fous déterminés qui sont justement les héros qui brûlent leurs vais-

seaux pour vaincre ou mourir : on peut être
un héros même à soixante-dix ans. Fernand Cortez,
Blücher eussent coupé les deux ponts de pierre,
bien loin d'en faire un autre en bois.

Dès que le général d'Aurelle avait eu la certitude que le prince Charles, au lieu de menacer
Lyon, allait se jeter sur lui avec toutes ses forces,
il avait songé à rappeler vers la Loire les troupes
qui, sous le nom d'armée de l'Est, avaient été confiées d'abord au général Cambriels pour s'opposer
aux progrès de Werder, en Bourgogne, et, au
besoin, résister au prince.

Cette armée avait déjà changé trois fois de commandant, aucun de ceux qu'y avait nommés Gambetta n'ayant pu s'entendre avec Garibaldi. Maintenant deux corps d'armée étaient formés à Nevers et
à Bourges, Garibaldi tenait la campagne contre
Werder, et les garnisons de Belfort et de Besançon
étaient bien assez fortes pour occuper encore longtemps l'armée badoise commandée par le général
Keller. On pouvait donc sans danger renforcer la
ligne de défense de la Loire aux dépens de celle de
la Saône : les ordres furent expédiés au général de
brigade Crouzat, qui fut mis à la tête du 20me corps
à la place du général Michel, et en peu de jours,
25,000 des meilleurs gardes mobiles qu'il y eût en

France furent transportés par la voie ferrée des environs de Châlons-sur-Saône et de Chagny à Bellegarde, village situé sur la grande route qui mène de Châteauneuf-sur-Loire à Montargis. C'était le temps où les Allemands menaçaient nos deux ailes en occupant Nogent-le-Rotrou à notre gauche et Montargis à notre droite. Ils étaient entrés dans cette ville, sans coup férir, le 21 novembre.

Le général d'Aurelle n'avait point encore bougé : depuis huit jours, la pluie qui tombait à torrents sur toute la plaine de Beauce rendant les chemins fort difficiles pour l'artillerie, il avait préféré ne point profiter des faux mouvements de l'ennemi pour tenter quelque coup hasardeux. Peut-être valait-il mieux, en face d'un général aussi habile que le prince Rouge, ne point jouer au fin, et attendre résolûment qu'on eût réuni une masse de deux à trois cent mille hommes, pour la lui jeter sur le corps. Ce plan séduisait par sa simplicité et sa sûreté : sans doute, on attaquerait avec de nouvelles levées les soldats les plus aguerris qu'il y eût au monde ; mais on aurait l'avantage du nombre, du désespoir, et l'on se disait avec orgueil que notre passé nous permettait de tenter ce qu'un autre peuple n'eût jamais osé entreprendre. Mais si tel était le plan du général d'Aurelle, il devait le suivre fermement jusqu'au bout, sans céder aux reproches de Gambetta ni aux supplications pressantes des Parisiens. Au 25 novembre, ses forces étaient disséminées depuis le Mans jusqu'à Gien, il avait envoyé même des troupes à Tours. Il fallait se donner le temps de réunir tous ces corps épars sur la Loire, et de prendre à Nevers et à Bourges toutes les troupes qui n'y étaient point indispensables ; il fallait surtout, si on laissait au grand-duc le temps de revenir en ligne, y faire arriver aussi les cinquante mille hommes de Jaurès ; pour cela, la défensive la plus rigoureuse était nécessaire : ce n'était plus la stratégie qui donnait ses conseils, c'était le bon sens qui dictait ses lois impérieuses. Mais la mortelle terreur d'être enveloppé, et l'impatience, suite ordinaire de l'inaction et de l'hésitation, l'emportèrent : le 24 novembre, le corps du général Crouzat, à peine arrivé en ligne, se démasqua tout à coup et attaqua Ladon, petit village sur la route de Montargis, où le général prussien qui occupait cette ville avait placé son avant-garde. La journée fut indécise, le village d'abord enlevé par les mobiles leur ayant été repris par les Hanovriens. Toutefois les ennemis, ayant perdu beaucoup de monde, se hâtèrent d'évacuer Ladon et même Montargis, qui fut occupé sans résistance par les Français ; comme toujours, les deux

partis se prétendirent victorieux. Mais la lutte décisive était commencée, et le combat de Ladon n'en
pouvait être qu'un insignifiant épisode. Les jours
suivants, on continua de préluder par de petits engagements à la bataille générale que tout le monde
pressentait : on se battit à Bellegarde, à la Neuville-
aux-Bois, à Maizières, sans grand résultat. Cependant le gouvernement de Tours avait trouvé moyen
de faire passer des avis aux généraux enfermés
dans Paris : le 26 et le 27 novembre, on se pré-
para de tous côtés à tenter un grand effort.

A Paris, on ne faisait alors qu'appréhender les
souffrances de la famine : les forts et l'enceinte tenaient bon, on espérait résister longtemps encore ;
mais tout le monde pensait que le moment d'agir
était venu, et les généraux, en même temps qu'ils
appelaient de leurs vœux l'armée de la Loire, s'occupaient de lui épargner une partie du chemin. Depuis le commencement du siége, une nombreuse
armée avait été organisée, instruite, équipée : vers
le 20 novembre, il y avait dans la ville au moins
trois cent mille hommes armés. L'élite de ces troupes pouvait être employée à faire une sortie vigoureuse, pendant que le reste garderait Paris ; et bien
que les Prussiens eussent puissamment renforcé
leurs retranchements, il était difficile que cent cin-

quante mille hommes déterminés, cheminant à l'abri du canon de la ville, et faisant effort tout à coup sur un point quelconque de cette ligne de dix lieues, ne parvinssent pas à la rompre.

Le roi Guillaume et le prince royal, affaiblis de l'armée bavaroise et du corps de Mecklembourg, n'avaient sans doute pas 200,000 hommes à opposer à l'attaque du général Trochu. Manteuffel avait prononcé son mouvement sur Amiens, il était aux prises avec la petite armée française du Nord, et ne pouvait accourir en force au premier appel. Aussi jusqu'à l'arrivée du prince Charles la situation avait-elle été des plus graves, et maintenant encore, les obstacles matériels, que le génie des barbares avait amoncelés autour de la capitale du monde, venant à céder dans un seul endroit, tout pouvait être perdu en un jour, si ce jour-là les Français se montraient dignes de leurs pères. Qui sait, se disait-on alors, ce que les gens de Paris peuvent oser ?

Depuis son arrivée en Beauce, le prince Frédéric-Charles avait tenu son quartier-général à Pithiviers. Quoi qu'aient prétendu les Allemands dans leurs rapports officiels, son intention paraît bien avoir été d'abord d'envelopper l'armée qu'il pensait être la dernière ressource de la France. Depuis, il avait dû reconnaître que son aile droite

n'était pas assez forte pour s'écarter à quarante lieues
de son centre, enlever deux grandes villes, et combattre sous leurs murs une armée presque intacte;
et il s'était hâté de rappeler le grand-duc de Mecklembourg auprès de lui. D'autre part, il avait vu
surgir soudain, sur sa gauche, un corps de vingt-cinq
mille hommes, arrivés si inopinément de Châlons-
sur-Saône, que l'attaque faite sur Ladon, avait surpris même les Français qui occupaient cette partie de
la ligne. Là aussi, il avait su faire un sacrifice en
abandonnant Montargis. Obligé ainsi de renoncer à
ses premiers projets, l'habile général prit résolument le système opposé, et, voyant que les Francais,
mal concentrés, l'attaquaient sur plusieurs points
différents, il appela de tous côtés à lui ses cent dix
mille hommes, bien décidé à prendre à son tour un
élan impétueux vers Orléans, lorsqu'il tiendrait,
dans sa forte main, cette masse presque irrésistible.

Les troupes allemandes qui bivaquaient alors
entre Paris et Orléans étaient divisées en deux
armées. La plus nombreuse, sous les ordres immédiats du prince, se composait des troisième,
neuvième et dixième corps de l'armée fédérale,
commandés par les généraux Alvensleben, Mannstein
et Voigts-Rhetz : c'étaient des Prussiens avec beau-

coup de Hanovriens, de Hessois et de Holsteinois. Les sanglantes batailles livrées autour de Metz avaient fait de larges brèches dans les rangs de ces vaillantes troupes ; ceux qui restaient étaient les soldats les plus aguerris qu'il y eût au monde. Accoutumés à une discipline sévère, ils avaient une confiance aveugle dans l'expérience des chefs qui les avaient toujours conduits à la victoire et qui partageaient courageusement leurs misères. L'habitude de vaincre tous les obstacles leur avait inspiré une hardiesse incroyable ; les innombrables escadrons des hulans, des hussards et des jägers, parcouraient sans cesse la plaine, et pénétraient souvent, avec la plus magnifique témérité, parmi les bataillons ennemis. Éclairée par ses quinze mille cavaliers et soutenue par ses deux cent cinquante canons, l'armée du prince Charles était prête à conquérir le monde.

La deuxième armée allemande de la Loire était celle du grand-duc de Mecklembourg. Revenue presque intacte de la campagne qu'elle avait faite dans le Perche et le Maine, elle comprenait une division bavaroise sous Von der Tann, deux divisions de l'Allemagne du Nord, aux ordres des généraux Treskow et Wittich, avec une belle artillerie, et trois divisions de cavalerie commandées par le

prince Albert de Prusse, le comte de Stolberg et
le général de Rheinbaben. Toutes ces forces réunies ne dépassaient pas cinquante mille hommes.
Un instant décontenancés par l'échec subi à Coulmiers, les Bavarois avaient repris, pendant leur
marche vers l'Ouest, l'habitude de voir plier leurs
ennemis, et l'on ne doutait pas qu'appuyés par les
Prussiens de Wittich et de Treskow, ils ne mon-
trassent la plus grande bravoure.

Bien qu'ayant opéré jusqu'alors séparément, ces
deux armées obéissaient à un seul chef. Renommé
pour son cœur intrépide, son prompt jugement et
sa profonde science militaire, le prince Charles,
qui venait de gagner sous les murs de Metz le
bâton de feld-maréchal, voulait mettre le comble à
sa gloire par un exploit plus difficile. Pour entrer
vainqueur à Orléans, il lui fallait franchir quatre
lignes de retranchements hérissés de canons, défendus par cent cinquante mille hommes, et déloger
les Français de la forêt d'Orléans, où ils se forti-
fiaient depuis trois semaines.

La position du général d'Aurelle, derrière ses
lignes de Chevilly, Cercottes et Montjoie, passait
alors pour tout à fait imprenable. On n'osait compter avec certitude qu'il vaincrait le prince Charles,
mais on regardait comme impossible qu'il fût forcé

de lui livrer le chemin d'Orléans et de Tours.

Quant aux qualités morales de la multitude
d'hommes qu'il avait sous ses ordres., les opinions
étaient fort différentes ; on ne pouvait, d'ailleurs,
confondre par une même appréciation des éléments
aussi divers : l'armée créée par Gambetta était un
mélange de tous les genres de troupes, et de tous
les peuples soumis à nos lois. Le gentilhomme de
la Sarthe, chasseur par état et franc-tireur par circonstance, y coudoyait le soldat de la ligne et le
zouave bleu accouru de Rome. L'ancien cuirassier
de l'Impératrice y était venu avec son manteau
rouge, le marin des frégates cuirassées avec son
béret et sa morgue ; et l'Arabe du désert de sable
arpentait gravement le désert de neige, cavalier
poétique, mais faible obstacle à renverser pour les
jägers du prince Charles. Cependant, tous ces corps
d'origine si variée devaient s'être mis, par la fré-
quentation et par l'influence de l'exemple, à peu
près au même niveau moral : tel soldat qui se sau-
verait avec des gens qui songent à leur vie se conduira héroïquement au milieu d'autres héros ; les
âmes fermes et originales sont rares ; la masse
subit quelque peu leur influence, plus encore celle
du temps et des passions politiques. Dans toute
armée qui entre d'abord en ligne, la valeur du sol-

26

dat est un problème que la première épreuve pourra
seule résoudre, jusque-là on ne peut que conjec-
turer. Mais, au cas présent, l'incertitude était bien
plus grande que d'ordinaire : car c'était la foule
française, avec son tempérament toujours variable,
parfois accessible à la terreur, souvent capable
d'une énergie surhumaine, aujourd'hui plus nerveuse et plus que jamais agitée par les passions
politiques. La plupart de ces soldats ne savaient
pas eux-mêmes ce qu'ils seraient devant l'ennemi ;
tous, surtout ceux qui avaient pris part aux combats de Coulmiers, avaient été abreuvés d'éloges
officiels, et la seule chose qui eût pu inquiéter l'ob-
servateur philosophe, c'était ce sourire sceptique
qui courait sur toutes les lèvres à la lecture de la
célèbre phrase : « *Le moral des troupes est excellent.* »

L'armée de la Loire était formée de plusieurs
corps, forts chacun d'environ trente mille hommes.
Le quinzième corps, d'abord confié au général
Reyau, était maintenant sous les ordres de Martin
des Pallières. Le seizième avait été ôté au général
Polhès, qui avait eu le tort impardonnable de se
brouiller avec la créature républicaine investie par le
dictateur des fonctions de préfet d'Orléans ; le
nouveau commandant était le général Chanzy. Le

dix-septième était aux ordres du brave de Sonnis, le 20me était commandé par le général Crouzat. Le 18me et le 19me étaient à Bourges, où ils achevaient leur organisation, sous la direction du général Barral. Bourbaki, rappelé tout à coup de l'armée du Nord par la volonté d'un Gambetta, avait failli périr à Tours de dégoût et de découragement ; toutefois le patriotisme l'emporta sur tout, et le 30 novembre il partit pour Nevers, afin de s'y mettre à la tête du 19me corps. Enfin, le 21me corps, le plus nombreux de tous, arrivait à petites journées par la route du Mans. Mais le généralissime, qui disposait maintenant de cent soixante mille hommes et de cinq cents canons, ne crut pas devoir attendre l'arrivée de Jaurès. D'ailleurs, on savait de source certaine que l'armée allemande de la Baltique, devenue disponible par l'inaction de notre flotte, se dirigeait en ce moment vers la frontière : c'étaient cent mille hommes de plus qu'on aurait à combattre, il fallait frapper vite et fort. — Le 28 novembre au matin, le général d'Aurelle ébranla son aile droite, traversa la grande route de Montargis et marcha sur Beaune-la-Rolande, où le général Voigts-Rhetz s'était fortifié après avoir évacué Ladon.

Les avant-postes allemands, surpris par la franche attaque des Français, se replièrent d'abord sur

leurs soutiens ; le général prussien crut même devoir évacuer le village de Corbeilles, qu'il avait
occupé jusque-là. Les Français, continuant d'avancer, poussèrent les tirailleurs ennemis jusqu'à
Beaune, et se mirent à canonner la barricade qui
s'élevait à l'entrée du bourg ; en même temps, le
général d'Aurelle s'emparait de la route de Pithiviers, pour prendre le Prussien en flanc et le pousser sur Fontainebleau. Il était une heure : le prince
Charles avait été averti, et accourait au secours de
son 10e corps. Le général Wedel, qui commandait
à Beaune, avait dit qu'il tiendrait jusqu'au dernier
homme : les Français devaient faire un effort pour
enlever la barricade avant la nuit. Une nombreuse
colonne d'infanterie se dirigea résolument vers la
ville, et, malgré le feu de mousqueterie qui éclair-
cissait ses rangs, arriva jusqu'à l'entrée hérissée de
baïonnettes : ici la force manqua ; toute cette foule
d'hommes mollit soudain et se dispersa de tous
côtés, décimée par les balles ennemies. En même
temps, des masses profondes apparaissaient au loin,
sur la route de Pithiviers, et les batteries du prince
Charles ouvraient leur feu sur nous. Le général
d'Aurelle se décida à la retraite, et fit reculer peu à
peu sa gauche. Cette journée ne pouvait être absolument regardée comme une défaite, puisqu'on avait

refoulé les Allemands et capturé un canon ; mais c'était encore bien moins une victoire, et nos pertes, déjà considérables, s'augmentaient de plusieurs centaines de prisonniers surpris dans les fermes par les troupes de Stülpnagel et la cavalerie de Hartmann. La nuit, heureusement si prompte en cette saison, arrêta la poursuite et permit aux Français de gagner leurs abris de Bois-Commun et de Bellegarde. Ce fut en vain, le lendemain, qu'on dissimula la vérité, qu'on combla les troupes d'éloges, et qu'on fit grand bruit de l'évacuation de Beaune, où l'ennemi avait mis le feu : les Allemands, moins nombreux que nous, étaient restés les plus forts, grâce à leur opiniâtre bravoure, cela se sentait. Le général d'Aurelle était trop clair-voyant pour ne point se l'avouer : il renonça à prendre Beaune, et se recueillit pour une autre entreprise. Son caractère lent, réfléchi, ménager de l'avenir, le préservait des faiblesses du désespoir, mais le privait aussi des inspirations de ce sublime conseiller.

Pendant les deux jours qui suivirent la bataille de Beaune-la-Rolande, il n'y eut point de combat important. Le prince Charles, avant d'attaquer à son tour, voulait connaître à fond la position de son ennemi : les reconnaissances allemandes éclairèrent

26.

toute la ligne à gauche de la grande route d'Orléans, et le grand-duc de Mecklembourg étant arrivé le 30 de Châteaudun, on pensait employer la journée du 1er décembre à explorer le pays à droite, pour marcher le lendemain sur Orléans et frapper le coup décisif. Cependant l'amiral Jaurès campait aux environs de Saint-Calais, et, pour ne pas laisser les troupes inoccupées, on manœuvrait au pas gymnastique.

Le 29 novembre, le général Ducrot était sorti de Paris par le chemin de Vincennes, avait refoulé les Saxons et les Wurtembergeois, et jeté plusieurs ponts sur la Marne ; le lendemain il passa la rivière, et enleva les villages de Brie et de Champigny : l'enceinte prussienne était à demi rompue. Un ballon porta rapidement la nouvelle à Tours, d'où elle parvint à l'armée de la Loire, et y suscita un éclair d'enthousiasme et d'émulation.

C'était le 1er décembre : un froid très-vif venait de succéder au temps doux et pluvieux de la dernière quinzaine, les opérations des armées étaient devenues plus faciles en même temps que leurs souffrances plus vives, le mouvement était nécessaire aux hommes et aux chevaux. A dix heures du matin, le 16mc corps d'armée, commandé par le général Chanzy, et formant partie de notre aile gauche, quitta les positions qu'il occupait autour de Patay et marcha sur Orgères. Ce bourg, situé au milieu de la plaine, à l'intersection des routes de Châteaudun, de Chartres, de Janville et d'Orléans, formait le centre des lignes de Mecklembourg ; en avant de ces lignes, le grand-duc avait occupé fortement plusieurs villages. Les Français repoussèrent d'abord un détachement bavarois qu'ils rencontrèrent vers midi ; puis ils enlevèrent l'un après l'autre les villages de Guillonville, Terminiers, Goniers, Monneville, Villepain et Faverolles, et poussèrent l'ennemi sur Loigny et Orgères. A six heures du soir, l'avantage remporté par le 16me corps était incontestable ; le général français campa sur le champ de bataille, tandis que les Allemands, qui n'ont point de tentes, bivouaquaient autour de Loigny et d'Orgères. Le lendemain matin, le récit de la sortie du général Ducrot fut porté à l'ordre du jour avec une proclamation du général d'Aurelle. En quelques paroles simples et courtes, le généralissime des armées de la Loire exhortait ses soldats à suivre l'exemple des Parisiens, et à aller avec enthousiasme au devant de leurs frères, qui avaient forcé les lignes prussiennes et marchaient vers le Midi. L'enthousiasme ne se commande pas, et le fait avancé par le général, sur la foi de Gambetta,

était faux. Dès l'aube, le 16ᵐᵉ et le 17ᵐᵉ corps re-
prirent leur marche vers Orgères. Cependant les
cloches d'Orléans sonnaient : l'évêque, sur la demande du vieux général, faisait dire des prières
publiques ; comme aux jours de Jeanne d'Arc, on
implorait le Dieu des armées, qui depuis quatre
mois exauçait tous les vœux du roi Guillaume.

Le seizième corps, marchant à l'extrême gauche,
rencontra l'ennemi à huit heures du matin, un peu
au delà de Loigny : c'étaient les soldats de la Hanse
et du Mecklembourg, commandés par Treskow,
avec les Bavarois et une division de cavalerie ; ils
s'avançaient en colonnes profondes, pour ressaisir
les positions perdues la veille. Le combat fut san-
glant et dura environ deux heures. A neuf heures
et demie, la tactique, la discipline, le nombre et la
portée de l'artillerie, peut-être aussi l'obstination
allemande, finirent par l'emporter : le général
Chanzy fut obligé de se retirer derrière Loigny, et
d'abandonner les fragiles conquêtes qui lui avaient
déjà valu le grand cordon de la Légion d'honneur et
les félicitations emphatiques des gens de Tours.
Jusque-là pourtant ce n'était qu'un simple échec ; le
peu de terrain que les Allemands avaient gagné sur
nous leur avait coûté cher : de leur propre aveu,
un seul de leurs régiments perdit ce jour-là jusqu'à

deux cents hommes et cinq officiers. Mais les Français ne savent point reculer : dès qu'ils voyaient que la victoire n'était pas gagnée, nos soldats, mal disciplinés, après avoir d'abord bravement combattu, s'abandonnaient soudain au désordre et à la panique. Là, comme à Beaune-la-Rolande, les Allemands surprirent et désarmèrent, sur un espace d'une lieue, un grand nombre de traînards. Les hulans se répandirent dans la plaine avec leur audace ordinaire. Rapide comme l'ouragan, un de leurs escadrons fondit tout à coup sur une batterie française : hommes, chevaux et canons furent emmenés sans résistance. De semblables malheurs ne laissent point de consolation, et font peine à rappeler ; mais le seul moyen de relever une nation de ses faiblesses est de les lui mettre sous les yeux.

A droite, la bataille fut d'abord fort acharnée : les troupes de Wittich et la deuxième division de cavalerie allemande se ruaient, de tout leur poids, sur le village de Poupry, qui est tout près d'Artenay et du carrefour des grandes routes de Chartres et de Paris. Les Français, animés par l'exemple de leurs chefs, se battirent longtemps avec bravoure ; les zouaves de Charette couvrirent de gloire le nouveau drapeau qu'ils avaient pris en rentrant en France, curieuse pièce de soie couverte d'emblèmes

religieux, brodés par les dames de Tours. Mais
l'infortune s'acharnait sur nous. Au moment où le
brave Sonnis s'élançait devant ses troupes pour les
entraîner, un projectile ennemi l'atteignit grièvement : il tomba de son cheval, et avant que les siens
ne l'eussent rejoint, une nuée de barbares l'avaient
environné. A ce coup, les autres plièrent : les Allemands se jetèrent sur le village, et arrachèrent à
leurs ennemis ce qui restait de ses murs et de
ses chaumières ; des canons, de nombreux prisonniers, tombèrent entre leurs mains : nous étions
vaincus sur toute la ligne.

Gambetta composa une longue et équivoque dépêche, pour tromper encore la France, et lui faire
croire que la journée avait été indécise. Le grandduc se contenta de télégraphier au Roi son oncle
qu'il avait fait mille prisonniers et pris onze pièces
d'artillerie. L'important était que les Allemands bivaquaient maintenant tout près du grand carrefour
d'Artenay, et allaient, en l'occupant, disposer des
principales voies stratégiques. Aussi les Français
nommèrent-ils cette funeste journée la seconde bataille d'Artenay. Les Allemands l'ont baptisée du
nom de Bazoches-les-Hautes, qui est le hameau
vers lequel les deux ailes extrêmes s'étaient d'abord
rencontrées.

Cependant, le bourg même d'Artenay, qui est assez considérable, était entre nos mains ; même nous occupions, à droite de la route de Paris, les villages d'Achères-le-Marché et de la Brosse, qui sont plus loin encore en avant, et celui de Chilleurs-aux-Bois, situé sur la route de Pithiviers. Mais après la bataille de Bazoches, le général d'Aurelle parut soudain s'être découragé. Sans doute les nouvelles de Paris n'étaient pas entièrement satisfaisantes ; peut-être aussi le général pensait-il attendre que Jaurès fût plus proche, et se retirer en combattant jusqu'à ce qu'il pût agir de concert avec l'armée du Mans. On ne saura jamais quelle conduite il eût tenue s'il eût suivi sa propre inspiration, Gambetta et son ingénieur ayant constamment prétendu diriger les opérations militaires ; on peut croire que, s'il eût été entièrement libre, la campagne n'eût commencé que huit jours plus tard. Quoi qu'il en soit, à partir du 3 novembre au matin, le général d'Aurelle recula toujours de position en position, faisant front de temps en temps, et infligeant à l'ennemi des pertes considérables. Une pareille manœuvre, exécutée par des troupes disciplinées et aguerries, eût pu être fort dangereuse pour les Allemands, en les affaiblissant, les fatiguant, et les exposant à se trouver pris entre les

retranchements d'Orléans et les colonnes de la
deuxième armée, qui, dépassant déjà Vendôme,
s'avançaient par la grande route de Cloyes, Châteaudun et Paris. Mais ce genre de guerre ne
pouvait convenir à une armée de recrues. Devenus
soldats en deux mois, à force d'énergie et de bonne
volonté, ces jeunes gens avaient besoin de gagner
du terrain, et de voir reculer parfois l'ennemi, pour
ne point perdre courage. Les journées de Beaune-
la-Rolande et de Bazoches leur avaient ôté leur foi
en eux-mêmes; ils ne croyaient déjà guère aux
dépêches de Tours, et n'entendaient plus parler de
Paris. Peu à peu, leur solidité mollit sous les chocs
incessants de l'ennemi, et, le mouvement de recul
une fois commencé, le général d'Aurelle ne put
plus ni le régler ni l'arrêter.

Le moment attendu par le prince Charles était
arrivé. Aux premières lueurs du matin, il mit en
mouvement son troisième et son neuvième corps,
laissant Voigts-Rhetz en réserve avec le dixième, et
marcha vers le sud-ouest. Avant une heure de
l'après-midi, les villages de Chilleurs, Achères et la
Brosse étaient pris, et la ville d'Artenay évacuée par
les Français presque sans résistance.

En même temps le grand-duc débouchait sur les
hauteurs à droite de la chaussée d'Orléans avec les

troupes de Wittich et du prince Albert, pendant que
les Bavarois suivaient le chemin qui, descendant
d'Orgères et de Loigny, mène vers le sud-est, et
rejoint la route impériale plus d'une lieue au delà
d'Artenay. Les Français avaient établi en arrière du
carrefour des batteries qui arrêtèrent pendant quelque temps l'armée de Mecklembourg ; mais notre
feu, mal dirigé, n'atteignait que rarement l'ennemi,
et nos obus à mèche éclataient en l'air, tandis que
les projectiles à percussion lancés par les Allemands
se rompaient avec fracas sur la terre gelée et ravageaient nos rangs de leurs éclats. Du haut des coteaux de Ruan et de Poupry, le grand-duc pouvait
voir, de l'autre côté de la route, l'aile droite des Français se repliant en bon ordre vers la forêt d'Orléans et le bourg de Chevilly ; bientôt il s'ébranla à
son tour, et se mit à marcher avec ses trente mille
hommes à la même hauteur que le prince, chacun
d'eux suivant l'ennemi à portée de canon. On fit
ainsi un long espace de chemin ; les Allemands purent croire un instant que toute résistance était
vaincue, et qu'ils allaient marcher sans obstacle
jusqu'à Orléans. Mais à trois heures les avant-gardes,
près d'arriver à Chevilly, furent reçues tout à coup
par un violent feu de mousqueterie ; les balles lan-
cées par le fusil chassepot traversaient la plaine

27

dénuée d'abris, et venaient frapper les hommes à des distances incroyables : les généraux allemands virent qu'il fallait de nouveau livrer bataille.

Les Bavarois qui marchaient à l'extrême droite étant parvenus jusqu'au hameau de Sougy, qui est un peu en arrière de Chevilly vers Orléans, prirent notre position par le flanc gauche, en même temps que le prince Charles nous débordait de l'autre côté. Pendant que les bombes prussiennes mettaient le feu aux petits villages qui abritaient nos ailes, toute l'armée allemande, s'avançant à la fois en forme de croissant, accabla notre centre, et, après une vive résistance, obligea le général Martin des Pallières à abandonner Chevilly ; la nuit tombait quand les soldats de Wittich y entrèrent. La bataille de Chevilly avait été moins sanglante que celle de Bazoches ; pourtant le prince Charles écrivit à son oncle que plusieurs corps français s'étaient admirablement battus. Nous avions perdu deux canons et reculé de trois lieues : l'ennemi était à quinze kilomètres d'Orléans.

Après cette journée, le général d'Aurelle consulta ses forces. Ses troupes étaient encore matériellement presque intactes, mais le cœur commençait à manquer. L'histoire expliquera pourquoi aucune de ces quatre journées de décembre ne vit l'armée française se porter en masse compacte contre l'ennemi, pourquoi nous fûmes constamment obligés de lutter avec notre centre ou une seule de nos ailes contre les deux armées allemandes ensemble, et de laisser ainsi au prince Charles tous les avantages. Sans doute le général français avait ménagé ses ressources et évité peut-être un complet désastre. Mais la seule chance qu'on avait eue de triompher de la tactique, de la discipline, de l'artillerie supérieure des Prussiens, était de les accabler sous le nombre, et l'on y avait renoncé, volontairement, à ce qu'il semble, pour la triste consolation de n'être point encore entièrement défait après trois jours de bataille. Et à l'instant où l'on est parvenu, le soir du 3 décembre, la défaite *morale* était immense, irréparable. Le général d'Aurelle sentit qu'autour de lui tout pliait, et qu'arrivé derrière les formidables retranchements qu'il avait mis un mois à construire, il risquait d'y être forcé, et précipité dans la Loire avec les derniers soldats de la France. Il reconnaissait qu'en s'éloignant encore, il rendrait inutiles les efforts des Parisiens : mais aussi que faisaient, depuis cinq jours, les généraux Ducrot et Vinoy? Ils ne tenaient même pas encore la campagne; pour s'ouvrir une trouée, il leur fallait maintenant passer sur le corps de cent mille Allemands massés devant eux et les attendant de pied ferme.

Dans une pareille conjoncture, il devenait nécessaire, pour éviter un grand malheur, d'éloigner d'Orléans les troupeaux et les convois de vivres qu'on y avait rassemblés pour ravitailler Paris ; et, puisqu'on devait remettre à plus tard cette entreprise, pourquoi ne garderait-on pas aussi l'armée de la Loire pour une occasion plus favorable, au lieu de s'acharner derrière les redoutes de Montjoie et de Cercottes, au risque enfin d'être cerné? Mieux valait sacrifier une fois de plus Orléans, et repasser la Loire en bon ordre, tandis qu'il en était temps. On rallierait alors les corps de Nevers et de Bourges, on laisserait aux troupes le temps de reprendre courage, et dans quinze jours on serait plus fort que jamais pour tenter de nouveau le sort des armes. Dans la situation que sa faute ou son malheur lui avait faite, le général d'Aurelle ne pouvait peut-être raisonner plus juste ; il nous faudrait le secours de sa loyale parole pour pouvoir dire avec exactitude si, au point où en étaient les choses, il avait encore la faculté de tenter une rapide concentration de ses ailes pour un grand effort d'ensemble : ce sont problèmes de stratégie qu'il faut laisser aux maîtres, questions d'histoire qui ne s'éclaircissent qu'avec le temps et d'amples moyens d'investigation. Dans la nuit du 3 au 4 décembre, le général d'Aurelle avait pris son parti : le seizième et le dix-septième corps allaient se retirer, en descendant la rive droite, vers Beaugency et Mer ; le général Crouzat, avec l'aile droite, passerait la Loire à Jargeau et à Sully ; enfin, sur la grande route, le général des Pallières défendrait Cercottes et Montjoie assez longtemps pour assurer la retraite, et se replierait à son tour quand tout le reste de l'armée serait en sûreté. En même temps qu'il prenait ces dispositions, le général d'Aurelle envoya un télégramme à Tours pour en prévenir le gouvernement.

Le prince Charles fut instruit de bonne heure dans la matinée, par ses éclaireurs ou par ses espions, que l'évacuation d'Orléans avait commencé pendant la nuit, et que l'armée française était en pleine retraite vers la Loire. Il mit aussitôt toutes ses colonnes en mouvement, et s'avança sans trouver d'obstacles jusque près de Cercottes, ses deux ailes continuant de gagner du terrain à droite et à gauche et de déborder les lignes françaises. A dix heures, le combat de tirailleurs qui précède ordinairement la bataille commença dans les bosquets qui bordent la route. Entre Cercottes et les coteaux

27.

de Montjoie sont des hauteurs que couronne un moulin à vent, où le général d'Aurelle avait fait monter dix-huit canons de marine. Ces pièces, servies par d'excellents pointeurs, causèrent quelque dommage aux Allemands lorsqu'ils sortirent du bois après avoir débusqué nos tirailleurs ; mais une de nos colonnes, en quittant le bourg de Cercottes pour faire sa retraite, reçut plusieurs boulets ennemis qui firent dans ses rangs un effet meurtrier. En même temps les troupes du général Mannstein, s'avançant de tous côtés, pénétraient dans le village, traversaient à la suite des Français les retranchements de Cercottes, et prenaient possession des canons, que les artilleurs de la marine avaient à peine eu le temps d'enclouer : les Français cédaient partout et se repliaient lentement sur Montjoie ; il était une heure de l'après-midi.

A la lecture de la première dépêche du général d'Aurelle, les membres du gouvernement de Tours étaient demeurés confondus de surprise et d'indignation. Il était difficile, en effet, de comprendre comment un général qui disposait de plus de cent cinquante mille hommes et d'une belle artillerie, cédait à un ennemi inférieur en nombre un champ de bataille qu'il avait étudié et fortifié pendant un mois pour s'y rendre invincible. Si la position n'était pas tenable avec les forces qu'il avait dans la main, il eût dû prévoir qu'elle ne le serait jamais, et ne pas la prendre dès le commencement pour base de toute sa stratégie. Un pareil reproche était accablant pour le vieux général, et lorsque les termes lui en furent transmis par le télégraphe, il dut avoir le cœur déchiré. Pourtant, de rechercher qui était responsable des extrémités où l'on était réduit, ne pouvait remédier à ces extrémités : le mal était fait. Le général d'Aurelle répondit au ministre de la guerre qu'étant sur les lieux, il pouvait mieux que personne juger des nécessités de la situation ; et Gambetta, qui avait commencé par donner témérairement des ordres pour la concentration de toute l'armée derrière les retranchements d'Orléans, se résigna à tout remettre entre les mains du généralissime. La dépêche par laquelle toute responsabilité lui était imposée parvint à Orléans un peu après onze heures du matin. Le général était en proie aux plus vives angoisses. Après une douloureuse hésitation, il avait résolu de faire encore un effort pour sauver la ville : ordre fut envoyé aux commandants des différents corps d'armée de suspendre leur mouvement de retraite, et les soldats de Martin des Pallières, après avoir abandonné l'une après l'autre plusieurs positions

excellentes, durent soudain tenir ferme devant les
portes d'Orléans, ayant la Loire à dos, et vis-à-vis
d'eux un ennemi dont plusieurs lieues de terrain
gagnées en combattant avaient doublé l'aplomb et
l'audace : c'était aussi trop demander à des hommes
qui presque tous n'étaient sous les drapeaux que
depuis trois mois.

Après avoir enlevé les défenses de Cercottes, le
prince-maréchal marcha sur celles de Montjoie.
L'artillerie de la marine, admirablement servie,
arrêta quelque temps son élan; mais l'infanterie
française n'avait plus guère de cœur à combattre,
et, vers trois heures, plusieurs magnifiques canons
avec les retranchements qu'ils défendaient tombèrent encore aux mains de l'ennemi. De Montjoie à
Orléans, il n'y a plus qu'une lieue et demie ; mais
à la plaine de Beauce succèdent des coteaux couverts de vignobles et hérissés de clôtures : les Allemands ne purent plus avancer que lentement, et les
escarmouches entre tirailleurs durèrent jusqu'à la
nuit sans qu'ils eussent atteint le faubourg le plus
éloigné. Le général d'Aurelle dut bientôt renoncer
à ses velléités de résistance. Mais l'intervention in-
tempestive des avocats de Tours, et sa propre irré-
solution, avaient retardé la retraite, et ce qui n'eût
été qu'un échec principalement *moral* allait peut-être

devenir un grand naufrage. L'obscurité avait arrêté pendant quelque temps les Allemands ; mais, à sept heures, la lune se leva, et vint éclairer la fin de cette sanglante lutte de quatre jours. La station des Aubrais, où aboutissent les quatre voies ferrées, et le faubourg de Saint-Jean-la-Ruelle, furent enlevés d'assaut. A minuit, le général des Pallières reçut de l'état-major allemand la sommation d'évacuer la ville, s'il ne voulait pas qu'elle fût bombardée : il céda. L'armée prussienne entrait alors par toutes les portes à la fois : le général Wittich avait rejoint Mannstein et le prince Louis de Hesse sur la route de Paris ; le grand-duc de Mecklembourg et Treskow arrivaient victorieux par le chemin de Chartres ; Von der Tann et les Bavarois s'approchaient du côté de Châteaudun, après avoir chassé les Français de Boulay et pris plusieurs canons.

En même temps, les dernières brigades de l'armée française se pressaient sur tous les ponts de la Loire, dans une hâte que les hésitations de la journée avaient rendue inévitable ; une foule d'hommes fatigués et de traînards égarés restaient dans la ville, attendant des Prussiens la fin de leurs misères : un grand nombre étaient enlevés, sur les chemins, par la cavalerie légère des Allemands, car la tâche de l'infatigable hulan avait commencé en même temps que notre défaite; la lune et l'immense embrasement du pont de bois qui brûlait, le favorisaient dans sa poursuite. Mais le plus grand de nos malheurs fut qu'on n'eut pas le temps de détruire les deux ponts de pierre, ce qui permettait à l'ennemi de passer en Sologne à notre suite, et nous obligeait d'aller nous reformer beaucoup plus loin, en gagnant Vierzon à marches forcées. Heureusement la neige piétinée et durcie rendit les routes mauvaises, et lorsqu'au lever de l'aube le prince Charles voulut se mettre à la tête de ses hussards pour achever sa victoire, il se vit avec douleur obligé d'y renoncer et de se contenter des trophées conquis la veille : plus de cinquante canons ou mitrailleuses, quatre canonnières cuirassées de la Loire et plusieurs milliers de prisonniers étaient en son pouvoir. Toutes les routes du Nord étaient jonchées de cadavres, parmi lesquels brillaient beaucoup de casques : les troupes de Mecklembourg et de Wrangel avaient été plus que décimées. Le prince-maréchal envoya son cousin le grand-duc vers Beaugency et Blois, où se retiraient les corps de Chanzy et de Sonnis; les troupes d'Alvensleben se dirigèrent sur Gien, et le corps de Mannstein marcha droit vers le sud; les Hanovriens de Voigts-Rhetz demeurèrent pour garder la ville.

Tandis que le ministre de la guerre, continuant ses mensonges ou ses erreurs, ordonnait à tous les préfets de nier les rumeurs alarmantes, et affirmait à la France que l'armée de la Loire était intacte en d'excellentes positions, Rouen tombait entre les mains de Manteuffel (4 décembre), quelques jours après la sanglante bataille d'Amiens, et le pieux roi Guillaume adressait au Ciel de ferventes actions de grâces pour n'avoir point écouté les prières des prêtres et des femmes d'Orléans et de Paris. Le général de Moltke, imitant les consuls romains après la bataille du Métaure, jeta dans Paris la nouvelle de nos désastres, et proposa aux assiégés d'envoyer quelqu'un sur le grand chemin d'Orléans compter les cadavres de leurs frères. « Je le savais », répondit simplement le général breton. Si ce temps n'abondait en belles paroles et mots dramatiques, cette réponse eût mérité d'être remarquée.

Les hésitations du dernier moment nous avaient coûté cher : l'armée de la Loire avait dû reculer de quinze lieues, et livrer à l'ennemi les deux rives du fleuve, qu'il eût pu, difficilement à cause des glaces flottantes, joindre en peu de temps par un pont de bateaux, si les deux ponts de pierre avaient été coupés à temps. Nos deux ailes, ralenties en leur retraite, grâce à l'immixtion de M. Gambetta dans les opérations

militaires, avaient laissé en route un grand nombre
de traînards et quelque matériel. La cavalerie ennemie, arrêtée par l'état des routes pendant la matinée du 5, reprit les jours suivants sa course dévas-
tatrice, passa la rivière à la suite de nos colonnes,
et croisa le pays en tous sens, enlevant partout des
armes, des prisonniers, des canons, tout ce qui restait en arrière. Le 7, les escadrons allemands galo-
pèrent jusqu'à Salbris, bourg situé à moitié chemin
entre Orléans et Bourges, et eurent une escarmouche avec notre arrière-garde. Le même jour, les
corps qui faisaient leur retraite en amont d'Orléans
eurent à se défendre d'une semblable attaque près
de Nevoy, aux environs de Gien. Le prince Frédéric-Charles écrivit que l'armée de la Loire était entièrement défaite et dispersée dans toutes les directions ; dix mille prisonniers, ajoutait-il, et soixante-
dix-sept canons, étaient entre ses mains.

C'était une bataille perdue avec ses conséquences
ordinaires, au lieu d'une retraite en bon ordre qu'on
avait espérée ; mais tout n'était pas ruiné. Les armées françaises étaient rompues en deux tronçons
séparés maintenant de toute la distance entre Beaugency et Vierzon ; mais chacun de ces corps, renforcé par les troupes du Mans, d'une part, et par
celles de Bourges et de Nevers, d'autre part, allait

devenir presque aussi nombreux que l'armée allemande tout entière. Si l'on savait réunir à temps
toutes ces ressources, les confier à des mains habiles, et, après avoir reposé les troupes dans de
fortes positions, prendre des deux côtés à la fois
une vigoureuse offensive, le prince Frédéric-
Charles, au sortir de l'enivrement de sa victoire,
allait se trouver dans une position critique, étant
obligé de faire face partout à des forces supérieures.
Même, avec un peu d'adresse et de ménagement, il
était possible de le surprendre et de le déconcerter
entièrement. Car, malgré toute l'habileté que ce
grand capitaine mettait à s'informer de l'état de ses
ennemis, tous les documents attestent qu'au lendemain de la prise d'Orléans, les Allemands étaient,
quant à notre position, dans l'erreur la plus complète. N'ayant aucune idée des forces que l'amiral
Jaurès amenait sur le Loir, ils pensaient que le
16me et le 17me corps, battus par eux pendant les
premières journées de décembre, se fondraient et
disparaîtraient sur la route de Tours devant l'armée
de Mecklembourg ; ils ne pouvaient supposer que
le général d'Aurelle se fût privé volontairement, en
ouvrant la campagne dès le 28 novembre, d'un renfort de cinquante mille hommes, qui était alors en
pleine marche pour le joindre. Il est donc infini-

28

ment probable que les généraux Chanzy et Jaurès, tout en opposant à la poursuite du grand-duc, pour retarder sa marche, une colonne mobile de vingt mille hommes, eussent pu rassembler à son insu une armée de soixante à soixante-dix mille hommes dans la forêt de la Gaudinière, derrière les coteaux abrupts qui bordent la rive droite du Loir, et tenter avec ces forces quelque grande entreprise.

Au sud de la Loire, les généraux prussiens jugeaient la déroute complète, et, pour s'expliquer la retraite si extraordinaire opérée par le général d'Aurelle, supposaient qu'il n'avait pu empêcher ses soldats de se sauver dans toutes les directions. Ils étaient loin de s'imaginer qu'en quelques jours cent mille hommes pussent se mouvoir soudain des environs de Bourges; ils croyaient en avoir fini partout avec la résistance, et, revenant à l'ancien scepticisme touchant la réelle existence des troupes républicaines, ils se riaient de cette armée de la Loire qu'on leur avait représentée comme immense en nombre, puissante en artillerie, invincible derrière ses retranchements, et se plaisaient à penser que toute cette multitude effrayée s'était évanouie, après que les quelques troupes régulières qui la tenaient ensemble avaient été accablées. L'aveuglement de nos ennemis, que leurs dépêches, leur attitude, leur audacieuse dispersion, tous leurs mouvements enfin, rendaient évident, pouvait être notre salut ; peut-être le général d'Aurelle y avait-il compté dès le commencement. En tout cas, s'il en profitait pour reprendre l'offensive, de concert avec le général Jaurès, il pouvait devenir le sauveur de la France et le stratégiste le plus illustre de notre époque.

Le funeste caractère de M. Gambetta vint tout empêcher, et consommer notre ruine. Ne vouons pas à l'exécration la mémoire de cet homme, politiquement mort aujourd'hui (1), pour avoir perdu la France par ses fautes : car il l'a aidée, par son énergie et son activité, à sauver du moins son honneur. La même destinée qui l'avait formé ambitieux, intel-

---

(1) Depuis que j'écrivais ceci, M. Gambetta est revenu d'Espagne il a fait des discours, publié des programmes, et il siége à la Chambre. Ces circonstances ne peuvent me décider à changer l'opinion émise au texte sur le rôle que cet avocat est appelé à jouer désormais. Les efforts de ses amis peuvent en faire un député; ils ne réussiront pas à le faire accepter comme un homme d'État que la France puisse employer. M. Gambetta a trop ouvertement foulé aux pieds la volonté du peuple et les principes de la moralité politique, pour obtenir jamais la confiance de cette nation. Et si le parti de la violence était jamais assez osé pour essayer de nous l'imposer encore une fois, s'il poussait l'aveuglement jusqu'à s'imaginer que la France consentirait à prendre Gambetta pour chef au jour de la revanche, cette tentative, ou plutôt cet attentat ne réussirait point. Ce que la surprise a pu faire une fois serait rendu impossible désormais par le bon sens public. M. Gambetta peut encore nuire à son pays en l'agitant à l'aide de sa faction, et retarder notre régénération; mais il ne saurait aspirer à être de nouveau notre dictateur. Il est devenu impuissant à faire le bien, même s'il le voulait châtiment suprême de ceux qui trompent les peuples.

ligent, infatigable, l'avait fait impétueux, violent, dominateur sans mesure, et l'esprit de son temps lui avait inspiré, avec la vanité insensée d'être habile à tout, une présomption et une audace incroyables à tout changer de place, hommes et choses, pour demeurer, lui, l'ordonnateur universel. Toutes les calamités qui suivirent eurent leur origine dans ses déplorables emportements. Le 6 décembre, plusieurs décrets dictés à la hâte par le ministre de l'intérieur et de la guerre parurent au *Journal officiel*. Le premier nommait trois commissaires pour faire une enquête sur la conduite du général d'Aurelle : c'étaient le général Barral, qui, commandant le 18ᵐᵉ corps, pouvait savoir à quoi s'en tenir, l'intendant Robert et le préfet Ricard. Un autre donnait au généralissime des armées de la Loire le commandement d'un camp d'instruction près de Cherbourg. Abreuvé de dégoûts et de chagrins, se repentant peut-être de n'avoir point persisté dans ses plans et foulé aux pieds les télégrammes de l'avocat-ministre, le vieux soldat, qui était sorti de son repos gagné par vingt campagnes, pour donner à son pays le reste de ses forces, ne voulut point courber ses cheveux blancs devant de nouvelles insultes, et alla finir dans la retraite des jours malheureusement trop avancés pour voir jamais notre vengeance.

Après s'être privé de l'expérience et du nom du général d'Aurelle, Gambetta, loin d'être effrayé de sa responsabilité, devint plus absolu en ses volontés et plus infatué de ses idées que jamais. Gardant pour lui-même la direction supérieure des opérations militaires, il rendit définitive la scission des armées de la Loire en deux corps, que nos ennemis regardaient comme leur principal succès d'avoir effectuée. En vertu d'un troisième décret en date du 6, le général Chanzy fut mis à la tête des seizième, dix-septième et vingt-et-unième corps, réunis sous le nom de Deuxième armée de la Loire. La première armée, comprenant les quinzième, dix-huitième, dix-neuvième et vingtième corps, fut confiée au général Bourbaki, et s'appela la Première armée du Nord. Le contre-amiral Jauréguiberry reçut le commandement en chef du seizième corps, et le général Colomb celui du dix-septième, vacant par la perte du général de Sonnis. Ceux qui acceptaient d'être commandants d'armée savaient ce qui les attendait en cas d'insuccès ou d'essai d'indépendance : ce n'était plus la guillotine où les gens de la Convention avaient traîné le général Houchard pour n'avoir point profité de sa victoire de Hondschoten ; c'était le commandement d'un camp d'instruction, exil ridicule, dont le ministre de la guerre

28.

prétendait punir les généraux qui avaient encouru sa disgrâce. Des murmures commençaient alors à s'élever à Tours et dans le reste de la France, mais le dictateur n'en tint compte (1).

Lorsque les Allemands entrèrent à Orléans, l'aile gauche de l'armée française était en pleine retraite vers Beaugency. Depuis la sanglante bataille de Bazoches-les-Hautes, ces troupes n'avaient guère combattu ; le temps apprendra pourquoi elles ne furent pas employées, le 3 et le 4 décembre, à résister aux Bavarois, qui, pendant ces deux journées, avaient constamment débordé le flanc gauche du général Martin des Pallières, en manœuvrant le long des chemins qui conduisent au Sud-Est, et rejoignent la grande route en différents endroits. En approchant de la forêt de Marché-Noir, les généraux français rencontrèrent les colonnes du 21ᵉ corps : après une marche lente et tortueuse, l'amiral Jaurès, ayant tâté partout le terrain sans voir d'ennemis, s'était enfin décidé à passer le Loir, et entrait dans la plaine de Beauce par le pont de Fréteval, pour faire sa jonction avec le général Chanzy. Le corps qu'il amenait se montait à environ

(1). « If, however, there has been no surprise, there is, at least, intense » indignation, and the general cry is — why does not the central govern- » ment send a general out with full power to displace the mischievous » madman?» (Correspondant de l'*Evening Standard*, Tours. Dec. 8).

40,000 hommes des plus belles troupes de l'Ouest :
des marins, des régiments de ligne, principalement
de magnifiques bataillons de gardes mobiles normands et bretons, organisés déjà depuis cinq mois,
munis d'armes excellentes et conduits par des jeunes
gens de leur pays, dans l'honneur et la bravoure
desquels ils avaient une entière confiance. Beaucoup
de soldats de cette armée avaient déjà vu le feu et
enduré bien des misères : mal vêtus, mal nourris,
ils venaient de passer en plein air les nuits gla-
ciales du commencement de décembre, et le froid
continuait de sévir lorsqu'ils entrèrent en Beauce.

On ignorait alors presque partout l'existence
même de ce nouveau corps qui entrait soudain en
ligne ; les Allemands, pensant que le général d'Aurelle, avant d'entamer la lutte, avait tiré tout ce qu'il
pouvait du Mans et de Tours, se trouvaient dans
un cas semblable à celui de l'habile maître d'escrime,
qu'une maladresse de son adversaire déconcerte
parfois mieux que la feinte la plus adroite. Malheureusement ceux qui commettent les maladresses ne
savent point profiter de l'occasion, et manquent,
pour suivre la même comparaison, de se fendre au
bon moment. Avec les 80,000 hommes dont il disposait, le général Chanzy pouvait d'abord surprendre
une des colonnes du prince Charles, et la détruire :

le grand-duc de Mecklembourg s'avançait justement par la rive droite avec son armée fatiguée par plusieurs jours de combat, et réduite à environ 35,000 hommes. Le 6 décembre, les Mecklembourgeois entrant dans Meung n'y trouvèrent qu'une troupe de gendarmes, qui leur tirèrent quelques coups de fusil, et, après avoir pris possession de cette petite ville, ils firent dire à leur souverain que les voies étaient libres. Le 7, les Allemands voulurent avancer plus loin, mais ils furent arrêtés par une vive fusillade partant des vignobles qui s'étendent le long de la Loire, entre Meung et Beaugency. Il était en ce moment dix heures du matin. Le général prussien s'empressa de mettre ses troupes à l'abri des dernières maisons de Meung, qu'il fit créneler, et appela à son secours les Bavarois, qui marchaient à quelque distance en arrière de la division Treskow ; cependant l'artillerie française prit position, et cribla le faubourg de boulets et d'obus. Les Allemands, à leur tour, firent avancer leurs pièces; bientôt l'arrivée des Bavarois mit à leur disposition un grand nombre de bouches à feu d'une fort longue portée. Néanmoins le grand-duc de Mecklembourg ne put forcer entièrement les positions françaises : après avoir fait quelques prisonniers et nous avoir causé un certain dommage, il dut bivouaquer très-peu en

avant de Meung, dans la plaine jonchée des cadavres de ses sujets. Dans la journée, quelques combats de tirailleurs avaient eu lieu plus loin dans les
terres, le canon avait même retenti une ou deux fois
dans la direction de Binas et de Saint-Laurent-des-
Bois : évidemment il restait quelque chose de l'armée de la Loire. Mais le prince allemand ne se
doutait guère qu'à deux ou trois lieues de ses quartiers, et presque en arrière de lui, 30,000 Français
venaient de déboucher sur son flanc droit, et pouvaient, le lendemain, se trouver entre lui et Orléans.

« De l'audace ! toujours de l'audace ! » avait crié
Danton en 1791 : on eut de l'audace, et l'on vain-
quit l'Europe. On a retrouvé une parole semblable
de Napoléon, jetée en traits presque illisibles sur
une feuille de dépêche militaire : « Activité, activité, vitesse! » écrivait-il à ses généraux. L'audace,
en effet, plutôt que la stratégie, avait porté jusque
dans Amsterdam, en 1794, nos soldats déguenillés
et manquant de tout ; l'audace avait surpris le Ger-
main dans ses pesantes manœuvres, et l'avait écrasé
à Iéna et à Auerstädt. Depuis Sedan, la France a
désappris d'oser, et cette maladie des généraux
d'armée a gagné parfois les individus. Les désastres
causés par la témérité impériale nous avaient rendus

prudents, quand justement il eût fallu cesser tout à fait de regarder derrière soi, et ménagers de nos ressources, lorsque nous devions tout risquer ou rien. Ainsi, le général Ducrot, après quatre jours de combats où l'ennemi avait fait des pertes égales aux nôtres, se retirait derrière la Marne le 4 décembre, avec ses cent mille hommes, de peur, disait-il, de faire répandre inutilement le sang, et rentrait à Paris vivant, mais non victorieux : rien n'est plus refroidissant que cette infériorité des actes aux paroles, même quand la conduite est belle comme l'avait été celle du commandant de la deuxième armée parisienne. Le général d'Aurelle et lui avaient joué le même funeste jeu, et, s'étant donné rendez-vous, semblaient avoir reculé d'un commun accord, sans comprendre que celui d'entre eux qui gagnerait la course suprême où ils étaient engagés serait le sauveur de la France. L'histoire a peu d'exemples d'une nation qui se résigne aux dernières calamités pour garder son honneur, et ne trouve point en elle-même assez de hardiesse pour sauver sa vie : de même qu'aux hommes, il arrive aux peuples de ne savoir ce qu'ils veulent.

Les avantages que donnaient aux généraux Chanzy et Jaurès leur réunion ignorée de l'état-major allemand, étaient déjà un peu compromis par la première rencontre devant Meung : au lieu de s'avancer sans crainte, le grand-duc, vivement rappelé à la prudence, allait désormais sonder le terrain avec précaution et se hérisser de bouches à feu. Néanmoins, une main habile et vigoureuse eût encore tiré bon parti de la position où se trouvaient les armées françaises. En portant à la fois en avant le corps de Bourges et celui de Beaugency, on eût au moins contraint les Allemands à opérer une concentration équivalant à une retraite pour éviter d'être enveloppés, et on eût pu les attaquer ensuite soit immédiatement par deux côtés, soit plus tard avec des forces unies et compactes. Il y avait, à Nevers, un général expérimenté, homme d'ardent courage et de généreux dévouement, le seul, alors, peut-être, à qui l'on pût confier le commandement en chef des deux armées : c'était Bourbaki. Mais si cet homme de l'empire eût tenu en son pouvoir deux cent mille hommes, surtout si, par hasard, il eût sauvé la France, Gambetta eût eu fort à craindre pour la République, ou tout au moins pour sa dictature. Valait-il pas mieux périr que de tout mettre aux mains de cet ancien leude, qu'on soupçonnait d'attachement à son maître, crime pourtant bien rare de nos jours? Mais, d'ailleurs, Gambetta avait un plan : il avait résolu de jouer au fin contre Moltke et le

prince Rouge. Lui et son jeune ingénieur s'étaient
mis sur leurs cartes, et y avaient trouvé une idée
digne du premier consul : ils allaient refaire Ma-
rengo. Les troupes de Bourges seraient l'armée de
réserve de 1800, pour dérouter l'Allemand on leur
donnerait le nom de Première armée du Nord, et le
général Bourbaki serait chargé de les mener conquérir l'Allemagne en passant par le col de Béfort et
la vallée d'Alsace. Cette malheureuse idée s'étant
emparée de son esprit, le ministre de la guerre
s'empressa d'en préparer l'exécution. La première
armée de la Loire reçut l'ordre de se retirer à
Bourges pour s'y réorganiser, tout le pays jusqu'à
vingt lieues du fleuve fut abandonné à l'ennemi, et,
le 9 décembre, les Prussiens occupèrent Vierzon,
où se croisent tous les chemins de fer du centre.
Le prince Frédéric-Charles, sans s'inquiéter de nos
mystères stratégiques, pensa avec justesse que, de
ce côté, tout avait faibli, et, laissant seulement un
corps peu considérable pour observer le sud-est, il
envoya hardiment des renforts à Mecklembourg,
qui, depuis deux jours, rencontrait une résistance
inattendue aux environs de Beaugency.

Pour peu que le général français fût informé de
la situation du grand-duc au lendemain de la bataille
de Meung, celui-ci allait courir de grands dangers,

car il n'était rien moins qu'en état de résister à l'attaque vigoureuse de soixante-dix mille hommes arrivant à la fois devant son front et sur son flanc droit. Ses troupes, fort affaiblies en nombre, étaient épuisées de fatigue, ayant sans cesse combattu depuis le 1ᵉʳ décembre : les Bavarois, partis d'Allemagne au nombre de trente mille, n'étaient plus guère que huit mille, les contingents de Mecklembourg avaient également subi des pertes cruelles; en réunissant toutes les forces qu'ils avaient dans cette région, les Allemands ne pouvaient guère présenter à leurs ennemis en avant de Meung plus de vingt mille baïonnettes et cinq ou six mille chevaux. De l'autre côté de la Loire, le prince Louis de Hesse, avec une division détachée du corps de Mannstein, pouvait battre la rive droite de son artillerie; mais tous les ponts étant rompus, le grand-duc ne pouvait espérer de ce côté un secours prompt et efficace; d'ailleurs, une partie de l'armée du prince Charles était indispensable à Orléans et sur les routes de l'Est et du Midi. Mais ce qui eût dû être un grand péril devint un bonheur pour le grand-duc par la timidité des Français : l'ignorance où il était de l'arrivée de l'amiral Jaurès l'empêcha de se retirer sur Orléans, ce qu'il eût fait, sans aucun doute, s'il eût connu sa position : se contentant de suivre la règle fondamentale de la guerre, de toujours avancer, il résolut de passer sur le corps de ces vingt mille Français qui lui barraient obstinément le chemin de Tours.

Il est presque incroyable que le général Chanzy n'ait pas compris une situation si nette par elle-même que l'instinct général de son armée paraissait la saisir : plusieurs fois, en effet, pendant ces sombres journées, lorsque le même brouillard qui couvrait les plaines de Marché-Noir semblait peser sur nos esprits et nous dérober la vue de nos destinées, le bruit courut parmi notre armée que l'ennemi n'était qu'en petit nombre, et qu'en marchant ensemble sur lui on l'écraserait. Il est même à remarquer que, dans le télégramme rendant compte de la bataille de Meung, le général évaluait assez exactement les forces de l'ennemi ; mais il croyait que le grand-duc avait derrière lui de fortes réserves, et là était son erreur : on voit dans les récits de la Bible que les nations et leurs chefs sont parfois frappés d'aveuglement. Mais dans tous les cas possibles nous devions combattre. En supposant, ce qui n'était guère admissible, que les Allemands n'eussent d'abord envoyé que de faibles corps à la poursuite du général d'Aurelle, ils ne pouvaient point, après les pertes qu'ils avaient faites devant Orléans, diriger vers

Tours par la rive droite de la Loire plus de cinquante à soixante mille hommes de troupes très-fatiguées, tandis que les Français étaient environ quatre-vingt mille, dont près de la moitié étaient des troupes fraîches venues de l'Ouest à petites journées et prêtes à donner tout leur effort. De plus, les qualités, l'état moral et le matériel de cette armée de gardes mobiles, en la rendant très-propre à une attaque où la supériorité numérique lui était assurée, faisaient qu'elle ne pouvait tenir la défensive, ni surtout faire une retraite, sans de grands désavantages. On sait les maux qu'entraîne avec soi le seul fait de reculer : ce sont, outre le terrain qu'on perd, les bagages qui demeurent, les blessés qu'on abandonne, souvent les canons qu'on laisse aux mains de l'ennemi, qui gagne tout ce qu'on perd et garde tout en sûreté derrière lui ; c'est surtout le découragement, le dégoût qui s'empare de tous, et qui multiplie les traînards, les malades, les déserteurs; c'est la funeste habitude de lâcher pied, qui devient incurable chez les nouvelles levées, et amène en peu de temps une défaillance générale. Les bataillons de mobiles normands, manceaux et bretons valaient mieux, on l'a vu maintes fois, que les régiments de ligne récemment formés : pour se rallier et se préserver de la déroute, leur orga-

nisation territoriale suppléait à la discipline, que les
contingents réguliers n'avaient point encore acquise.
D'ailleurs, les gens de l'Ouest sont naturellement
braves : pour un effort d'un jour, on pouvait compter sur la vertu de leur race, sur l'émulation et la
surveillance jalouse naturelles entre gens du même
canton. Mais aucun de ces soldats ne pouvait pos-
séder déjà les vertus militaires de constance, de
fermeté, d'honneur individuel, qui sont la ressource
des mauvais jours. On est assez dévoué à son pays
pour risquer sa vie dans une bataille : le Français,
mieux que l'Allemand, sait mépriser la mort. Mais
on se fatigue d'une lutte purement défensive, où la
tactique des ennemis prend tous ses avantages, et
nous inflige chaque jour des pertes plus fortes que
les leurs ; on se lasse enfin de reculer sans cesse
d'un village vers un autre, en laissant toujours le
dernier plein de morts et de blessés ; le froid, la
misère, les souffrances de tout genre, n'étant plus
compensés par rien, le cœur finit par manquer, ceux
qui n'en peuvent ou n'en veulent plus restent en
arrière, et l'ennemi les prend par centaines : ceci
est un tableau de notre histoire. Une raison de
plus pour nous détourner de toute marche en
arrière était le mauvais état de nos chaussures ;
pour peu que les chemins devinssent mauvais, un

grand nombre d'hommes resteraient en route. Enfin, au point où la France était parvenue, ne rien gagner était pire que tout perdre, parce que le désastre allait s'agrandissant de lui-même chaque jour, en sorte que la tentative la plus risquée valait mieux que la retraite même la mieux conduite. Or, si dans la soirée du 7 décembre, si même encore le matin du 8, le général Chanzy eût porté vivement sur la droite du grand-duc tout le corps de Jaurès, il aurait eu de grandes chances d'enlever d'un coup une aile de l'armée allemande; il regrettera toujours de ne l'avoir point fait. L'histoire, en rendant justice à l'habileté manœuvrière du plus jeune de nos commandants d'armée, dira qu'il a manqué l'occasion.

Le général Chanzy, n'ayant cédé qu'une demi-lieue de terrain du côté de Meung, et refoulé quelques détachements ennemis qui avaient paru sur sa gauche vers Marolles et Grand-Châtre, pouvait, en style du temps, se dire victorieux : il manda donc à Gambetta qu'il avait repoussé les Allemands, et qu'il attendait de pied ferme une nouvelle attaque. Le lendemain, à huit heures, ses troupes étaient rangées en demi-cercle, depuis Tavers-sur-la-Loire jusqu'à Cravant, et, plus loin, le centre occupant le village de Beaumont. L'armée allemande avait des positions symétriques aux nôtres, depuis Baulle jusque vers Cravant, qui était occupé par les Français ; les deux lignes opposées présentaient ensemble la forme d'un fer à cheval, ayant les deux bouts appuyés à la Loire, et une coupure au milieu, là où étaient nos avant-postes de Cravant. Beaugency est au bord du fleuve, sur la route de Baulle à Tavers, entre l'aile gauche mecklembourgeoise et l'aile droite française. Du côté de la plaine, les deux partis étaient séparés par un terrain déprimé, qu'on peut à la rigueur appeler vallée, et où s'élèvent çà et là les clochers de Messas, de Vernou, de Langclochère. Une partie des forces françaises demeurait en réserve plus loin dans les terres, à Marché-Noir, Saint-Laurent-des-Bois, Vallières, Villegruau ; de ce côté, il n'y eut que du bruit, le fort de l'action se passant près de la rivière.

Après que les combats de tirailleurs, et une longue canonnade, eurent éclairé la situation, le grand-duc prit l'offensive, et lança les Bavarois contre le centre du général Chanzy. Deux fois ils furent repoussés : ils finirent pourtant par s'emparer de Beaumont et de Cravant, mais en couvrant les abords de ces villages de leurs morts et de leurs blessés ; en même temps les Mecklembourgeois s'emparèrent de Meissas. Vers une heure après-midi, les

Hessois qui occupaient la rive gauche s'étaient mis à bombarder Beaugency ; cette ville ne renfermait guère que des blessés, les Français ayant renoncé, on ne sait pourquoi, à l'occuper fortement. Les Allemands de la rive droite y entrèrent vers la fin du jour sans éprouver beaucoup de résistance, et s'y permirent sans scrupule ce que le droit des gens autorise dans les villes prises d'assaut. L'ensemble de tous ces sanglants combats, auxquels la nuit seule put mettre un terme, s'appela la bataille de Beaugency. Comme la veille, les deux partis s'attribuèrent la victoire. Sur presque toute la ligne, le résultat avait été à peu près nul, et si les Allemands avaient gagné quelques kilomètres, les Français, occupant le soir presque tous les villages dont ils étaient partis le matin, pouvaient dire qu'ils n'avaient point été défaits; partout leur résistance, habilement dirigée et favorisée par des retranchements rapidement construits, avait fait l'admiration de leurs adversaires, et coûté cher au grand-duc. Toutefois Beaugency était tombé aux mains de l'ennemi, et nous y avions abandonné une foule de blessés que les Prussiens laissèrent périr sans secours. Le sort de cette ville, dont la dépêche de Chanzy à Gambetta ne fit même pas mention, est inexplicable : le général en chef se contentait de dire qu'il avait conservé

ses positions. Le grand-duc écrivit qu'il avait capturé six canons, occupé Beaugency et pris plusieurs
villages. L'avantage, en fait, lui était resté, et il pro-
fita des ténèbres pour améliorer encore la situation.
Deux régiments hanséatiques surprirent vers minuit
le village de Vernou, et y firent un grand nombre
de prisonniers ; les Bavarois s'emparèrent de même
du hameau de la Mée. Cependant les ingénieurs
allemands s'occupaient activement de jeter un pont
de bateaux sur la Loire en arrière de Beaugency,
afin de pouvoir communiquer avec la division du
prince de Hesse.

Le vendredi 9 décembre, les Français parurent
vouloir attaquer à leur tour, et ouvrirent le feu aussitôt que le jour parut. Mais le général Chanzy ne
voulant tenter aucun mouvement décisif, et le grand-
duc étant trop faible pour entreprendre de tourner
un de nos flancs, la deuxième bataille de Beaugency
ressembla parfaitement à la sanglante journée qui
l'avait précédée : les Allemands enlevèrent encore
deux villages, Villorceau et Bernay. Le carnage fut
considérable et le résultat nul; le général bavarois
Von der Tann avait perdu en trois jours le tiers de
son effectif. Le grand-duc de Mecklembourg compta
cette journée pour une victoire de plus, et bien que
sa vanité n'eût guère lieu d'être satisfaite, au fond

sa situation n'avait fait que gagner. Maître de Beaugency, et près d'achever son pont de bateaux, il courait déjà beaucoup moins de risques du côté du fleuve, où deux jours plus tôt il pouvait être infailliblement précipité. De plus, ses forces venaient d'être presque doublées par l'arrivée de Voigts-Rhetz, qui avait amené d'Orléans le 10me corps de l'armée fédérale, et les troupes que le prince Charles avait pu détacher du 3me et du 9me corps étaient en pleine marche vers Blois. Le général français, craignant que l'ennemi ne passât la rivière derrière lui, commença dès ce soir-là à retirer peu à peu sa droite, ouvrant ainsi au grand-duc le chemin de Tours, qu'il lui avait victorieusement fermé jusque-là : bien loin de sentir notre force, nous étions devenus encore plus timides.

Cependant le général Chanzy recevait du ministre de la guerre les éloges les plus emphatiques; Gambetta vint lui-même de Tours le féliciter de sa longue résistance, qui faisait l'étonnement de l'Europe, presque tout le monde ignorant l'énorme supériorité numérique dont il n'avait point su profiter. Le 10 décembre, l'armée française continua le changement de front commencé la veille, et vint se ranger devant la forêt de Marché-Noir, sur une ligne presque parallèle au fleuve. Pendant que son aile droite

tournait, le général en chef porta en avant les troupes fraîches qu'il avait à son pivot, et peut-être,
sans l'arrivée de Voigts-Rhetz, eût-il écrasé ce qui
restait de l'armée grand-ducale, plus que décimée
par nos boulets et mise à bout de forces. Mais les
renforts venus d'Orléans, ayant ajouté dix mille
hommes à la droite de l'ennemi, les troupes de Jaurès durent s'en tenir à une offensive prudente ; le
duc de Mecklembourg, qui commençait à apprécier
la force de son adversaire, ne voulut pas non plus
s'engager à fond. La canonnade dura tout le jour
sans effet considérable : on était las de carnage. Les
Français, toutefois, s'emparèrent du village d'O-
rigny, et y firent environ trois cents prisonniers. Il
était difficile que les Allemands pussent nommer une
victoire la troisième bataille de Beaugency : et
pourtant, au moment où nous nous réjouissions de
ce fait d'armes, peu considérable, nos ennemis
étaient sauvés, et une fois de plus nous étions
perdus.

Le 11 décembre, les deux armées semblèrent
d'accord pour se reposer : les Allemands gardèrent
leurs positions à Cravant et à l'Hay ; le général
Chanzy, concentré entre Villermain et Josnes, et
solidement appuyé à la forêt qui s'étendait derrière
lui, ne pouvait être mieux placé pour livrer le len-

demain une cinquième bataille. Cependant, loin d'être rassuré, il voyait ses inquiétudes augmenter d'heure en heure : durant cette journée, les nouvelles alarmantes lui parvinrent de toutes parts, et ne lui permirent plus de douter que presque toute l'armée allemande ne fût prête à lui tomber sur les bras. Les corps qui manœuvraient de l'autre côté de la Loire avaient poussé dès le 9 jusque vers Chambord, après avoir combattu un détachement français près de Mont-Livault. A Beaugency, le grand-duc venait de terminer son pont de bateaux ; devenant plus hardi à mesure que son adversaire paraissait plus timide, il envoyait les Bavarois se reposer à Orléans, et lançait les troupes fraîches du 10e corps dans le passage que le mouvement tournant exécuté par Chanzy venait de lui ouvrir. Tandis que le duc de Mecklembourg faisait face au général français avec ses vingt mille hommes, les soldats de Voigts-Rhetz descendirent rapidement vers Blois, et y parvinrent le 12. Le prince de Hesse et le général Mannstein s'étaient emparés dès la veille des faubourgs de la rive gauche, et, contre toutes les lois de la guerre, avaient lancé des boulets sur la ville, pour contraindre les bourgeois à réparer immédiatement le pont, que l'autorité militaire avait fait couper. L'arrivée du 10e corps par la rive droite fit aban-

donner toute idée de résistance, la ville fut occupée
et les généraux allemands se hâtèrent d'établir des
communications ; en même temps s'approchait aussi
une partie de leur 3ᵉ corps d'armée. Dès le 10 décembre, le gouvernement français avait quitté Tours
pour s'établir à Bordeaux.

Ainsi, les corps formant l'aile droite du général
d'Aurelle n'avaient pas même pu retenir autour d'Orléans un tiers de l'armée allemande : la deuxième
armée de la Loire était abandonnée à elle-même, et
nous allions perdre une fois de plus l'avantage du
nombre, après avoir manqué d'en profiter. Pour
que le général Chanzy se décidât à livrer, avec ses
soixante-dix mille hommes, une bataille décisive
aux soixante mille Allemands qui menaçaient maintenant son flanc droit, il fallait qu'il commît une
grosse inconséquence, puisque étantd eux contre un
il avait à peine cru pouvoir se défendre, loin de
tenter aucune entreprise. Lui et ses troupes avaient
détruit beaucoup d'ennemis, et combattu aussi bien
qu'aucune armée française depuis le commencement
de la guerre ; des éloges unanimes avaient été
donnés à sa conduite : il était difficile qu'il fût seul
à être mécontent de lui-même, et à juger qu'il
n'avait point assez fait. Et puis, la contagieuse
terreur d'être tourné, l'horrible pensée de Sedan et

de Metz, envahissaient parfois aussi l'âme de ce jeune général qui, après s'être distingué en quelques combats contre les Arabes d'Algérie, s'était vu en deux mois nommé général de division, puis chef de corps d'armée, et enfin mis à la tête de cent mille hommes, pour lutter contre les capitaines les plus expérimentés de l'Europe. Son âme intelligente pouvait s'effrayer de cette tâche, dont, bien mieux que le ministre de la guerre, il mesurait la difficulté. Aussi ne faut-il point s'étonner si les yeux du général Chanzy ne s'ouvrirent point devant les événements qui lui montraient ce qu'il aurait dû faire quatre jours plus tôt; s'il n'entendit point la voix de la patrie attendant la fin de ses maux, qui ordonnait de vaincre ou de mourir dans ces plaines. Il calcula qu'en s'y prenant à temps il se déroberait sans trop de dommage; d'ailleurs, en arrière du Loir, la route de Paris était encore ouverte; il ne songea donc plus qu'à mettre en sûreté de l'autre côté de la rivière la gloire légitime qu'il avait acquise dans la longue et sanglante lutte qu'il venait de soutenir. Dès le 11, il remit en mouvement son aile droite pour la porter encore plus en arrière, et masqua ses opérations à l'aide du corps de Jaurès, placé à gauche. A la nuit, les troupes qui avaient occupé pendant toute la journée les villages de

Josnes et de Villermain se retirèrent à leur tour dans la forêt, où elles furent bientôt suivies par les éclaireurs allemands. La brigade du Temple, qui occupait tout à l'extrémité de la ligne les hameaux de Vallières et de Saint-Laurent-des-Bois, se replia la dernière et gagna le pont de Fréteval, couvrant la retraite du vingt-et-unième corps. Le lundi 12 décembre, les patrouilles allemandes qui explorèrent la ligne au lever du soleil ne purent découvrir un seul soldat français : la deuxième armée de la Loire avait disparu, et les épais brouillards de l'hiver voilaient sa marche.

Notre malheur avait voulu que le matin même où l'armée française commença de se retirer le temps fût changé tout à coup et qu'un dégel complet succédât au froid rigoureux des jours précédents. La terre mollit partout : hommes, chevaux et chariots s'enfoncèrent dans le limon au milieu de leur route ; les colonnes ne purent plus se mouvoir que lentement et par les efforts les plus pénibles. Toute la journée du 12 se passa à gagner les trois lieues qui séparaient notre dernière ligne de bataille des bords de la rivière ; tous les corps mis en mouvement à la fois se pressaient sur les têtes de colonnes, qui ne pouvaient avancer assez vite pour dégager le chemin. Nos soldats, chaussés de mauvais souliers découverts qui se remplissaient de boue, furent bientôt presque hors d'état de marcher ; et lorsqu'au soir la pluie vint tomber à torrents sur ces masses d'hommes arrêtées dans leur marche sans abri et sans vivres, plusieurs se découragèrent et demeurèrent dans les villages, attendant les Allemands, à qui leurs longues bottes donnaient un avantage considérable. D'autres profitèrent de la nuit pour prendre les devants et gagner seuls le Mans ou Vendôme. Durant les journées du 12 et du 13, le général Chanzy perdit autant de monde que dans une bataille : les troupes du grand-duc de Mecklembourg firent environ deux mille prisonniers. Tous nos canons avaient pu être enlevés ; mais quelques fusils et beaucoup d'objets d'équipement avaient été abandonnés sur les routes.

Le 14 au matin l'armée avait passé le Loir et campait sur le revers de la vallée, couvrant de ses tentes et de ses voitures la route qui conduit de Vendôme à Châteaudun, Chartres et Paris. Cette vallée du Loir s'étend fort loin du sud-ouest au nord-est ; elle est profonde, abrupte, et si étroite, qu'en plusieurs endroits on peut combattre à coups de fusil d'un coteau à l'autre. L'armée allemande, qui, depuis deux jours nous suivait à la trace, ramassant partout nos débris, vint se ranger en face

des positions françaises, dominant de ses bouches
à feu les bords de la rivière. Le grand-duc relia sa
gauche, composée des troupes de Wittich, au corps
du général Voigts-Rhetz, menaçant ainsi de tourner
notre aile droite, dont une partie n'avait pas encore
passé le Loir et occupait Vendôme. La droite allemande, formée de quelques Bavarois et d'une division de cavalerie, s'établit non loin de Cloyes;
la division de Treskow fut placée au centre, dans
les environs de Fréteval. Au-dessus de ce village
est une tour ruinée, d'où les tirailleurs de Mecklembourg observaient la grande route en face. Les
commandants allemands, voyant la force des positions que le général français avait prises sur ce plateau escarpé, ayant à ses pieds la rivière, et en
arrière les grands bois de la Gaudinière pour appui,
se demandèrent s'il n'avait pas quitté Marché-Noir
uniquement pour prendre un terrain plus avantageux.
Mais maintenant qu'ils étaient informés du nombre
de ses troupes, leur principale crainte était qu'il ne
vînt à filer sur Paris par la grande route. Aussi en-
voyèrent-ils leur cavalerie loin vers Châteaudun pour
le surveiller, et, sur les avis transmis par le grand-
duc, des colonnes d'observation partirent de Chartres pour arrêter ou du moins harceler l'armée
française si elle tentait une marche aussi hardie.

Mais, pour prendre une pareille détermination, il eût fallu que le général Chanzy changeât soudain tout à fait de système et, en dépit des éloges donnés à sa prudence, se résolût tout d'un coup à tous les excès de la témérité. S'il avait eu de fortes raisons pour ne point s'engager à fond en Beauce, s'il en avait trouvé de meilleures pour mettre la Loire entre lui et ses ennemis, les motifs les plus puissants l'engageaient maintenant à continuer sa retraite vers le Mans, sans tenter d'autre aventure. Marcher sur Paris était fort dangereux, lorsque, abandonné par l'armée de Bourges, il était sûr d'attirer sur ses derrières toutes les forces du grand-duc et une partie de celles du prince. Pour qu'un semblable coup pût réussir, il fallait que ses troupes, harassées de fatigue, gagnassent l'ennemi de vitesse et qu'elles fissent sans encombre une marche de quarante lieues dans un pays occupé par les Allemands. La contrée à parcourir étant ruinée, il était nécessaire que nos convois pussent emporter assez de vivres pour nourrir quatre-vingt mille hommes pendant une semaine et plus ; quant à ravitailler Paris, il n'en pouvait être question. Il fallait enfin s'entendre avec les généraux parisiens, afin qu'un grand effort de leur part concordât avec l'attaque faite par l'armée des provinces. Si une seule de ces conditions manquait, tout était perdu : la deuxième armée de la Loire était détruite ou forcée de capituler, l'ouest restait à peu près sans défense, et la campagne de Bourbaki en Alsace devenait impossible. Le projet que bien des gens prêtaient alors au général français était donc non-seulement fort périlleux, mais en contradiction absolue avec les plans du ministère de la guerre ; et il y a lieu de croire qu'il n'y songea même pas.

Livrer bataille, dans la position où on s'était mis, n'eût pas moins été un coup de désespoir. Les hauteurs occupées par l'armée française présentaient une excellente ligne de défense, mais une mauvaise base d'attaque. Il fallait descendre des pentes rapides, passer la rivière sous le feu de l'ennemi, et enfin prendre d'assaut les collines parallèles où il s'était fortement établi, sans autre avantage possible que de le repousser dans la plaine et de reprendre les positions de Marché-Noir, pour être obligé de les abandonner aussitôt après : mieux eût valu alors ne les point quitter. Vers quelque parti qu'il se tournât, le général Chanzy trouvait des difficultés plus grandes que celles qu'il avait auparavant jugées insurmontables, et se voyait forcé, pour être conséquent avec lui-même, de reculer plus loin et plus vite qu'il n'avait encore fait. Depuis, en effet, que Beaugency et Blois, avec toute la rive droite de la Loire, avaient été abandonnées à l'ennemi, il ne pouvait plus songer à manœuvrer par ses ailes ; et de rester sur le plateau de Fréteval, à observer les Allemands en attendant les renforts du Mans, ne pouvait mener à rien. D'ailleurs, la deuxième armée de la Loire avait le plus urgent besoin d'être reposée, reformée, équipée à neuf, ce qui ne pouvait se faire commodément qu'en se rapprochant d'une grande ville. Enfin les Allemands, qui menaçaient déjà notre droite, allaient peut-être trouver moyen de masser des forces vers Chartres et de tourner aussi notre gauche : le fantôme de Sedan se dressait dans la nuit de l'avenir et menaçait un jeune général de la dernière des catastrophes.

Ainsi, le ministre de la guerre et son général s'étaient fermé, l'une après l'autre, toutes les voies que le sort leur avait ouvertes pour sauver la France, ou du moins porter un coup funeste à ses oppresseurs, avant que l'arrivée des forces de la Baltique ne vînt les renforcer de cent mille hommes. La deuxième armée de la Loire, après avoir vaillamment combattu pendant quatre jours, se voyait irrévocablement condamnée à fuir en toute hâte vers le Mans, emportant les dernières chances de salut de la capitale et laissant croire aux Allemands, ainsi qu'aux nations étrangères, que les soldats français ne voulaient point se battre (1). Et cette

(1) Chaque ligne de la correspondance qu'on va lire est un trait de lumière pour quiconque cherche à se rendre compte du mérite des opérations du général Chanzy. — La compétence des correspondants militaires du *Times* en matière de stratégie est reconnue : mais tout homme de bon sens eût fait absolument les mêmes réflexions que celles-ci : « Chartres, Déc. 21.
» There seems to be now no doubt that the operations of the french army of
» the Loire, in spite of the generalship of M. Gambetta, have resulted in a
» dead failure. Perhaps this was to have been foreseen more easily by you
» who were spectators of the game than by us who were engaged in it.
» But, had their movements been dictated by the most profound strategy
» insted of by necessity or accident, they could scarcely have operated a
» more skilful retreat than they accomplished nutil within the last three
» days. Now that the danger is over, we may safely speculate upon what
» they might have done, or rather, indeed, upon what they appeared to be
» doing. Seuding the vast quantity of stores which had been accumulated
» in Orleans across of the left bank of the Loire with a comparatively
» small force to protect their retreat, and to deceive the Germans as to
» the position of the main body of the army, they waited with it on the
» right bank of the river, and fell upon the flank of the far inferior German
» force at Meung. Forcing us to change our front and follow the retrea-
» ting enemy to the almost impregnable position he had taken up at Fré-
» teval and in the vast forests upon the right and left banks of the Loir,
» there seemed to be nothing to prevent his keeping us at bay there while
» the bulk of his army might have moved in four days by forced marches
» by Châteaudun and Chartres upon Versailles. As it was, the French
» held us in front of Fréteval for four days, and then only retreated
» because the position was turned by the 10th and 3rd Army Corps,
» directed by Prince Frederick-Charles upon Vendôme, thus forcing the
» French to choose between retreating upon Le Mans or upon Paris. To
» have adopted the latter alternative would have been, doubtless, to play
» a desperate game, but M. Gambetta is supposed to be desperate, the
» position of France is certainly desperate, and with an army which,
» accordig to the official statement of the Minister of war, numbered be-
» fore the retreat upon Orleans 200,000 men, a General may afford to be
» a little desperate. Even calculating that the losses of that army in
» prisoners captured amounted to 25,000, and in killed and wounded
» to the same figure, there are still 150,000 man to be accounted for. As-
» suming that 50,000, under the command of Bourbaki, are operating on
» the left bank of the Loire and in the neighbourhood of Tours, wha
» has become of the other 100,000 who have cont'nued to retreat before

retraite, en prolongeant la guerre et les coupables
illusions du dictateur, devait causer des malheurs
encore plus déplorables que n'eût été la perte totale
de la deuxième armée, si le général Chanzy, ris-
quant son honneur, sa réputation militaire, sa vie
et celle de ses cent mille hommes, se fût lancé en
désespéré sur la route de Paris.

Le 14 et le 15 décembre, la pluie et le brouillard continuèrent; le village de Fréteval, occupé
par les Allemands le soir du 14, leur fut repris le
lendemain à la baïonnette par les marins de la bri-

> the 17th and 22d german divisions and a few Bavarians, and who
> are now being followed merely by detached German forces over the
> country to the westward of the strong positions they have abandoned?
> How can we account for this immense army vanishing *re infectá* like the
> mists of the morning before an enemy vastly inferior in numbers and in
> strategical position? We are driven to the conclusion which the French
> peasantry have arrived at long ago, and have invariably insisted upon,
> that the French soldier won't fight. When by some desperate manœuvre
> on the part of his general he finds himself suddenly brought to bay with
> the enemy, he fights well during that day, but he seems positively to
> insist upon retiring the neat morning and he takes advantage of the
> first opportunity afterwards to deliver himself up to the enemy. »

(*Times*, 28 décembre)

On voit que les Allemands et ceux qui étaient placés au même point de
vue qu'eux ne pouvaient s'expliquer la timidité des généraux français que
par la couardise de leurs soldats; or, tout en admettant qu'il y eût des
troupes sur lesquelles nos chefs ne pouvaient compter, il faut reconnaître
que la supposition inverse eût été beaucoup plus juste : les commandants
des armées de la Loire paraissaient avoir entrepris de dresser leurs soldats
à fuir et lâcher pied constamment; malgré leur antipathie pour ce métier,
ils avaient fini par l'apprendre. — Au surplus, même cette énorme erreur
de l'écrivain anglais, et les autres méprises qu'on constate dans sa lettre,
ne servent qu'à prouver combien sont inévitables les conclusions tirées
au texte.

gade du Temple ; les batteries opposées échangè-
rent constamment des coups sans résultat. Le 16,
l'extrême droite des Français abandonna Vendôme,
et les ponts sur le Loir furent rompus ; les Allemands s'emparèrent de six canons qu'on oublia de
faire passer à temps. Le 17, les troupes qui avaient
évacué Vendôme marchèrent sur Saint-Calais. Le
matin du même jour, les gens de Treskow, qui
observaient du haut de la tour de Fréteval les
mouvements des troupes de Jaurès, virent que la
grande route était libre d'obstacles et le plateau
désert. Des hulans furent envoyés pour sonder la
forêt de la Gaudinière et s'assurer que tout fuyait
vers le Mans (1).   R. M.

(1) « Ces victoires, disait la *Gazette de Cologne*, nous ont, il est vrai,
» coûté beaucoup de sacrifices. Le corps bavarois du général von der Tann
» a perdu, en tués, blessés et prisonniers, 123 officiers et environ
» 2,000 hommes. La 17mª division d'infanterie, qui s'élança en avant à Or-
» léans et encore à Beaugency avec une force si irrésistible, a perdu en
» tués et blessés 3,000 hommes. La 22me division, la cavalerie, et le corps
» d'armée hanovrien du prince Frédéric Charles ont éprouvé pareillement
» des pertes sérieuses. En somme, nous pouvons compter que dans le mois
» de décembre il nous en a coûté, pour chasser les Français d'Orléans et
» occuper de nouveau cette ville, au moins neuf à dix mille hommes en
» tués, blessés et prisonniers. Dans le même temps, nous avons pris à
» l'ennemi 18,00 hommes, 90 canons, 4 canonnières pesamment armées,
» et il a perdu au moins 7 à 8 000 hommes en tués et blessés. » — On ne
saurait rien ajouter à l'éloquence de ces chiffres. Mais bien qu'on y lise,
avec la justification de nos troupes, la preuve de la mauvaise stratégie de
nos généraux, on doit se garder de condamner absolument comme des
gens ineptes ceux qui prirent sur eux, dans ces temps difficiles, le lourd
fardeau du commandement : il était presque inévitable que d'énormes

fautes fussent commises. Celui qui nous eût sauvés eût été un grand homme et, quelque fortune que l'avenir lui réserve, le général Chanzy n'est certainement point un homme ordinaire.

Tandis que ce récit de la campagne sur la Loire était sous presse deux articles fort intéressants sur ce sujet ont paru dans la *Revue des deux mondes*. Deux auteurs, également habiles dans l'art d'écrire, l'un écrivain ordinaire de la Revue, l'autre historien par circonstance, mais témoin oculaire de faits où il avait joué un rôle assez important, parvenaient à des conclusions fort opposées sur les causes de nos désastres et les moyens par lesquels on eût pu les éviter. M. Blerzy raconte aussi bien qu'on peut faire sans avoir vu. Mais lorsqu'il écrit qu'il eût fallu temporiser et que les troupes gagnaient chaque jour en courage et en discipline, il mérite d'être contredit par M Aube, qui commandait une brigade du corps de Crouzat. J'ai eu le bonheur de rencontrer, à chaque page de la remarquable notice composée par cet officier général des appréciations qui confirment les miennes.

www.ingramcontent.com/pod-product-compliance
Lightning Source LLC
Chambersburg PA
CBHW071630270326
41928CB00010B/1852